학산초담, 태각지
해동야언별집, 상소문

鶴山樵談, 台閣志, 海東野言別集, 上疏文

학산초담
태각지
해동야언별집
상소문

鶴山樵談, 台閣志
海東野言別集, 上疏文

허경진 · 최재원 옮김

허균전집 1

보고사
BOGOSA

鶴山樵談卷之單

帝王文章必越凡人我朝
列聖皆有製作略見於大東
詩林餘無傳焉今 上天縱之聖凡敎諭之辭出於聖手
者皆渾灝有氣力未聞有詩辛卯秋外間傳聖製絶句
云撫劍中宵氣吐虹壯心曾欲奠吾東如今事業邯鄲步
回首西風恨不窮詩格老健不減作者嗚呼豈知有明年
之變乎
東宮在潛邸時向寓意於詞藻歲聚古書嘗有三淸洞詩
一絶在柳進士希發篋中謹伏請誦之詩曰卅壑陰三翠
霽間碧溪瑤草繞天壇烔霞玉鼎靈砂老羅月松風鶴未
還詩語淸泠字法兂寄聖人製作自非世人之雕章吁其

蛟山 許筠 端甫 著

『청강소설』 부(附) 『학산초담』 첫 장(한국학중앙연구원 장서각 소장)
여러 이본 가운데 장서각 소장본 『청강소설(淸江小說)』에 함께 편집된 『학산초담(鶴山樵談)』이
선본이어서 번역하였다. 제목 아래에 "교산 허균 단보 저(著)"라는 후대 기록이 보인다.

武蔭大臣間可指憶者亦據次書之又從舊相尹海原許得
所謂 國朝大臣考者因為廣考掌故証以見聞編成年叙
以補舊案之失云國初判評議掌政而同判以下不預事權
故只書判事西門下政府亦書政丞領事其佐貳官不及焉
宗室為相只滾一人而蔭官止於愼守勤武臣止於朴元宗
其後任用文官通共一百五十六人作國初以來々　年表
萬曆二十九年正月　日禮曹正郎（印）許筠序

『태각지』 서문(서울대학교 규장각한국학연구원 소장)
『태각지(台閣志)』 첫머리에 초대 편찬자인 예조정랑 허균이 1601년에 쓴 서문이 실려 있고,
1601년 이후에도 후배 관원들이 1808년까지 추가로 기록하였다.

海東野言別集抄

太祖大王諱旦字君晉古諱成桂高麗忠肅王四年乙亥十月十一日己未誕於和寧郡私第生而聰明隆準龍顏神釆英俊智勇絶倫

穆祖諱安社初在全州年二十餘勇略過人有四方志山城別監入館因官妓事與州官有隙州官興按廉使訊上聞發兵圍之穆祖聞之從三陟縣民相從而從者百七十餘家適前日山城別監新除按廉使將至穆祖恐禍及挈家浮海至東北宜州德高麗遂以穆祖為兵馬使鎮高原以禦元時宜城以北屬于元朝元路散吉大王來距城謀取鐵嶺以北再遣人請穆祖降元不得亡率金甫奴千餘户降之明年乙卯散吉聞于元常為立韓東千户所以穆祖為南京處五千户兼達魯花赤韓東距今慶興

四一

『해동야언별집 초』(서울대학교 규장각한국학연구원 소장)
『소대수언(昭代粹言)』 권4에 실린 작은형 허봉의 『해동야언』 뒤에
『해동야언별집(海東野言別集) 초』가 붙어 있다.

머리말

　허균의 첫 저술이 25세에 지은 『학산초담』이고, 지금 남아 있는 최후의 문장이 기준격에게 고발당한 뒤에 광해군에게 올린 상소문이다. 둘 다 『성소부부고』에 없는 글이기에, 허균전집 제1권으로 함께 편집하였다.

　강릉 외가 애일당에서 지은 『학산초담』은 그의 저술 가운데 이본이 가장 많은 것만 보아도 알 수 있듯이, 많은 문인들에게 사랑을 받았던 책이다.

　『태각지』는 다른 사람들이 편찬한 『상신록(相臣錄)』들이 단순한 명단 중심인 것에 비해, 이 책은 1책 명단, 2책 복상(卜相) 과정을 분리하여 기록하고, 명단도 다양한 항목으로 체제를 갖추어서 기록하였다. 독자를 배려한 독특한 저술이기에, 그가 1601년에 예조정랑의 임무로 편찬하고 서문을 써서 마무리한 뒤에도 몇백 년 동안 후배들이 계속하여 기록하였다. 1책에 해당되는 『국조상신고(國朝相臣考)』는 자료로서의 의의를 감안하여, 허균 이후의 기록도 번역하였다. 2책의 첫 장을 확인할 수 없어 아쉽다. 크고 작은 글자를 구분하여 입력하고 번역하며 잘못 기록된 간지(干支)들을 확인하고 수정하는 작업이 복잡하여, 최재원 선생이 번역하였다.

　허균이 억울하게 역적으로 몰려 죽었으므로 그의 저술은 이따금 이름 없이 전해졌다. 그가 편집한 『난설헌시』의 편집자 이름이 자주 삭제된 것이라든가, 그의 문집 『성소부부고』 표지에 다른 제목을 써서 그의 저술임을 감춘 것이 그러한 경우이다. 허균전집 제2권으로 번역 간행되는 『을병조천록』도 작은형 허봉(許篈)의 『조천기(朝天記)』 뒤에 한 책으로 묶여져 몇백 년을 전해져 왔거니와, 『해동야언별집』도 역시 작은형 허봉의 『해동야언(海東野言)』 뒤에 부록처럼 붙여져 전해왔다. 다행히도 임미정 박사가 허균의 저술임을 입증했기에, 허균전집 제1권으로 번역하고 편집하였다.

　『태각지』와 『해동야언별집』도 그의 저술로 공인되고 처음 번역되는 것이거니와, 마지막 상소문도 그의 억울한 죽음을 해명하는 열쇠이다. 그동안 제대로 평가받지 못했던 그의 글들이 허균전집 제1권으로 함께 편집 출판되면서 그의 참모습이 독자들에게 더 널리 알려지게 되어 다행이다. 흩어진 저술들을 모두 수집하여 번역 출판할 기회를 주신 양천허씨 강릉종중 여러분들께 감사드린다.

2022년 12월 12일
허경진

차례

학산초담, 태각지, 해동야언별집, 상소문

1. 학산초담(鶴山樵談)

『학산초담(鶴山樵談)』은 허균이 임진왜란이 일어났던 1592년 가을 고향 강릉에 피란하여 2년 머물던 중, 사천에 있는 외가 애일당(愛日堂)에서 건너편 청학산(靑鶴山)을 바라보며 지은 시화(詩話)이자 첫 번째 저술이다. 외조부 김광철(金光轍)이 바다에서 가장 가까운 곳에 터를 잡아 새벽에 일어나 창을 열면 해 뜨는 것이 보였는데, 마침 어머니를 모시고 노년을 맞았으므로 편액을 애일(愛日)이라 하고, 명나라 사신 오희맹(吳希孟)에게 큰 글자를 받아서 현판한 곳이었다.

허균은 『학산초담』 발문에서 자신이 이 글을 짓게 된 이유를 이렇게 설명하였다.

> 내가 어려서 아버지의 가르침을 받지 못하였으므로 여러 형님들이 사랑하고 가엾게 여겨 차마 다그치거나 나무라지 않았기 때문에 게으르고 느슨해져서 독서에 힘쓰지 않았다, 차츰 자라서는 남들이 과거하는 것을 보고 좋게 여겨 흉내내 보았으나, 글치레나 하는 것이 장부의 할 짓은 아니었다. 이제 어지러운 세상을 만났으니, 세상에 나갈 뜻은 이미 사그라졌다. 10년 글읽기로 작정했으나, 아! 이 또한 늦었도다. 『학산초담(鶴山樵談)』 1부(部)를 짓는다.

명 신종(明神宗) 21년 계사년(1593) 양월(陽月 4월) 연등(燃燈)한 뒤 사
흘 만에 교산자(蛟山子)는 쓰다.

이 발문의 주요 화제는 과거시험이다. 그는 2년 전에 22세 청년으
로 생원시에 합격하고 대과 준비를 하고 있었는데, 전쟁이 일어나
피난길에 오르면서 당면한 목표가 일단 뒤로 밀려났다. 결국 세상에
나가려던 뜻을 시화(詩話)에 담아『학산초담』한 권을 저술한 것이다.
그가 평생 사용하게 된 자호 교산(蛟山)을 첫 번째 저술의 발문에 사용
한 것은 자신이 강릉 애일당과 교문암의 정기를 타고났다는 자부심의
표현이기도 하다.

그가 이 시기에 지은『애일당기』에 의하면, 당시 애일당은 "외조부
가 돌아가신 지 43년이나 되어 그동안 뜰에 우거진 풀을 베지 않아서
담쟁이가 이리저리 얽혔고, 잡풀들이 더부룩했다. 울타리는 무너지
고, 집은 쓰러질 듯이 금이 갔다. 벽은 벌어지고, 그 위에 걸어 두었던
시판(詩板)들도 반이나 없어졌다. 비가 새어서 대들보가 더러워졌고,
서까래도 썩은 것이 있었다. 난간과 창살은 뜯겨 있었다."

폐허가 된 빈 집에 아마도 볼만한 책이 없었을 테니,『학산초담』은
그의 천재적인 기억력과 감수성, 다양한 독서력과 직관적인 통찰력
에 의해 저술되었다고 볼 수 있다. 그가 학문적으로 전성기라고 볼
수 있는 43세에 지은『성수시화(惺叟詩話)가 신라시대 최치원부터 자
신이 살던 시대의 시인들까지 통시적(通時的)으로 고찰한 시화라면,
25세에 지은『학산초담』은 그가 당대에 보고들은 시인들을 주로 품평
한 공시적(共時的)인 시화이다.

독서력이나 교우관계가 비교적 단순하던 시기였으므로,『학산초
담』에 오른 시인들은 초당(草堂) 허엽(許曄)과 하곡(荷谷) 허봉(許篈),

난설헌(蘭雪軒) 허초희(許楚姬)를 비롯한 가족, 고향 강릉의 시인들,
스승 손곡(蓀谷) 이달(李達)을 비롯한 삼당(三唐)과 학당파(學唐派) 시인
들이 중심이고, 아버지의 친구들인 소재(蘇齋) 노수신(盧守愼), 사암
(思庵) 박순(朴淳), 봉래(蓬萊) 양사언(楊士彦) 등으로 외연이 넓어진다.

   그러나 『학산초담』이 가족이나 당파, 교우관계 중심으로 쓴 시화
는 아니다. 서인(西人)의 후원자이자 중형 허봉이 유배와 방랑 끝에
병으로 죽게 된 원인이었다고도 볼 수 있었던 율곡(栗谷) 이이(李珥)에
대하여 높이 평가한 것만 보아도 알 수 있다. 당대 명나라 시인(66~70
화)과 표류(72~77화)는 나라 밖에까지 관심을 넓힌 그의 지적 호기심
을 보여주며, 여성(女性), 무인(武人), 승려(僧侶), 천인(賤人)에 이르기
까지 다양한 신분의 시인들을 소개한 것이 『학산초담』 107화의 특징
이기도 한데, 이같이 선구적이고도 개방적인 선시(選詩)의 기준과 방
법이 후일 『국조시산(國朝詩刪)』에까지 이어졌다.

   허균이 20대 청년이던 16세기말 조선 당대의 시와 시인을 소개한
『학산초담』은 1975년에 석사학위논문이 제출된 뒤에 학계의 관심을
받아 다양한 논문들이 발표되었는데, 영인본 『허균전집』(대동문화연
구원, 1972)에서 『패림(稗林)』본 『학산초담』을 소개하고, 민족문화추
진회에서 1985년에 『성소부부고』 부록으로 『패림』본 『학산초담』을
번역 출판한 이후에 『패림』본이 선본으로 인식되고, 이 자료를 저본
으로 하여 연구가 진행되었다.

   『학산초담』의 이본 연구는 두 차례 진행되었다. 허경진의 「학산초
담의 이본 연구」(『남명학연구』 23집, 2007)에서는 『청구패설(青邱稗說)』
본, 『한고관외사(寒皐觀外史)』본, 『패림(稗林)』본, 연세대 『대동패림(大
東稗林)』본, 규장각 가람문고 『학산초담초(鶴山樵談抄)』, 장서각 『청강
소설(清江小說)』 합본 등 6종을 소개하면서 주석이 정연한 『한고관외

사』본이 선본이라고 밝혔다.

임미정의 「학산초담 재고찰」(『동방학지』196집, 2021)에서도 이본 6종을 비교 분석하였는데, 김려(金鑢)가 오자를 수정하고 주석을 붙인 후대 편집본 계열 3종과 김려의 편집이 반영되지 않은 원본 계열의 3종으로 분류하고, 『청강소설』합본 『학산초담』이 가장 완성도가 높은 이본이자 원본에 가깝다고 결론을 내렸다. 김려의 주석이 반영된 『패림』본 『학산초담』은 이미 오래 전에 번역되었으므로, 『허균전집』에서는 주석이 없이 원본에 가까운 『청강소설』합본 『학산초담』을 번역하여 제1권으로 편집하였다.

2. 태각지(台閣志)

『태각지(台閣志)』는 조선시대 역대 의정부 3정승의 명단과 임명과정을 수록한 인명록으로, 필사본 2책이다. 역대 정승의 임명은 국가의 중요한 업무이므로 많은 자료가 작성되었겠지만, 임진왜란을 겪으면서 대부분 소실된 듯하다.

그러나 임진왜란을 겪은 뒤 1601년(선조 34) 예조정랑 허균(許筠)이 남아 있던 기록과 당시인들의 견문을 모아 재편찬한 것에 누군가가 순조연간까지의 사실을 추가한 것이 지금 전해지고 있다. 마지막 시기의 '금상조(今上朝)'는 순조(純祖) 시대를 가리키며, 1808년에 마지막으로 보완되었다. 김사목(金思穆)을 "경신년(1740)생 금상(今上) 무진년(1808) 69세 행 지추(行知樞) 배수."라고 기록한 부분이 가장 후대 기록이다.

허균이 기록한 서문에 의하면, 그가 『태각지』를 편찬하게 된 이유는 두 가지이다.

> 그런데 난리를 겪은 이후로 전적(典籍)이 모두 없어져서 이에 관한 것
> 을 찬술(撰述)하려 해도 참고할 만한 것이 없었다.
> 지난번 이오성(李鰲城) 정승을 모시고 있을 때에 이 일이 언급되었으
> 므로, 지금 기억하고 있는 대신(大臣)의 성씨(姓氏)를 기록하여 바치고
> 즉시 각년(各年)의 등과기(登科記)를 가져다가 그 집정자(執政者)를 초
> 록(抄錄)하되, 무관(武官)이나 음관(蔭官)으로 시작하여 대신(大臣)이
> 된 사람들로서 가끔 기억할 만한 사람 또한 차례에 따라 적어 넣었다.
> 또 구상(舊相) 윤해원(尹海原)[1]에게서 이른바 「국조대신고(國朝大臣
> 考)」라는 책자를 얻어 고사(故事)를 널리 상고하고, 거기에 내가 듣고
> 본 바를 가지고 정정(訂正)한 다음 연차(年次)를 편성(編成)하여 구안
> (舊案)의 잘못된 점을 보완하였다.

첫째는 임진왜란을 겪으면서 전적(典籍)이 모두 없어져서 국가기록
을 다시 편찬해야 했으며, 둘째는 이 시기에 영의정이 된 오성부원군
(鰲城府院君) 이항복(李恒福)이 이에 관련된 기록을 요구하자 자신이
기억하고 있던 대신(大臣)의 성씨(姓氏)를 기록하여 바치고나서 즉시
각년(各年)의 등과기(登科記), 전임 영의정 윤두수(尹斗壽)가 소장하고
있던 「국조대신고(國朝大臣考)」 등을 상고하여 명단을 작성하고 자신
의 기억에 의해 수정 보완한 것이다.

서문에서는 조선 정승제도의 유래, 초기의 운영과정, 변천에 관한
내용 등을 설명하였다.

---

1 1589년에 해원군(海原君)으로, 1595년에 해원부원군(海原府院君)으로 봉군된 윤두수
(尹斗壽)를 가리킨다. 1599년에 영의정에서 물러났으므로 구상(舊相)이라고 한 것이
다.

본문은 명단과 임명과정의 두 부분으로 나누어진다.

앞부분에서는 『국조상신고(國朝相臣考)』라는 표제 밑에 개국 당시의 좌시중(左侍中) 배극렴(裵克廉)으로부터 순조대의 우의정 김사목(金思穆)에 이르기까지 각 왕대별로 역대 의정역임자 318인의 명단을 수록하였다. 태조조(太祖朝) 4인, 정종조(定宗朝) 5인, 태종조(大宗朝) 11인, 세종조(世宗朝) 15인, 문종조(文宗朝) 2인, 단종조(端宗朝) 3인, 세조조(世祖朝) 17인, 예종조(睿宗朝) 3인, 성종조(成宗朝) 11인, 연산조(燕山朝) 11인, 중종조(中宗朝) 23인, 인종조(仁宗朝) 2인, 명종조(明宗朝) 12인, 선조조(宣祖朝) 32인, 광해조(光海朝) 7인, 인조조(仁祖朝) 23인, 효종조(孝宗朝) 8인, 현종조(顯宗朝) 11인, 숙종조(肅宗朝) 38인, 경종조(景宗朝) 4인, 영종조(英宗朝) 45인, 금상조(今上朝 正宗) 21인, 금상조(순조) 8인 등이다. 금상조(今上朝)가 두 차례나 쓰인 것을 보면, 시대마다 새로 보완 기록했음을 알 수 있다.

상신 명단에는 역임관직, 성명과 자(字), 본관 또는 주요인물과의 인척관계, 출생연도, 과거급제연도, 처음 정승직에 임명된 연도와 그 당시의 관직, 죽은 때의 나이, 시호, 호 등을 수록하였다. 정승직을 여러 대에 걸쳐 역임한 인물은 처음 임명된 때의 왕대에 소속시켜 기록하였으며, 성명 위에 역임한 최고위 정승직을 밝혔다.

뒷부분에서는 1593년(선조 26)부터 1788년(정조 12)까지 복상(卜相), 즉 정승선출의 절차와 내용을 수록하였다. 여기에는 연도와 날짜, 복상에의 참여자, 복상의 사유, 복상에 대한 임금의 명령, 후보자의 성명, 낙점여부 및 임명상황 등과 함께 그 뒤의 승진이나 면직 내역까지 정리되어 있다. 역대정승의 명단은 관찬의 『삼공선생안(三公先生案)』이 있고 사찬의 『청선고(淸選考)』·『명세총고(名世叢攷)』에도 포함되어 있으나, 이 책은 임명과정을 수록하였다는 점에 특징이 있다.

궁중 및 관용(官用) 서적의 예대로 유배나 형률(刑律)을 받은 자의 성명에는 ○표로 표시하여 두었다. 본서는 최고 관직인 의정부의 상신의 명단과 그 임명과정을 알아볼 수 있는 자료이다. 조선조 재상의 임명 절차를 이 책을 통하여 상고할 수 있으며, 불확실한 개인 기록을 밝히는 데도 도움을 준다.

『선조실록』에는 『태각지』의 편찬에 관한 기록이 보이지 않지만, 영의정 이항복이 예조정랑 허균에게 편찬을 지시했다는 점에서 이 책은 공식적인 국가 기록으로 인정받았으며, 허균이 역적으로 몰려 처형당한 뒤에도 서문에서 그의 이름이 지워지지 않은 채 이백년 넘게 수정 보완되었다.

3. 해동야언 별집(海東野言別集)

『해동야언(海東野言)』은 허균의 형인 하곡(荷谷) 허봉(許篈)이 태조 때부터 명종 때까지의 야사를 시기별로 기록한 야사집이다. 규장각 소장본 제1권에 태조기(太祖紀)·태종기(太宗紀)·세종기(世宗紀), 제2권에 세종기·문종기(文宗紀)·노산군기(魯山君紀)·세조기(世祖紀)·예종기(睿宗紀)·성종기(成宗紀)가 실렸으며, 제3권에 연산군기(燕山君紀)·중종기(中宗紀), 제4권에 인종기(仁宗紀)·명종기(明宗紀) 등이 수록되어 있다. 자신이 살던 당대, 즉 선조(宣祖) 이전까지의 여러 야사를 선별하여 기록한 야사집인데, 유배에서 풀려나 방랑하던 시기에 기록한 것으로 추측된다.

『해동야언』은 연대순에 따라 많은 야사들을 선별 인용, 정리한 저술이어서 후세 사람들이 많이 인용하였으며, 정도응(鄭道應)의 『소대수언(昭代粹言)』이나 『대동야승(大東野乘)』에도 수록되었다. 『소대수

언(昭代粹言)』은 규장각, 장서각, 고려대, 연세대 도서관에 소장되어
있는데, 이 가운데 장서각과 규장각본에만 『해동야언별집초(海東野言
別集抄)』가 실려 있으며, 1면 12행 26자로 필사된 같은 형태이다.

　장서각 소장본을 예로 들면 제1권부터 제4권까지 『해동야언』이 실
려 있고, 그 뒤에 『해동야언별집초』가 실려 있다. 제5권과 제6권에는
허봉 허균 형제의 매부인 우성전(禹性傳)의 『계미기사(癸未記事)』, 『계
갑일록(癸甲日錄)』, 『시정록(時政錄)』이 실려 있다. 『소대수언』을 편찬
한 정도응(鄭道應, 1618~1667)은 정경세(鄭經世)의 손자로 남인이어서
동인(東人) 내지 남인(南人) 저자의 야사들을 편찬하였으며, 이 책을
읽다보면 조선 전기와 중기의 정치사를 남인의 관점에서 바라보게
된다.

　『해동야언별집초』에는 따로 저자 이름이 밝혀져 있지 않아서, 당
연히 허봉의 저술로 인식하였다. 마에마 교사쿠(前間恭作)도 『고선책
보(古鮮冊譜)』에 이 책을 소개하면서 "이는 『海東野言』 본편에 附하여
撰出된 것으로, 이는 허봉의 自著한 것 중 萬曆까지의 史實로서 載籍
되지 않은 自家의 견문을 기술한 것으로, 사료로서는 본편보다도 가
치가 있는 것"이라고 높이 평가했지만, 저자가 허봉이라는 사실에는
의심하지 않았다. 『해동야언』에는 항목마다 출처가 밝혀져 있지만,
『해동야언별집초』에는 출처가 없다. 마에마 교사쿠의 설명처럼 "載籍
되지 않은 自家의 견문을 기술한 것"이기 때문이며, 그러한 점에서
본편보다도 별집초의 가치가 높다고 평가하였다.

　규장각본을 예로 들면 『해동야언별집초』는 『소대수언』 제4권 41a
부터 62b까지 44면에 걸쳐 기록되었는데, 출처를 밝히는 대신에 '愚
案', '俗傳', '或', '或曰', '是曰'로 시작하는 편자의 사평(史評)을 이따
금 덧붙였다. 본문보다 이 부분이 더 많은 항목도 보인다.

『해동야언별집초』가 허봉의 저술이 아니라 허균의 저술이라는 사실은 임미정의 논문 「許筠 編著의 現況과 課題」(語文研究 제47권 제4호, 2019)에서 자세하게 밝혀졌다. 누군가가 이선(李選)에게 보낸 편지, 『동래세고(東萊世稿)』 권16 「초입제서목록(抄入諸書目錄)」, 이긍익의 『연려실기술(燃藜室記述) 별집』 권14 「문예전고(文藝典故)」 등에 이 책이 허균의 저서로 기록된 점을 증거로 들어서, 조선시대 학자들이 이미 『해동야언별집초』가 『해동야언』과 별도의 저술이며, 허균의 저술로 인식했다는 사실을 밝혀낸 것이다.

『해동야언별집초』는 제목 그대로 『해동야언별집』을 초록한 것이어서, 규장각본 제목에도 '抄' 자는 오른쪽으로 조금 내어서 썼다. 원래의 제목이 『해동야언별집』임을 나타낸 것이다. 『연려실기술』을 비롯한 여러 문헌에 『해동야언별집』이 인용되어 있기 때문에, 흩어진 항목들을 모두 수합하여 원본 내용에 가까운 형태로 재구성할 수도 있을 것이다. 규장각본 『소대수언』 제4권에 실린 『해동야언별집초』를 번역하여 『허균전집』 제1권으로 편집 출판하면서, 원래의 제목 『해동야언별집』으로 독자들에게 소개한다.

4. 상소문(上疏文)

상소문은 문인이나 제자, 또는 후손이 문집을 편집하는 목적이나 원칙에 따라 문집에 들어가기도 하고 배제되기도 한다. 정치적인 성향이 높은 문인일수록 문집에 상소문을 편집하며, 시문보다 앞에 배치하기도 한다. 상소문은 문인이 자신의 이름을 걸고 썼다는 점에서 본인의 문장이 분명하며, 웬만한 시문보다 사회적인 효과나 반응이 훨씬 컸다. 상소문이 성공하는 경우에는 정치적인 입지가 확보되지만, 반대로 실패하면 유배되거나 목숨을 잃는 경우도 있었다. 그만큼 중요한 문장이 상소문이다.

허균의 문집인 『성소부부고』에는 상소문이 없다. 그가 상소문은 문집에 들어갈 만한 문장이 아니라고 생각했기 때문에 그랬을 수도 있지만, 1611년까지는 목숨을 걸고 쓴 상소문이 없었기 때문이기도 하다.

허균이 지은 상소문은 다행히도 『광해군일기』에 몇 편이 실려 전한다.

1610년 2월 19일에 천추사 허균이 아뢴 글은 '계(啓)'라고 기록되었듯이 상소문은 아니지만, 사행을 준비하는 절차와 대비책을 제시했다는 점에서 전집에 소개할 만한 글이며, 그랬기에 광해군도 "이번 사행에는 반드시 난처한 일이 있을 것이다. 대동하고 갈 역관을 각별히 가려서 보내라."고 허락하였다.

1616년에는 6월 2일과 3일, 두 차례에 걸쳐 상소하였는데, 『광해군일기』에 두 번째 상소문은 실리지 않고 '상소하여 입계(入啓)했다'는 사실만 기록하였다. 해주옥사(海州獄事)와 관련하여 허균이 편지를 보냈다는 공초가 나오자 5월 30일에 광해군이 유찬(柳燦)을 불러 사실을 확인하였는데, 유찬이 "친족은 아니고 아는 사람이 편지를 가져왔다"고 자백하였다. 허균이 이에 대해 상소하였는데 논의가 더 이상 전개되지 않았으니, 6월 2일에 입계한 상소문이 의심점을 해결했다고 볼 수 있다. 허균은 형조판서 직을 계속 유지하다가, 10월 8일에 '죄인에게 글을 보냈다는 죄'로 형조판서에서 파직되었다.

허균의 중요한 상소문들은 1617년부터 지어졌다. 경운궁(慶運宮) 시(詩)가 논란이 되자 1월 16일에 이를 해명하는 상소를 하였다. 10월 11일에는 김계남(金季男)의 역모에 대하여 해명하는 상소를 하였다.

12월 26일에 올린 비밀상소는 유실되어 『광해군일기』에 실리지 못했지만, 영의정 기자헌(奇自獻)이 대론(大論)을 달리하여 목숨이 위태롭게 되자 그의 아들 기준격(奇俊格)이 허균의 역모를 고발하였으므로 허균이 해명하기 위해 상소했다는 전후 사정은 실려 있다.

1618년 윤4월 7일에도 '곽영(郭瓔)의 상소문에 나의 이름이 나왔으니 왕 앞에서 대질 신문을 받게 해달라'고 청하는 상소를 하였다. 이같이 사소한 논의들은 더 이상 진전되지 않았으니, 그가 상소한 내용들이 광해군에게 받아들여진 셈이다.

그러나 기준격이 상소한 내용은 계속 허균을 불리한 상황으로 몰고 갔으므로, 허균은 5월 3일에 상소하여 변명하였다. 7천자나 되는 장편의 상소문을 작성하여 올리자, 광해군이 추국청(推鞫廳)에 내려보내 검토하게 하였다. 그러나 이 상소문이 광해군이나 이이첨(李爾瞻)의 마음을 돌려놓지는 못하였다. 8월 18일에 허균과 기준격을 정국(庭鞫)하였으며, 기준격의 공초(供招)는 전후에 올린 상소문과 같은 내용이어서 실록에 실리지 않았지만, 허균의 공초는 길고도 상세하게 실렸다. "이하 상소문의 내용과 같은 것은 생략한다[此下與疏辭同者略之]"고 하였는데도 장문의 공초가 『광해군일기』에 실렸다는 것은 허균이 그만큼 불리해졌고, 상황을 바꾸기 위해 변명이 길어졌다고 볼 수 있다. 추국청에서 광해군에게 회계(回啓)하기를 "준격의 두 번째 상소 끝에 첨부한 네 통의 서찰 중에 허균의 필적이 분명한 것이 있다"고 하였으니, 아마도 상소문과 다른 내용의 친필 편지가 허균에게 불리한 증거로 채택되었을 가능성이 있다.

옥에 갇혀 신문당하던 허균은 더 이상 상소문을 작성할 기회도 없이 8월 21일에 삭탈관직(削奪官職)되었으며, 이날 기준격과 대질 신문하였지만 상황이 바뀌지는 않았다. 24일 서시(西市)에서 정형(正刑)되었는데, 사관(史官)은 이날 『광해군일기』에 "허균은 아직 승복하지 않았으므로 결안(結案)할 수 없다면서 붓을 던지고 서명하지 않으니, 좌우의 사람들이 핍박하여 서명케 하였다."고 추가로 기록하였다.

허균을 고발한 기준격의 아버지 기자헌(奇自獻)이 이 소식을 듣고 "예로부터 형신(刑訊)도 하지 않고 결안도 받지 않은 채 단지 공초만 받고 사형으로 나간 죄인은 없었으니 훗날 반드시 이론이 있을 것이다." 했다고 이날의 『광해군일기』 마지막 줄에 기록했으니, 고발자 측에서도 납득할 수 없는 방법으로 허균의 역모를 조작하여 정형한 것이다. 그런 의미에서도 허균의 마지막 상소문은 그의 생애를 이해하기 위한 중요한 사료로서의 가치가 있다.

학산초담

鶴山樵談

학산초담(鶴山樵談)

1) 제왕의 문장은 반드시 범인(凡人)을 뛰어넘게 마련이다. 우리 역대 임금의 작품들이 대개는 『대동시림(大東詩林)』[1]에 보이지만, 그 밖에는 전하는 것이 없다. 금상(今上)[2]은 하늘이 낸 어진 임금으로 무릇 교유(敎諭)하는 말을 손수 지었는데, 모두 혼악하여 기력이 있었다. 그러나 시가 있다는 말은 듣지 못했다. 그러던 차에 신묘년(1591) 가을에 외간(外間)에 임금의 작품이라고 전하는 절구가 있었으니 다음과 같다.

撫劍中宵氣吐虹,　한밤에 칼을 어루만지니 호기가 무지개를 토하는구나,
壯心曾欲奠吾東.　장한 마음으로 우리 동방을 안정시키고자 하였네.
如今事業邯鄲步,　이제껏 그 사업은 한단의 걸음[3]이라,

---

1 유희령(柳希齡)이 지은 시선집인데, 현재 『신편유취대동시림(新編類聚大東詩林)』이라는 제목의 활자본 2책이 남아 있다. 서문이 실린 제1권이 남아 있지 않아 그 성격을 확실히 알 수 없지만, 어숙권이 『패관잡기(稗官雜記)』에서 아래와 같이 평한 것을 보면 잘 편집된 책은 아닌 듯하다. "몽와(夢窩) 유희령(柳希齡)이 일찍이 우리나라 사람의 시를 가려 뽑아 『대동시림(大東詩林)』이라 이름 짓고, 그 서문에 우리나라의 시를 가려 뽑는 사람의 잘못을 일일이 비난하고, 또 '시는 짓기도 쉽지 않고 가려 뽑기도 쉽지 않다.' 하였는데, 이는 자기가 뽑은 것이 흠이 없다는 것을 대체로 인증한 것이다. 그러나 내가 보기에는 『대동시림』에도 이해하지 못할 것이 매우 많다."

2 허균이 『학산초담』 발문을 흑사 양월(黑蛇陽月), 즉 계사년(1593)년 4월에 지었으니, 여기서 말하는 지금의 임금은 선조(宣祖)이다.

3 한단학보(邯鄲學步)의 준말로, 남의 좋은 것을 배우려다 자기가 갖고 있는 것마저 잃어버리는 경우를 가리킨다. 『장자(莊子)』 「추수(秋水)」에 "그대는 한단(邯鄲)에 걸음을

回首西風恨不窮. 가을바람에 고개 돌려보니 한스럽기 그지없구나.[4]

시격(詩格)이 노련하고 건장하여 시인에 못지 않았으니, 아아! 어찌 그 이듬해에 변고[5]가 있을 줄을 알았으랴.

2) 동궁(東宮)이 또한 임금 되기 전에 시[詞藻]에 뜻을 두어 고서(古書)를 많이 모았다. 언젠가 삼청동시(三淸洞詩) 한 절구를 지었는데, 그것이 진사(進士) 유희발(柳希發)의 궤 속에 있다기에 그에게 삼가 청하여 읽어보았다. 그 시는 다음과 같다.

丹壑陰陰翠靄間, 푸른 이내 속 붉은 골짜기에 그늘이 지고,
碧溪瑤草繞天壇. 맑은 시냇가 기이한 풀들이 천단을 에웠구나.
烟霞玉鼎靈砂老, 노을 어린 옥솥에 단약이 익어가건만,
蘿月松風鶴未還. 새삼덩굴에 달 비치고 솔바람 일어도 학은 아직 돌아오
지 않네.

시어(詩語)가 맑고 서늘하며 자법(字法)도 또한 기이하다. 임금의 제작은 저절로 세속 시인들의 글솜씨와는 다르니, 아! 존경할 만하다.

배우러 온 수릉 땅 소년의 이야기를 듣지 못했는가? 그 국도(國都)의 잘 걷는 재주를 터득하기는커녕 옛날의 걸음걸이마저 잃어버렸다네.[子獨不聞, 夫壽陵餘子之學行於邯鄲與? 未得國能, 又失其故行矣.]"라는 말이 나온다.

4 이수광이 지은 『지봉유설(芝峯類說)』에는 "기축년(1589)에 민응기(閔應箕)가 왕자의 사부(師傅)가 되었을 때 임금이 손수 시 두 편을 부채에 써서 하사하였다."고 하였는데, 두 번째로 소개한 시가 이 시이다.

5 이 시를 지은 이듬해인 임진년(1592)에 왜란(倭亂)이 일어났다.

3) 우리나라의 시학(詩學)은 소식(蘇軾)과 황정견(黃庭堅)을 위주로 하여 비록 경렴(景濂)[6] 같은 대유(大儒)로도 억시 그 대두리에서 벗어나지 못하고 그 나머지 세상에 이름 날리는 사람들은 마침내 그 찌꺼기를 주워서 비위[7]를 썩게 하는 촌스러운 말을 만들 따름이니, 읽으면 염증이 난다. 성당(盛唐)의 소리는 다 없어져 들을 수가 없다.

매월당(梅月堂)의 시는 맑고 호매(豪邁)하여 세속을 초탈하였다. 그러나 타고난 재주가 뛰어나서 스스로 다듬고 꾸미는 데 마음을 두지 않았다. 더러는 마음을 쓰지 않고 갑자기 지은 것이 많기 때문에 간혹 가다가 박잡한 것도 섞여 결국 정시(正始)의 시체[8]는 아니다.

망헌(忘軒) 이주지(李胄之)의 시는 침착하고 노련하여 나의 중씨(仲氏)가 대력(大曆)·정원(貞元) 연간의 작품과 가깝다고 여겼다. 그러나 두보(杜甫)와 소식으로부터 나왔는데도 대체가 순박치 못했다. 충암(沖庵)은 맑고 굳세고 기이하고 아름다워 작가라고 할 만하되, 생경한 말과 중첩되는 말이 약간 많다. 그 후에는 퇴폐한 것을 일으킨 자가 없다.

융경(隆慶)·만력(萬曆) 연간에 최가운(崔嘉運)·백창경(白彰卿)·이익지(李益之) 등이 비로소 개원(開元) 시대의 공부를 전공하여 정화(精華)를 이루기에 힘써서 고인에게 미치고자 하였으나, 골격(骨格)이 온전치 못하고 너무 아름답기만 하였다. (당나라의) 허혼(許渾)·이교(李嶠)

---

6 김종직(金宗直)을 가리킨다. 못에 연꽃을 심고, 서당 편액을 '경렴(景濂)'이라 하였다.
7 대부분의 이본에 '牌'로 되어 있는데 뜻이 통하지 않아 '脾'로 번역하였다.
8 정시(正始)는 위(魏)나라 제왕(齊王)의 연호로, 240년에서 249년 4월까지 9년 4개월 동안 사용하였다. 그 당시 사대부들이 청담(淸談)을 숭상하였는데, 그 후 진(晉)나라 때 죽림칠현이라 불리는 혜강(嵇康)·완적(阮籍) 등이 그 풍조를 더욱 발전시켜 표일(飄逸) 청원(淸遠)한 시체를 이루었다.

의 사이에 놓더라도 바로 촌뜨기의 꼴을 깨닫게 되는데, 이백(李白)
·왕유(王維)의 위치를 빼앗으려고 한단 말인가? 비록 그러나 이로 말
미암아 배우는 자들이 당풍(唐風)이 있다는 것을 알게 되었으니 세 사
람의 공을 또한 덮어버릴 수는 없다.

4) 최경창(崔慶昌)·백광훈(白光勳)·이달(李達) 3인의 시는 모두 정음(正
音)을 본받았는데, 최경창의 청경(淸勁)과 백광훈의 고담(枯淡)은 다 귀
중하게 여길 만하나, 기력(氣力)이 미치지 못하여 다소 혼후(渾厚)하지
는 못하다. 이달의 부염(富艶)함은 그 두 사람에 비하면 범위가 약간
크지만, 다 맹교(孟郊)와 가도(賈島)의 울타리를 벗어나지는 못했다.
최경창·백광훈은 일찍 죽었고, 이달은 만년에 문장이 크게 나아져 자
기 나름대로 일가를 이루어, 그 기려(綺麗)를 거두고 평실(平實)로 돌아
갔다. 나의 중형이 자주 칭찬하기를,
  "수주(隨州 유장경)와 어깨를 겨룬다고 하더라도 큰 손색이 없을 것
이다."
하기에 내가,
  "문장이란 세상의 흥망을 따르는 것이니 송(宋)은 당(唐)만 못하고
원(元)은 송만 못한 것은 형세상 어쩔 수 없습니다. 어찌 이대(二代)를
뛰어넘어 당시의 작가와 우열을 다툴 리가 있겠습니까."
하였다. 중씨가,
  "한퇴지(韓退之)는 당나라 사람인데 유자후(柳子厚)가 '곧장 자장(子
長 사마천)과 함께 달린다.'고 하였으니, 자후가 어찌 헛말을 할 사람인
가? 이달도 또한 이와 같으니라."
하였지만, 나는 끝내 그렇게 여기지 않았다.

5) 나의 중형의 시가 처음에는 동파(東坡)를 배워서 전아(典雅) 순실(純實)하고 온건(穩健) 노숙(老熟)하더니, 호당(湖堂)에 뽑히자『당시품휘(唐詩品彙)』를 열심히 읽어 시가 비로소 청건(淸健)해졌다. 만년에 갑산(甲山)으로 귀양 갈 때, 이백시(李白詩) 한 부를 가지고 갔기 때문에, 귀양이 풀려 돌아온 뒤의 시는 천선(天仙 이백)의 말을 깊이 체득하여 장편이고 단편이고 휘몰아치는 기세여서 일찍이 이익지가 말하였다.

"미숙 학사(美叔學士 허봉)의 시를 읽으면 공중에 흩날리는 꽃을 보는 것 같다."

중씨가 불행히 일찍 죽어 원대한 포부를 제대로 펴보지 못했고, 남긴 글마저 흩어져 미처 수습하지 못했는데, 임진왜란이 일어나자 찾아낼 겨를도 없이 다 병화(兵火)에 타버렸으니, 죽어도 잊지 못할 슬픔이 어찌 끝이 있겠는가. 내가 경호(鏡湖 강릉)에 살 때에 놀라움이 우선 가라앉자, 일찍이 외던 것을 생각해 내어 보니 겨우 5백여 편이라, 베껴서 세상에 전하여 사라지지 않도록 기대하고자 한다. 그러나 다만 태산(泰山)의 일호(一毫)일 뿐이다.

6) 최경창(崔慶昌)의 자는 가운(嘉運)이니 융경(隆慶) 무진년(1568)에 진사(進士)를 하고 여러 벼슬을 거쳐 종성 부사(鍾城府使)가 되었는데, 어떤 일로 강등(降等)되었다가 국자 직강(國子直講)을 제수 받고는 세상을 떠났다. 일찍이 북경(北京)에 가 조천궁(朝天宮)에서 시를 지었다.

午夜瑤壇掃白雲, 한밤중 천단에서 흰 구름을 다 쓸어내고,
焚香遙禮玉宸君. 향을 사르며 멀리 하늘나라 임금을 향해 절하네.
月中拜影無人見, 달빛 속엔 절하는 그림자뿐 사람은 보이지 않는데,
琪樹千重鎖殿門. 천 겹이나 되는 구슬나무가 궁궐 문을 에워쌌구나.

三淸露氣濕珠宮,   신선 세계의 이슬 기운이 구슬 궁궐을 적셨는데,
鳳管徘徊月在空.   봉황피리 소리만 돌고 돌 뿐 달은 하늘에 있네.
苑路至今香輦絶,   동산 길에는 이제 수레도 다니지 않는데,
碧桃紅杏自春風.   푸른 복사꽃 붉은 살구꽃만 스스로 봄바람에 겨워라.

어떤 도사(道士)가 있었는데 성은 진씨(秦氏)이고 이름은 잊었다.
그 또한 시를 잘 지었는데, 이 시를 크게 칭찬하였다. 통주(通州) 하
청관(河淸觀)까지 쫓아와 그 시권에 제(題)해 주기를 청하기에[9], 시를
지었다.

碧宇標眞界,   벽우는 진계를 상징하고,
玄壇近太淸.   현단은 태청에 가깝구나.
鸞栖珠圃樹,   난새는 주포 나무에 깃들고,
霞繞紫微城.   노을이 자미성을 감도네.
寶籙三元秘,   삼원의 보록은 비장되어 있고,
金丹九轉成.   금단은 아홉 번 연단하여[10] 만드네.
芝車人不見,   지거를 탄 사람 보이지 않고,
空外有簫聲.   공중 너머에 피리 소리만 들리네.

이 시가 중원에 전파되어 왕봉주(王鳳洲 왕세정) 선생이 몹시 칭찬하

---

9 『청강소설』합본에는 '河淸淸題其卷'으로 되어 있는데, 장서각본 『한고관외사 학산초
담』에 따라 '河淸觀請題其卷'으로 고쳐 번역하였다.

10 아홉 번 제련하여 만든 단약을 구전단(九轉丹)이라고 하는데, 도가(道家)에서는 이를
복용하면 신선이 된다고 전해진다. 『포박자(抱樸子)』 권4 「금단(金丹)」에 "아홉 차례
제련한 단약을 3일 동안 복용하면 신선이 될 수 있다.[九轉之丹 服之三日得仙]"라고
하였다.

였다. 충장공(忠壯公) 양조(楊照)의 무덤에서 지은 시는 다음과 같다.

日沒雲中火照山, 운중에 해 지자 불빛이 산을 비치니,
單于已近鹿頭關. 선우는 이미 녹두관에 다가왔네.
將軍獨領千人去, 장군이 홀로 천 명을 거느리고 나아가서,
夜渡遼河戰未還. 한밤에 요하 건너 싸우다 돌아오지 않았구나.

이 시는 당인(唐人)의 높은 수준에 못지 않으니 중원(中原)에서 사랑
을 받는 것이 당연하다.

7) 백광훈(白光勳)의 자는 창경(彰卿)이고, 글씨 쓰는 법은 왕희지·왕
헌지에 가까우며, 첫 벼슬은 예빈시 참봉(禮賓寺參奉)에 임명되었다.
언젠가 홍경사(弘慶寺)를 지나다가 시를 지었다.

秋草前朝寺, 옛 왕조의 절 뜨락에는 가을 풀만 깔리고,
殘碑學士文. 남아 있는 빗돌에는 학사의 글이 쓰여 있네.[11]
千年有流水, 천 년의 세월이 저 물과 같이 흘러갔는데,
落日見歸雲. 지는 햇살 속으로 돌아가는 구름이 보이는구나.

임오년(1582)에 병으로 서울집에서 죽었다.
난설(蘭雪) 누님의 감우시(感遇詩)는 다음과 같다.

---

11 이에 비석을 세우고 한림학사 최충에게 명하여 비문을 짓도록 했었는데, 지금 절은 없어
    지고 원(院)과 비석만 남았으므로, 결국 절 이름을 따서 홍경원이라고 불렀다. 『신증동
    국여지승람』 권41 「직산현」

近者崔白輩,　요즘 들어 최경창 백광훈 선배가,
攻詩軌盛唐.　성당을 법삼아 시를 익히니.
寥寥大雅音,　아무도 쓰지 않던 대아의 음률이,
得此復鏗鏘.　이들 만나 다시금 쩡쩡 울리네.
下僚困光祿,　낮은 관료는 벼슬살이가 어렵기만[12] 해,
邊郡悲積薪.　변방의 고을살이 시름만 쌓이는구나.
年位共零落,　나이 들어갈수록 벼슬길은 막히니,
始信詩窮人.　이제야 믿겠네 시가 사람을 궁하게 한다는 말을.

8) 임제(林悌)의 자는 자순(子順)이니 나주인(羅州人)이다. 만력(萬曆) 정축년(1577)에 진사가 되었다. 의협심이 있고 얽매이질 않는 성품이어서 세속과 맞지 않았으므로 불우했고 일찍 죽었다. 벼슬은 의제 낭중(儀制郎中 예조정랑)에 그쳤다. 죽은 뒤에 어떤 이가 '역괴(逆魁 정여립)와 더불어 시사를 논하면서 항우(項羽)는 천하의 영웅인데 성공치 못한 것이 안타깝다 말하고 마주 보며 눈물을 흘렸다.'고 무함했는데, 그 말이 삼성(三省)[13]에 전해지자 그 아들 지(地)를 국문하였다. 지(地)가 선친이 지은 '오강(烏江)에서 항우를 조상한다'는 부(賦)를 올리므로 용서받아 변방에 귀양 가게 되었다. 그의 「평사 이영을 보내는 시[送李評事瑩詩]」는 다음과 같다.

朔雪龍荒道,　북방 눈 내리는 용황의 길,
陰風渤澥涯.　음산한 바람 부는 발해 바닷가에.

---

12 원문에 '因'으로 되어 있지만, 『난설헌시(蘭雪軒詩)』에 '困'으로 되어 있어 고쳐 번역하였다.
13 강상 죄인(綱常罪人)을 추국하는 세 아문(衙門). 곧 의정부(議政府)·사헌부(司憲府)·의금부(義禁府)

元戎掌書記, 원수의 서기를 맡은 이는,

一代美男兒.. 일대의 미남아로다.

匣有干星劍, 칼집엔 별을 찌르는 칼 있고,

囊留泣鬼詩. 주머니엔 귀신도 울릴 시가 들었네.

邊沙暗金甲, 변방 모래 바람이 금갑옷에 자욱한데,

關月照紅旗. 관문 위의 달이 붉은 기를 비치리.

玉塞行應遍, 옥문관 두루 돌아다닐 테니,

雲臺畫未遲. 공신각[14]에 화상 걸 날 머지않으리.

相看竪壯髮, 바라보니 머리카락 곤두세우고,

不作遠遊悲. 먼 길 떠나며 슬픈 빛 보이지 않네.

시격(詩格)이 양영천(楊盈川)[15]과 매우 비슷하다.

9) 중씨가 경흥(慶興) 압호정(押胡亭)에서 지은 시는 다음과 같다.

塞國悲寒望, 국경에서 스산하게 바라다보니,

人煙接鬼方. 인가의 연기는 귀방과 접했구나.

山圍孤障外, 산은 외로운 장막 밖을 에웠고,

水入毀陵傍. 물은 무너진 능 옆으로 흘러드는구나.

白屋經年病, 초가집에 해 바뀌도록 병들었는데,

青苗一夜霜. 푸른 모에 한밤중 서리 내렸네.

登臨最蕭瑟, 이곳에 오르면 가장 서글퍼지니,

衰鬢葉俱黃. 까칠한 수염은 낙엽처럼 누렇구나.

---

14 원문의 운대(雲臺)는 후한(後漢) 때 공신의 초상을 걸어 놓았던 곳을 말한다. 명제(明帝)가 영평(永平) 3년(60)에 광무제(光武帝)의 공신 28인을 그려 이곳에 봉안하였다.

15 원문에는 양영주(楊盈州)로 되어 있는데, 초당사걸(初唐四傑)의 한 사람인 양형(楊炯)의 호가 영천(盈川)이므로 고쳐서 번역하였다.

임자순(林子順)이 크게 칭찬하며 그 운자로 화답하려 하였으나 종일 궁리해도 뜻대로 되질 않자 시를 보내기를, "백옥과 청묘는 열 글자의 역사로다[白屋青苗十字史]" 하였으니, 셋째와 넷째 구절이 사실을 기록했음을 말한 것이다. 금성 객관(金城客館)에 옛사람이 추(秋) 자로 압운하여 판각해서 못을 박아 걸어 놓았는데, 최고죽(崔孤竹)이 차운하였다.

殘角出古縣,　스러지는 뿔피리 소리 옛고을에서 나는데,
深河急暝流.　깊은 강물은 어둠속을 급히 흐르는구나.
疎燈楚客夢,　흐릿한 등불 아래 초나라 나그네 꿈꾸고,
半夜仲宣樓.　한밤중 중선은 다락에 올랐네.
寒雨雖逢霽,　찬 비는 비록 개었으나,
歸心更值秋.　고향 생각나니 또 가을을 만났구나.

중씨가 이어 읊었다.

行人萬里去,　나그네 만릿길 가면서,
駐馬飮寒流.　말 세우고 차가운 물을 먹이네.
芳草遍官道,　방초가 큰 길에 덮이고,
晚烟生驛樓.　저녁 연기 역루에 오르는구나.
旅懷渾似夢,　나그네 회포는 어렴풋해 꿈과 같으니,
春事半如秋.　봄이라지만 거의 가을 같구나.

고죽이 보고 말하였다.
"봄철 일들을 '추(秋)' 자로 압운하기가 가장 어려운데, 이 구절은 옛 사람보다 훨씬 뛰어나다."[16]

내 생각에 누대 제영(題詠)의 현판은 모두 진부한 시들이라, 비록 청신한 구절이 있다 하더라도 가려내기 쉽지 않으니, 지을 필요가 없다. 임자순(林子順)이 언젠가 가학루(駕鶴樓)에 들렀는데 판시(板詩)가 많아 만여 개나 되므로, 그 잡스런 말들을 싫어하여 관리(館吏)를 불러 말하였다.

"이 현판들은 관명(官命)으로 지은 것이냐? 짓지 않으면 벌을 주었느냐?"

관리가 말하였다.

"짓고 싶으면 짓고, 말고 싶으면 말지요. 어찌 관명이나 처벌이 있겠습니까."

자순이 말하였다.

"그렇다면 난 짓지 않겠다."

그 말을 들은 이들이 다 웃었다. 임진왜란에 적이 관사를 불살라 남은 게 없었으며, 불사르지 않은 곳은 현판을 철거하여 불 속에 던져버렸다. 아마 하늘도 나쁜 시가 높은 벽에 걸려 있는 것을 싫어했으리라.

10) 누제(樓題)에도 좋은 시구가 또한 더러 있다. 임진년에 내가 어머니를 모시고 난리를 피하여 북변으로 들어가다가 곡구역(谷口驛)에 이르니, 임형수(林亨秀)가 지은 시의 항련(項聯)에

花低玉女醋觴面, 꽃이 고개 숙이니 술 취한 미녀의 얼굴 같고,
山斷蒼虬飮海腰. 산이 끊어지니 바닷물 마시는 푸른 용의 허리 같구나.

---

16 『한고관외사』 계열 필사본에는 이 아래가 다른 항목으로 되어 있는데, 누각 제영의 차운 시라는 주제가 이어지므로 『청강소설』합본처럼 하나의 항목으로 보는 것이 옳다.

라고 하였다. 시어(詩語)가 청절(淸絶)하니 어찌 누제라 하여 흠잡을
수 있겠는가.

11) 어촌(漁村 심언광)의 시는 혼후하고 부염하기가 호음(湖陰 정사룡)에
못지 않은데, 송계(松溪 권응인)가 중종 이래 대가를 평하면서 그 선(選)
중에 어촌을 넣지 않았으니, 도대체 무슨 까닭인지 모르겠다. 내가
북변의 누제(樓題)를 보다가, 공의 시를 읽으며 눈을 부비고 무릎을
치지 않은 적이 없었다. 영동역(嶺東驛) 시는 다음과 같다.

寵辱悠悠兩自驚, 총욕이 유유하여 두 가지 절로 놀라니,
飄零何處着殘生. 표령하게 남은 목숨을 그 어디에 붙일까.
天邊落日懷鄕淚, 하늘가 해질 무렵 고향 그리는 눈물은,
寒外窮秋去國情. 변방 밖 늦가을 고국 떠나는 마음일세.
雲葉亂飛山盡黑, 구름은 어지러이 날아 산은 온통 어둡고,
月輪低照海全明. 둥근 달 나직이 비치니 바다는 전부 밝구나.
羈愁此夜偏多緖, 나그네신세 오늘밤 유난히 시름겹기에,
坐對靑燈到五更. 푸른 등불 마주 앉아 오경까지 지샜네.

수성역(輸城驛)에서 지은 시는 다음과 같다.

去國經秋滯塞城, 서울 떠나 가을 거치며 변방 성에 막혀 있으니,
異方雲物摠關情. 낯선 땅 경물들이 모두 마음에 걸리네.
洪河欲濟無舟子, 넓은 강 건너고 싶으나 사공이 없고,
寒木將枯有寄生. 겨울나무는 말라가도 겨우살이 매달려 있네.
自笑謀身非直道, 곧은 도가 아닌 곳에 일신을 도모함이 우습고,
還慙欺世坐虛名. 헛된 이름에 붙들려 세상 속임이 부끄러워라.

曉來拓戶臨靑海, 새벽 오자 문을 열고 푸른 바다 마주하니,
旭日昭昭照膽明. 떠오른 해가 밝고 밝게 간담을 비추는구나.[17]

이와 같은 작품들이 어찌 호음(湖陰)무리만 못하단 말인가? 아래 시의 제4구는 안로(安老)가 죽었지만 그의 잔당은 아직 다 죽지 않았음을 가리킨 것이다.

12) 중씨가 근래 시인을 평하면서 소재(蘇齋 노수신) 상공을 대가로 치고, 제봉(霽峯) 고경명(高敬命)을 그 다음으로 쳤다. 이익지(李益之 이달)는 중씨의 시와 문장이 모두 고공(高公)보다 낫다고 쳤는데, 논란은 오래되었으나 결판이 나지 않았다. 내가 권응인(權應仁)을 만나게 되어 물어보니, "이익지의 말이 옳다"고 하였다. 권응인이 갑산(甲山)으로 귀양 가는 중씨를 보내는 시의 항련(項聯)에

家居丁卯唐詩士, 정묘교 곁에 살던 당나라 시인이고,
降在庚寅楚逐臣. 경인일에 태어나 내쫓긴 초나라 신하로다.[18]

라 하였으니, 용사(用事)라든가 대우(對偶)가 다 적절하다. 중씨가 서애(西厓 유성룡)에게 부친 시에도 이렇게 말하였다.

莫言甲子泥塗日, 갑자년 참상[19]을 말하지 마소,

---

17 『어촌집』 권5에는 「경성 주촌역 감회(鏡城朱村驛感懷)」 제2수로 실려 있다.
18 당나라 시인 허혼(許渾)이 강소성(江蘇省) 단도현(丹徒縣)의 정묘교(丁卯橋) 근처에 정묘장(丁卯莊)을 짓고 살았다. 정월 경인일에 태어난 초나라 삼려대부(三閭大夫) 굴원(屈原)이 참소를 입고 쫓겨났다.
19 1504년에 일어난 갑자사화를 말하는 듯한데, 허봉이나 유성룡과 직접 관련이 되지는

應値庚寅下降年. 응당 경인년에 하강하는 때를 맞으리.

13) 중씨가 귀양 가기 전 옥당(玉堂)에 있을 때 꿈속에서 시를 지었다.

稼圃功夫進, 텃밭에 농사 짓느라 솜씨야 늘었지만,
烟霄夢寐稀. 조정의 벼슬은 꿈결에 희미해라.
唯殘賈生淚, 오직 가의의 눈물만 남아,
夜夜濕牛衣. 밤마다 쇠덕석[20]을 적실 뿐.

가을이 되자 갑산(甲山)에 귀양 가게 되었다. 누님이 평시에 또한 꿈속에서 시를 지었다.

碧海侵瑤海, 푸른 바다가 신선 사는 요해에 스며들고,
青鸞倚彩鸞. 푸른 난새는 채색 난새에 기대었구나.
芙蓉三九朶, 부용꽃 스물일곱 송이가,
紅墮月霜寒. 서리같이 싸늘한 달빛 아래 붉게 떨어지네.

이듬해 신선이 되어 올라갔는데, 3에 9를 곱하면 27로서 누님의 나이와 같다. 사람의 일이 미리 정해진 운명을 어찌 피할 수 있겠는가.

14) 누님의 시문은 모두 천성에서 나온 것들이다. 유선시(遊仙詩)를 즐겨 지었는데 시어(詩語)가 모두 맑고 깨끗하여, 음식을 익혀 먹는

않는다. 경인년도 미상이다.
20 『청강소설』합본에는 '衣衣'로 되어 있는데 뜻이 확실치 않아, 『하곡선생시초』에 따라 '牛衣'로 고쳐 번역하였다. 한나라 왕장(王章)이 집이 매우 가난하고 이불도 없어서 병이 들었는데 소의 덕석을 덮고 누웠다. 『한서(漢書)』 권76 「왕장전(王章傳)」

속인으로는 미칠 수가 없다. 문장도 우뚝하고 기이한데 사륙문(四六
文)이 가장 좋다. 백옥루상량문(白玉樓上樑文)이 세상에 전한다. 중씨
가 일찍이 이렇게 말하였다.

"경번(景樊)의 재주는 배워서 그렇게 될 수가 없다. 모두 이태백(李太
白)과 이장길(李長吉)의 유음(遺音)이다."

아! 살아서는 부부금슬이 좋지 못했고 죽어서는 제사 받들 자식이
없으니, 옥이 깨진 원통함이 어찌 끝이 있겠는가.

15) 이옥봉(李玉峯)은 사문(斯文) 조원(趙瑗)의 첩이다. 시가 몹시 맑고
강건하여, 거의 부인들이 연지 찍고 분 바르는 말들이 아니다. 남편을
따라 진주부(眞珠府 삼척)로 가는 길에 노산묘(魯山墓)를 지나면서 시를
지었다.

五日長關三日越,   닷새는 대관령 넘고 사흘은 영월에 오니,
哀歌唱斷魯陵雲.   슬픈 노래가 노릉[21]의 구름에 스러지네.
妾身亦是王孫女,   이 몸도 또한 왕손의 딸이라,[22]
此地鵑聲不忍聞.   이곳의 두견 소리는 차마 듣지 못하겠구나.

서군수(徐君受)의 첩이 액서(額書)와 단율(短律)을 부쳐주자, 시를 지
었다.

---

21 1455년 강요에 의해 숙부 수양대군에게 왕위를 넘겨주고 1457년 노산군(魯山君)으로
강등되어 영월에 유배되었다가 자살을 강요당해 죽은 단종(端宗)의 능을 가리킨다.
1698년에 복위되어, 묘호가 장릉(莊陵)으로 추존되었다.
22 이원의 호는 옥봉(玉峯)으로 조원(趙瑗)의 첩인데, 옥천군수를 지낸 전주이씨 이봉(李
逢)의 서녀이다.

瘦勁寫成天外態,   여위고도 굳세게 하늘 밖의 정취를 써서 이루니,
元和脚迹見遺蹤.   유공권(柳公權) 서체의 남은 자취 보여주네.
眞行翥鳳飄揚裡,   진서와 행서 나부끼는 가운데 봉새처럼 날아오르고,
大字崩雲結密中.   큰 글씨는 뭉게구름이 응집되었구나.
試掛山軒疑躍虎,   시험 삼아 산헌에 걸고 보니 호랑이가 뛰는 듯,
乍臨江閣訝騰龍.   문득 강각에 거니 용이 오르는 듯해라.
衛夫人筆方知健,   위부인의 필재[23] 바야흐로 건장한 줄 알거니와,
蘇惹蘭才豈倩工.   소약란의 재주라고 어찌 공교함을 독차지하랴.
體若蕙枝思則壯,   몸은 마치 혜초가지 같아도 생각은 씩씩하며,
手纖蔥玉掃能雄.   가녀린 손 파대공 같건만 글씨를 쓰면 웅장하구나.
神交萬里通文墨,   정신적인 사귐이 만 리를 문묵으로 통하니,
爲報蠟珠白玉童.   여의주를 갚기 위해 백옥동자에게 알리노라.

그 아우 또한 시를 잘 지어, 언젠가 절구 한 수를 지었는데, 그 아래 구절은 다음과 같다.

開窓步曉月,   창 열고 새벽 달빛 아래 거니노라니,
露濕梅花枝.   이슬은 매화가지에 젖었구나.

그의 전집을 보지 못한 것이 한스럽다.

16) 최고죽(崔孤竹) 등이 언젠가 말하기를, "우리나라 지명은 중국만 못하여 시 지을 때에 지명을 구사할 수 없다." 하며 늘 한스럽게 여겼

---

23 필법(筆法)을 설명한 필진도(筆陣圖)를 왕희지(王羲之)가 썼다고 하는데, 왕희지의 어릴 적 스승인 위부인이 썼다고도 한다.

다. 그런데 소재(蘇齋)의 시에

路盡平邱驛,　길은 평구역에서 다했고,
江深判事亭.　강물은 판사정 앞에 깊구나.

라는 것을 보니, 위아래의 구절이 모두 우리말을 썼건만 구법이 온당
적절하다. 그러니 대가의 솜씨는 절로 여느 사람과 다름을 알겠다.

17) 이익지(李益之)는 젊어서 화류계(花柳界)에 출입한 실수로 말미암
아, 그 재주를 샘내는 자들이 그것을 가지고 비방하였고, 심지어는
'어머니²⁴를 잘 대우하지 않고 남녀관계가 문란하였다.²⁵' 하며 비난해
마지않았다. 양봉래(楊蓬萊)가 강릉 부사(江陵府使)로 부임했을 때 그
를 빈사(賓師)의 예로 대우하자, 시기하는 이들이 선대부(先大夫 허엽)
에게 근거 없는 말을 하여 선대부께서 편지로 익지를 사절토록 권하였
다. 양봉래가 답장을 보내어 말하였다.
　"오동꽃은 밤안개에 지고, 바닷가 나무는 봄구름 속에 사라진다.[桐
花夜烟落 海樹春雲空]라는 시를 지은 이달(李達)을 만약 소홀히 대접한
다면 진왕(陳王)이 처음 응탕(應瑒)과 유정(劉楨)²⁶을 잃을 때와 무엇이

24　원문의 '성선(聖善)'은 어머니를 뜻하는 말이다. 『시경』 「개풍(凱風)」의 "어머니는 성스
　　럽고 선하신데, 우리 중에는 괜찮은 자식이 없구나.[母氏聖善 我無令人]"라는 말에서
　　유래한 것이다.
25　원문에 '帳薄不修'로 되어 있는데, 장서각 『한고관외사』본을 참조하여 '帷薄不修'로 고
　　쳐 번역하였다. 『한서(漢書)』 권48 「가의전(賈誼傳)」에 "남녀 관계를 문란하게 한 죄를
　　지었을 경우, '더럽다.'라고 하지 않고 '휘장을 잘 치지 못했다.'라고 하였다.[坐汙穢亂
　　男女亡別者 不曰汙穢 曰帷薄不修]"라고 한 말에서 유래한 표현이다.
26　진왕(陳王)은 위(魏)나라 조식(曹植)의 봉호(封號)이고, 응탕과 유정은 건안칠자(建安
　　七子) 가운데 두 사람이다. 문제(文帝)가 태자로 있을 적에 이들을 총애하여 항상 동궁

다르겠습니까."

그 후에 대우가 약간 소홀해지자, 익지가 시를 남기고 작별하였다.

行子去留際,   나그네 가고 머물 사이란 것은,
主人眉睫間.   주인이 눈썹 까딱하는 사이라.
今朝失黃氣,   오늘 아침 기쁜 빛을 잃었으니,
舊宇憶靑山.   옛 집에서 청산을 생각하리.
魯國鶏鵵饗,   노나라에선 원거에게 제사를 했고,[27]
南征薏苡還.   남방에 출정 가서 율무 가지고 돌아왔네.
秋風蘇季子,   소계자는 가을바람 만나자마자,
又出穆陵關.   또다시 목릉관을 나가는구나.

이에 양봉래가 놀라고 뉘우쳐 대접하기를 전과 같이 하였다.

18) 연산군이 다스리던 시기에 강혼(姜渾)이 도승지(都承旨)가 되어 가장 총애를 받았다. 언젠가 연산군이 출제하기를

寒食園林三月近,   한식 동산에 삼월이 가까워지니,
落花風雨五更寒.   꽃 지는 비바람에 새벽이 싸늘하구나.

에 불러 놓고 주연(酒宴)을 베풀고 즐겼다.

27 『장자』「지락(至樂)」에 나오는 이야기이다. 원거라는 새가 노나라 교외(郊外)에 날아와 앉자, 노나라 임금이 그 새를 정중히 모셔다가 종묘에서 환영연을 베풀어 순(舜) 임금의 소악(韶樂)을 연주하고 소, 양, 돼지고기의 요리로 대접하였다. 그 새는 눈이 부시고 근심과 슬픔이 교차하여 고기 한 점도 먹지 못하고 술 한 잔도 마시지 못한 채 3일 만에 죽고 말았다. 여기서는 자기에게 어울리지 않는 과분한 대접을 받았다는 뜻으로 썼다.

하고, 승지·사관·경연관에게 칠언율시를 지어 바치게 하였는데, 강
혼의 시는 다음과 같다.

清明御柳鎖寒烟, 청명이라 대궐 버들 찬 연기에 둘렸는데,
料峭東風曉更顚. 쌀쌀한 봄바람이 새벽 들어 한층 더하네.
不禁落花紅襯地, 떨어진 꽃잎 땅을 붉게 덮도록 내버려두고,
膁敎飛絮白漫天. 흩날리는 버들개지 온 하늘에 자욱하구나.
高樓隔水褰珠箔, 물 건너 높은 누각에 구슬발 걷히니,
細馬尋芳耀錦韉. 꽃구경 가는 좋은 말 비단안장 빛나네.[28]
醉盡金樽歸別院, 금동이술 다 마시고 취해 별원으로 돌아오니,
綵繩搖曳畫欄邊. 단청한 난간가에 오색 끈 흔들리네.

연산군이 크게 칭찬을 하며 금은보화를 많이 하사하였다.

19) 응교(應敎) 기준(奇遵)이 온성(穩城)으로 귀양 가 있는데, 서울로부
터 사약이 내려왔다. 그는 조용히 시를 읊어 스스로 만사를 지었다.

日落天如墨, 해 지자 하늘이 먹빛 같아지고,
山深谷似雲. 산 깊어 골짜기는 구름 같구나.
君臣千載意, 임금과 신하의 천년의 뜻이.
惆悵一孤墳. 서글프게도 하나의 외로운 무덤뿐일세.

이 시를 읽으면 사람으로 하여금 심장과 간장이 다 찢어지게 한다.

---

28 원문에 '細馬尋耀錦韉'으로 되어 있어서 장서각 『한고관외사』본을 참조하여 '芳'을 넣
어 번역하였다.

20) 최원정(崔猿亭 최수성)이 항상 화(禍) 입을까 두려워 세상 밖에 방랑
했지만, 마침내 숙부(叔父)의 참소를 받아 형벌을 면치 못하였다. 그가
만의사(萬義寺) 부도(浮圖)에 제(題)한 시는 다음과 같다.

古殿殘僧在,　옛 불전은 몇 남은 스님이 지키고,
林梢暮磬淸.　수풀 끝엔 저녁 종 맑게 울리네.
曲通千里盡,　산 굽이는 천리 끝까지 통하였는데,
牆壓衆山平.　담장이 누르니 여러 산들이 평평하구나.
木老知何歲,　나무가 늙었으니 몇 살이나 되었을까,
禽呼自別聲.　새는 울면서 별난 소리를 내네.
艱難憂世網,　험난한 세상 그물에 걸릴까 근심스러워,
今日恨吾生.　오늘 내 인생을 한탄하누나.

시어(詩語)가 맑고도 빼어났다. 마지막 구절은 그가 화 입을 것을
미리 헤아렸단 말인가?

21) 장음정(長吟亭) 나식(羅湜)은 웅혼한 글과 곧은 절개가 천세에 빛
난다.

孤舟宜早泊,　외로운 배는 일찍 매어야 하니,
風浪夜應多.　풍랑은 으레 밤 깊으면 더하다네.

라는 구절은 선배들이 이미 칭찬하였던 것이고, 원숭이 그림에 쓴 절
구 두 편을 손곡(蓀谷 이달)이 "그림 속에 그림이 있다"고 칭찬하였다.
그 시는 다음과 같다.

山猿擁馬乳,　산원숭이 포도를 안고,
脚踏長長枝.　다리로 긴긴 가지를 밟는구나.
收拾落來顆,　떨어진 열매 줍건만,
誰分雄與雌.　누가 능히 암수를 구별하랴.

老猿失其群,　늙은 원숭이가 제 무리를 잃고,
落日枯楂上.　해 질 무렵 마른 등걸 위에 앉았네.
兀坐首不迴,　오똑 앉아 고개도 돌리지 않으니,
想聽千峯響.　아마도 온 산의 메아리를 듣는 게지.

아래의 시가 더욱 기발하다.

22) 손곡(蓀谷) 이익지(李益之)의 한식시(寒食詩)에서

梨花風雨百五日,　배꽃에 비바람 치는 백일 하고도 닷새,
病客江湖三十年.　병든 나그네 강호에 떠돈 지 삼십 년일세.

임귀성(林龜城)에게 보낸 시에서

頻年作客衣還弊,　해마다 떠돌다보니 옷은 벌써 해어지고,
數月離家帶有餘.　몇 달을 집 떠나니 허리품이 줄었구나.[29]
誰憐范叔寒如此,　그 누가 범숙의 이같은 가난을 불쌍타 하랴,
自笑蘇秦困不歸.　소진은 곤궁해도 돌아가지 못해 스스로 웃네.

---

29 이 두 구절은 『손곡시집』에 보이지 않는다.

노산묘시(魯山墓詩)에서

東風蜀魄苦, 봄바람에 두견새 울음 애닯고,
西日魯山寒. 해 저물녘 노릉은 스산하구나.

등의 구절은 대우(對偶)가 자연스럽고 침착하며 돈좌(頓挫)하다. 세상
사람들은 더러 바람 앞의 꽃이라 하여 결점으로 여기나, 아마도 미처
생각하지 못해서 하는 말이 아닌가.

23) 김충암(金冲庵 김정) 시집 속에 '청산금야월(青山今夜月)'이라는 시
는 바로 용재(容齋) 이 문민공(李文愍公 이행)의 작품으로 시법(詩法)이
같지 않다. 편찬한 자가 잘못 엮은 것이다. 내가 승축(僧軸)을 보니
충암(冲庵)의 시가 있었다.

嶺外寒山寺, 고개 너머 한산사에서,
逢師眼忽靑. 스님 만나니 문득 반가워라.
石泉同病客, 돌샘에서 같이 병든 나그네,
天地一浮萍. 천지간에 하나의 부평초일세.
踈雨殘燈冷, 성긴 비에 가물거리는 등불 싸늘한데,
持盃遠海聲. 잔 들자 먼 바닷소리 들리네.
開窓重話別, 창 열고 거듭 말하다 헤어지니,
雲薄曉星明. 구름 엷어지며 샛별이 밝구나.

이 시가 본집에는 없으니, 당시 편집자가 혹 미처 못 본 것인가?

24) 중씨가 언젠가 이손곡(李蓀谷)의 유송경시(遊松京詩) 가운데

宮前輦路生秋草, 대궐 앞 거둥하던 길엔 가을풀 자라고,
臺下毬庭放夕牛. 누대 아래 격구하던 뜰엔 저녁 소를 먹이누나.

라는 구절을 칭찬하였으나 사인(舍人) 홍적(洪迪)의,

臺空猶半月, 누대는 비었어도 반월대요,
閣廢舊瞻星. 각은 황폐하나 옛 첨성대일세.

하는 시만큼 절실하지는 못하다.

25) 중씨가 일찍이,
"홍덕공(洪德公 홍경신)·이명보(李明甫 이덕형)의 시는 모두 일가(一家)라 이를 만한데, 홍덕공은 장편을, 이명보는 칠언율시를 특히 잘 짓는다."
고 칭찬하였다. 그리고 또,
"명보(明甫)는 반드시 대제학(大提學)이 될 것이다."
하더니, 후에 명보가 나이 겨우 서른이 넘자 대제학에 임명되고, 벼슬로는 예조 판서(禮曹判書)에 오르게 되니, 대제학이 되리라던 말이 비로소 증명되었다. 홍(洪)은 여러 차례 과거에 응시하였건만 불행히도 뜻을 얻지 못하여 벼슬이 변변치 못하였으니, 재주와 팔자는 이처럼 같지가 않다.

26) 홍덕공(洪德公)의 「봉래풍악가(蓬萊楓嶽歌)」를 중씨가 아침저녁으

로 한번 죽 읊으면서 장단을 맞추며 감탄하였다. 그 시는 이태백(李太白)의 「천로음(天姥吟)」에 영향을 받은 것인데, 종횡(縱橫)·억양(抑揚)에 한 자도 세속에 찌든 태가 없다. 「반통투수사(飯筒投水詞)」·「기택요(沂澤謠)」 등 작품이 모두 호방하며 기력이 있으나, 율시(律詩)나 절구(絶句)는 장편만은 조금 못하고, 산문 또한 간결하고 엄정하다. 「운부(雲賦)」·「격구부(擊毬賦)」 같은 작품은 양봉래(楊蓬萊)가 몹시 부러워하며,

"사마 장경(司馬長卿)과 천년 뒤에 고하(高下)를 다툴 만하다."

하였다.

27) 명나라 사람의 시를 이손곡(李蓀谷)은 하중묵(何仲默 하경명)을 첫째를 꼽았지만, 중형은 이헌길(李獻吉 이몽양)을 최고로 여겼고, 윤월정(尹月汀)은 이우린(李于麟 이반룡)이 그 두 사람보다 뛰어났다고 여겼으니, 정론(定論)을 내릴 수 없다. 봉주(鳳洲 왕세정)의 말하기를,

"비교하자면 헌길(獻吉)은 높고 중묵(仲默)은 통창하며 우린(于麟)은 크다."

하였을 뿐, 누가 첫째요, 누가 그 다음이라고 말하지 않았다. 익지(益之)가 하루는 율시 한 수를 내어 보이며,

"이것은 세상에 전하지 않는 중묵의 시일세."

하기에 읽어보았는데, 처음에는 진짜인지 가짜인지 모르다가 말하였다.

"이 시는 맑고 뛰어났으니, 율시 고르는 자가 (문집에) 빠뜨렸을 리 없습니다. 아마도 선생의 의작(擬作)이겠지요."

익지가 자기도 모르게 껄껄 웃었다. 그 시는 다음과 같다.

客衾秋氣夜迢迢, 나그네 이불은 가을이라 밤 들며 더욱 차가워지는데,

深屋踈螢度寂廖. 그윽한 집에 반딧불 몇 마리가 쓸쓸하게 넘나드네.
明月滿庭涼露濕, 밝은 달빛은 뜨락 가득 서늘한 이슬에 젖고,
碧天如水絳河遙. 푸른 하늘은 강물 같아 은하수 아득해라.
離人夢斷千重嶺, 집 떠난 사람의 꿈은 산 너머 산 겹겹이 막혔는데,
禁漏聲殘十二橋. 궁궐 물시계 소리는 열두 다리에 남아 있구나.
咫尺更懷東閣老, 가까운 곳에 계신 늙은 정승을 다시금 생각하지만,
貴門行馬隔雲霄. 고귀한 집 앞의 행마는 구름과 하늘 저 너머 있네.

짜임새와 구어(句語)가 대복(大復 하경명)과 꼭 같아서, 감식안(鑑識眼)이 있는 사람이라도 구별하기 쉽지 않다. 이 시는 바로 이익지가 월정(月汀) 상공에게 올린 작품이다.

28) 임진난에 신노 제이(申櫓 濟而)[30]와 같이 북쪽으로 가는데, 명종(明宗)의 제삿날이 되자 그가 객관에서 시를 지었다.

先王此日棄群臣, 선왕께서 이 날에 여러 신하를 버리실 적에,
末命丁寧托聖人. 마지막 명령으로 간곡히 상감을 부탁하셨네.[31]
二十六年香火絶, 스물이라 여섯 해에 향불이 끊어지니,[32]
白頭號哭只遺民. 백발로 통곡하는 사람은 선왕의 유민(遺民)뿐일세.

---

30 이름을 두 개 쓰는 경우에는 대개 자(字)를 함께 소개하는 것이기에, 굳이 각주를 달지 않는다.

31 1567년 6월 28일에 영의정 이준경이 입시하여 마지막 유언을 묻자 명종이 말을 못하고 붕어하였는데, 중전이 전교하였다. "지난 을축년에 하서(下書)한 일이 있었는데【그해에 상이 미령하여 덕흥군(德興君)의 셋째 아들 휘(諱) 이균(李鈞)을 후사로 삼은 일이다.】 그 일은 경들 역시 이미 알고 있다. 지금 그 일을 정하고자 한다." 덕흥군의 셋째 아들 이균(李鈞)이 바로 선조이다.

32 명종이 붕어한 지 26년 되던 1592년에 임진왜란이 일어난 것을 가리킨다.

뜻이 몹시 서글퍼서 익성군(益城君) 홍성민(洪聖民)이 보고는 자기도 모르게 눈물을 흘렸다. 어떤 사람은 '절(絶)' 자를 고쳐 '음(吟)[33]' 자로 하기도 하는데, 뜻은 좋으나 격은 먼저 글자만 못하다.

29) 명나라 사람 등계달(滕季達)의 자는 진생(晉生)인데 오인(吳人)으로 문장과 시를 잘하고, 글씨를 잘 쓰며, 또한 천하의 명산 대천을 두루 돌아다녔고 스스로 북해(北海)라 호하였다. 소재(小宰) 한세능(韓世能)이 계유년(1573)에 우리나라에 조서를 반포할 때[34] 북해(北海)가 따라왔는데, 그때 습재(習齋) 권벽(權擘)·문봉(文峯) 정유일(鄭惟一)·서애(西厓) 유성룡(柳成龍)이 종사관(從事官)이 되고, 석봉(石峯) 한호(韓濩)가 글씨를 잘 썼기 때문에 수행하였었다. 북해가 네 분과 서로 몹시 좋아하여 여러 번 시문을 주거니 받거니 하였다. 그때 중씨가 태사(太史 사관)로 임금을 모시고 거침없이 일을 기록하자 조사(詔使)가 누구냐고 물으니, 재상 김계휘(金繼輝)가 한림학사(翰林學士)로 이름은 아무개요, 자는 아무개라 대답하였다. 북해가 만나고자 하였으나 기회가 닿지 않았다. 갑술년(1574)에 나의 중형이 사신으로 중국에 갔을 때 조천궁(朝天宮)에서 서로 만나보고 늦게 만난 것을 한스러워하였으며, 중씨가 우리나라로 돌아온 뒤에도 북해는 여러 번 사신 편에 편지를 보내어 문안하였다. 첨사(詹事) 황홍헌(黃洪憲)·도헌(都憲) 왕경민(王敬民)이 임오년(1582)에 조서를 반포하러[35] 올 때 북해가 중씨에게 편지를 전해

---

33 장서각 『한고관외사』본에 '冷' 자로 되어 있는 것이 더 자연스럽다.
34 소재(小宰)는 명나라 한림원 편수(翰林院編修)의 별칭이다. 이때 목종(穆宗)이 죽고 신종(神宗)이 즉위하였는데, 한림원 편수 한세능과 이과 도급사중(吏科都給事中) 진삼모(陳三謨)가 우리나라에 와서 신종이 등극했다는 조서를 반포하였다.
35 첨사(詹事)는 한림원 편수의 별칭이고 도헌은 공과급사중(工科給事中)의 별칭이다. 이

달라 부탁하고, 또 그들에게,

"아무개의 벼슬이 선위사(宣慰使)가 되지 않았으면 반드시 도감(都監)이 됐을 것이오. 당신들은 그를 소홀히 대해서는 안 되오."

하였다. 첨사가 의순관(義順館)에 이르러 역관 곽지원(郭之元)에게 물어, 중씨가 와서 기다리고 있음을 알게 되자, 편지를 내어 보이고 쥘부채[手扇]를 선사하였다. 중씨가 율시를 지어 두 사신에게 사례하자, 서로 돌아보며 감탄하기를,

"번국(藩國)에도 또한 인재가 있구려."

하였다. 귀국하자 첨사가 북해에게,

"노형은 참으로 사람을 볼 줄 아십니다."

하였다. 이것은 당릉군(唐陵君) 홍순언(洪純彦)에게 들은 말이다.

30) 사구(司寇) 정유일(鄭惟一)이 세상을 뜨자, 북해(北海)가 듣고 다음과 같이 만사를 지었다.

念昔遊玄菟,	그리워라 지난날 현도 땅에 노닐 적에,
傾蓋淸江上.	맑은 강가에서 일산을 기울이고 즐겼지.
寒月漾芳罇,	싸늘한 달빛이 향기로운 술잔에 일렁이고,
雪花穿毳帳.	눈송이가 털방장을 뚫고 들어왔지.
斯年五字上河梁,	그해에 오언시를 하량에서 짓고,[36]
握手臨風起三唱.	바람 맞으며 손잡고 일어나 세 번 노래 불렀지.

때 명나라에서 사신을 보내와 황태자 탄생의 조서를 반포하였다.

36 한나라 때 소무(蘇武)가 흉노에 사신으로 가서 돌아오지 못하고 억류되어 있다가 19년 만에 고국으로 돌아올 적에, 흉노에 항복하여 그곳에 살고 있던 이릉이 하량(河梁)에서 오언시를 짓고 헤어졌다. 이것이 오언시의 시초가 되었다고 한다. 『한서(漢書)』 권54 「이광전(李廣傳)」

別來何自遽游仙, 헤어진 뒤 갑자기 신선이 되어,

萬里逍遙鶴背煙. 학 타고 노을 속 만릿길을 거닐다니.

秋夜冷然華表柱, 가을밤 싸늘한데 화표주에서,

碧天無際望君還. 푸른 하늘 가없어 그대 오기만 바라누나.

말쑥하고 속기가 없어 읽으면 마음이 시원해진다. 중국인이 인재를 아끼기가 대개 이와 같다.

31) 황 조사(黃詔使 황홍헌)의 시를 사람들이 다 시원찮게 여겼다. 중씨만,

"이런 재주는 예로부터 찾아보기가 쉽지 않다."

했지만, 남들은 믿지 않았다. 『풍교운전(風敎雲箋)』에 첨사(詹事)의 글이 실린 것을 보면, 문법이 간결·엄숙하고 전아·미려하며 온후·순수하였으니 중씨는 인재를 아는 분이라고 할 만하다.

32) 중추부사 최립(崔岦)은 문장이 간결(簡潔)하고도 예스러워 당대의 대가가 되었다. 당시 사람들은 더러 그의 시는 문만 못하다고 한다. 그러나 정랑(正郎) 하응림(河應臨)을 제사하는 시,

伐木丁丁山鳥悲, 나무 찍는 소리 쩡쩡 울려 산새도 슬퍼하니,

獨來懸劍向何枝. 홀로 와 어느 가지에 칼을 걸겠는가.

才名不救當時謗, 재주와 명망이 당시의 비방을 이기지 못했으니,

交道還應入地知. 사귀는 도는 응당 저승 가야 알리라.

瀛海別回爲此別, 영해에서 작별한 뒤에 영 이별을 하다니,

驛亭詩後斷君詩. 역정에서 시 지은 뒤 그대 시가 끊겼구려.

平生對酒須皆飮, 평생 술만 보면 다 마시고야 말았으니,

倘省靈牀奠一巵. 궤연에 부어놓은 한 잔 술 살피소서.

역시 근엄하고도 기발하며 건장하니 어찌 문장만 못하다 할 것인가.

33) 나의 중형이 말하였다.

"문장을 배우려면 반드시 한퇴지(韓退之) 글을 익히 읽어 먼저 문호를 세우고, 다음으론『좌씨전(左氏傳)』을 읽어 간결체를 배우고, 다음에는『전국책(戰國策)』을 읽어 문장력이 종횡무진케 하고, 다음에는『장자(莊子)』를 읽어 신출귀몰하는 솜씨를 연구하고,『한비자(韓非子)』·『여람(呂覽)』으로 지류를 통창케 하고,『고공기(考工記)』·『단궁(檀弓)』을 읽어 뜻을 가다듬는데, 가장 중요한 것은 사마천(司馬遷)의『사기(史記)』를 익히 읽어 자유자재롭고 뛰어난 태를 키우는 것이다. 시를 배울 때는 먼저『당음(唐音)』을 읽고, 다음으로 이백(李白)의 시를 읽되, 소동파(蘇東坡)·두목(杜牧)은 그 솜씨만 취하면 그만이다."

34) 중씨가 언젠가 한탄하였다.

"내가 평생에 번천(樊川 두목)을 익히 읽은 탓으로 문장이 높지 못하다."

이익지(李益之) 또한,

"소동파·황산곡의 시가 내 폐부에 달라붙은 지가 이미 오래인지라, 시어를 만듦에 성당(盛唐)의 기격이 없다."

하였다. 그러나 시 짓기를, 소동파·황산곡처럼 하면 그만이지, 하필 새삼스레 도연명(陶淵明)·사영운(謝靈運) 사이를 꾀할 것인가.

35) 중씨가 만년에 지은 글은 유자후(柳子厚)와 너무도 같아서,「주한정

기(畫寒亭記)·「축려문(逐癘文)」등 작품은 가히 「대씨당(戴氏堂)」·「축필방(逐畢方)」등의 문장과 서로 어슷비슷하다. 최입지(崔岦之)가 화기(畫記)에 대해서 말하기를 「철로보지(鐵鑪步志)」만 못지않다고 하였다. 그러나 비명(碑銘)과 묘지(墓誌)는 무엇보다도 그의 장기인데 세상 사람은 다 모르고, 보아도 아는 이가 드무니, 후세에 반드시 양웅(揚雄)이 있어 알아 줄 것이다.

36) 임진년에 왜구(倭寇)가 서울을 함락하고 바로 철령(鐵嶺)을 넘었다. 장계부원군(長溪府院君) 황정욱(黃廷彧)이 북청(北靑) 진남루(鎭南樓)에 올라 한탄하기를,

  "정입부(鄭立夫)가 살았더라면 왜놈이 어찌 능히 철령을 넘었으랴." 하더니, 7월에 회령(會寧)에서 사로잡혔다. 장계의 문장은 우뚝하고 웅건하며 속기가 없다. 조선 초로부터 문병(文柄)을 잡은 자가 모두 사가독서(賜暇讀書)한 자 가운데서 나왔지만 장계만은 그렇지가 않아 세상에선 그를 영화롭게 여기지만 지난해 난리에 화를 유달리 더 입었다.[37]

---

37 지난해 난리는 임진왜란을 가리킨다. 황정욱은 임진왜란이 일어나자 호소사(號召使)가 되어 왕자 순화군(順和君)을 배종(陪從)해 관동으로 피신하였으며, 여기서 의병을 모집하는 격문을 돌렸다. 그러나 왜군의 진격으로 회령에 들어갔다가 국경인(鞠景仁)의 모반으로 왕자와 함께 포로가 되어 안변의 토굴에 감금되었다. 왜장 가토(加藤淸正)로부터 선조에게 보내는 항복 권유문을 쓰도록 강요받아, 아들 황혁(黃赫)이 대신 썼다. 한편, 항복 권유문이 거짓임을 밝히는 또 하나의 글을 썼으나 선조에게 전달되지 못하였다. 이듬해 왜군이 부산으로 철수할 때 석방되었으나, 항복 권유문을 기초한 문제가 동인의 집요한 공격을 받아 길주에 유배되었다. 1597년 왕의 특명으로 석방되었으나, 복관되지 못한 채 죽었다.

37) 경인년(1590)에, 병부 주사(兵部主事) 왕사기(王士驥)는 봉주(鳳洲 왕세정)의 아들로 우리나라 사신의 복물(卜物)을 검열하러 왔다가 마침 한집에 있게 되었다. 역관을 통하여 우리나라 문장을 보기 원하자 어떤 이가 소재(蘇齋 노수신)가 지은 정암(靜庵 조광조) 비문(碑文)을 보였다. 주사가 소매에 넣고 가며,

"우리 아버지께 보여드리고 싶습니다."

하고, 또 말하였다.

"명(銘)은 「추역산송(鄒嶧山頌)」 같으면서도 광염(光焰)은 더하고, 서(序)는 법언(法言) 같으면서도 넓고 크기는 그보다 나으니, 당신네 나라에도 이런 인물과 이런 문장이 있단 말입니까?"

38) 소재(蘇齋)의

> 海月蟲音盡,　바다 달에 벌레 소리 그치고,
> 山風露氣收.　산 바람에 이슬 기운 걷혔네.

라는 구절은 소릉(少陵 두보)의 시집 중에서 찾는다 해도 흔히 얻을 수 없는 것이며

> 初辭右議政,　애초에 우의정 사임하고,
> 便就判中樞.　문득 판중추가 되었네.

라는 구절은 대우(對偶)가 자연스러워 솜씨를 부리거나 깊이 생각하지 않은 것이다. 그런데 돌아간 자기 아버지 신도비(神道碑)를 지을 때는 밋밋하여 굴기(崛奇)한 곳이 없으니, 아마도 기발하게 하려고 마음 쓰다가 도리어 옹졸해진 것이 아닌가 한다.

39) 중씨가 논평하기를, '국초 이래 문장은 경렴당(景濂堂 김종직)이 제
일이고, 지정(止亭 남곤)은 다음이며, 시는 충암(冲庵 김정)의 높음과 용
재(容齋 이행)의 난숙함을 모두 미칠 수 없다'고 여겼다. 나의 망령된
생각으로는 충암은 생경하고 용재는 너무 진부하니, 시 또한 경렴을
으뜸으로 치는 것이 옳을 것 같다.

40) 가사(歌詞)를 지으려면 반드시 글자의 청탁(淸濁)과 율(律)의 고하
(高下)를 분간해야 하는데, 우리나라의 음률은 중국과 같지 않으므로
가사를 짓는 이가 없다. 공용경(龔用卿)과 오희맹(吳希孟)이 왔을 때,
호음(湖陰 정사룡)이 차운하지 않자, 세상에서는 체면을 유지했다고들
하였다. 그 후에 소퇴휴(蘇退休 소세양)가 화시강(華侍講)의 시에 차운하
였는데,

傷心人復卷簾看, 마음 아픈 사람이 발 걷고 다시 보니,
目斷凄凄芳草色. 서글픈 방초 위에 눈길이 멈추는구나.

라는 구절을 화공(華公)이 여러 차례 칭찬하였으니, 모두 음률에 맞아
서인지, 아니면 다만 그 말씨의 아름다움만을 취하여 칭찬한 것인지?

41) 누님이 언젠가 '사(詞)를 지으면 운율에 맞다'고 말하면서 소령(小
令)[38] 짓기를 좋아하기에, 나는 속으로 '남을 속이는구나' 하였는데,
『시여도보(詩餘圖譜)』를 보니 구절마다 옆에 동그라미와 점으로, 어떤
자는 전청(全淸)·전탁(全濁)이고 어떤 자는 반청(半淸)·반탁(半濁)이라

---

38 사체(詞體)의 하나인데, 58자 이내의 사(詞)를 소령(小令)이라고 한다.

하여 글자마다 음을 달아 놓았다. 시험 삼아 누님이 지은 사(詞)를 가
지고 맞추어 보니, 어떤 것은 다섯 자, 어떤 것은 세 자의 착오가 있을
뿐, 크게 서로 어긋나거나 잘못된 것은 하나도 없었다. 그제야 걸출
·고매한 천재적인 소질로 겸손하게 힘썼기 때문에 많은 노력을 하지
않고서도 이처럼 성취하였음을 알게 되었다. 누님이 지은「어가오(漁
家傲)」한 편은 모두 음률에 맞고, 한 자만 맞지 않았다. 사(詞)는 다음
과 같다.

庭院東風○惻惻,　뜰에는 봄바람 스산하고,[39]
墻頭一樹梨花白.　담머리엔 한 그루 배꽃 희구나.
斜倚玉欄思故國,　옥난간에 기대어 고향 그리건만,
歸不得,　　　　　갈 수는 없고.
連天芳草凄凄色.　하늘에 이어진 방초 짙어만 가네,
羅幃綺窓隔寂寞.　비단방장 비단창도 닫겨 적막한데.
雙行粉淚沾朱臆.　단장한 얼굴에 두 줄기 눈물 붉은 가슴을 적시네,
江北江南煙樹隔.　강북과 강남은 무성한 나무가 가렸으니.
情何極,　　　　　그리움 어이 끝나리,
山長水遠無消息.　산 높고 물은 아득해 님 소식이 없구나.

　‘주(朱)’ 자는 마땅히 반탁(半濁) 글자를 써야 하는 자리인데 ‘주(朱)’
자는 전탁(全濁)이다. 소장공(蘇長公) 같은 재주로도 굳이 운율에 맞추
지를 않았거든 하물며 그만 못한 사람일까보냐.

---

39 박현규의 논문「허균 사 분석」에서 이 구절에 글자 하나가 빠졌다고 밝혔지만, 여러
　　이본에 다 보이지 않는다.

42) 중씨의 시에

斗柄垂寒野,　북두성 자루가 쓸쓸한 들판에 드리웠고,
灘沙閣敗船.　부서진 배는 여울 모래에 놓였구나.

라는 구절이 있는데, 소재(蘇齋) 상공이 몹시 칭찬하여 '당인(唐人)에
못지않다'고 하였다.

43) 중씨가 「거산역(居山驛)」 시를 지었다.

長路鼓角帶晨星,　새벽 별빛 띠고 먼 길 떠나는 고각 소리 들리는데,
倦向靑州古驛亭.　터벅터벅 청주 옛 역정으로 향하네.
羅下洞深山簇簇,　나하동[40] 그윽하고 산은 옹기종기,
侍中臺逈海冥冥.　시중대(侍中臺) 멀어 바다가 아득하구나.
千年折戟沈沙短,　천년 전 부러진 창이 모래에 묻혀 짧게 보이고,
十里平蕪過雨腥.　십리 황무지는 비 온 뒤에 비린내 나네.
舊事微茫問無處,　옛일이 아득해 물을 데 없으니,
數聲橫笛不堪聽.　두어 가락 젓대 소리를 차마 어이 들으랴.

　삭계례(朔啓例)[41]에 따라 그 시가 대궐에 들어가니, 주상이 보고 몇
번이나 감탄하였으며, 오륙구(五六句)에 이르러서는,
　"작구법(作句法)이 의당 이래야 하지 않겠는가."
하였다.

---

40 함경도 이성현 남쪽 45리에 있는 지명으로, 북청 가는 길목에 있다.
41 삭계(朔啓)는 호당(湖堂)에서 사가독서(賜暇讀書)하는 사람이 월말에 제술(製述)을 하
　　여 올리면 대제학이 등급을 매겨서 월초에 보고하는 제도이다.

44) 조사(詔使) 황번충(黃樊忠)이 거련관(車輦館)의 반송(蟠松)을 읊으면서 마지막 구절에 '한(韓)' 자를 압운하니, 중씨가 한 선자(韓宣子)가 각궁(角弓)을 읊은 일[42]을 인용하여 지었다.

還同魯嘉樹,　도리어 노나라 가수(嘉樹)처럼,
封植敢忘韓.　북돋아 길러서 한선자를 잊을텐가.[43]

이숙헌(李叔獻 이이) 선생이 당시 원접사였는데 이 시를 버리고 쓰지 않자, 고제봉(高霽峯 고경명)이 크게 한탄하고 애석하게 여겼다. 홍당릉(洪唐陵 홍순언)이 몰래 황공(黃公)에게 보이니, 황공이 전편을 손으로 베껴 가져오게 하고는 한참 고개를 끄덕였다. 중국 사람이 시의 용공(用工)을 아는 것이 이러하다.

45) 근세 어떤 선비가 지리산(智異山)에 유람갔는데, 한 외진 숲에 이르니 폭포 샘이 이리저리 흐르고 푸른 대 우거진 가운데 한 띳집이 있었다. 노인이 지팡이를 짚고 섰다가 선비를 보고는 몹시 반기며 손을 맞아 소나무 아래 앉혀 놓고 막걸리에 나물국으로 대접하고 말하였다. "이 늙은 것이 평소에 머리 빗기를 좋아하여 하루에 꼭 천 번은 빗어

---

42 한선자(韓宣子)는 춘추시대 진(晉)나라 대부 한기(韓起)를 말한다. 각궁(角弓)은 『시경(詩經)』 소아(小雅)의 편명인데, 주(周)나라 임금이 친족을 멀리하고 소인들을 가까이 하므로 친족들이 임금을 원망하여 부른 노래이다. 한선자가 노(魯)나라에 사신으로 가서 노나라 대부 계무자(季武子)와 연향(宴享)하는 자리에서 서로 수호(修好)를 잘하자는 뜻에서 『시경』 각궁(角弓)의 "내 형제 내 겨레만은 서로 멀리하지 마세.[兄弟婚姻無胥遠矣]"라는 구절을 읊었던 고사이다. 『좌전(左傳)』 「소공(昭公) 2년」

43 한선자(韓宣子)가 계무자(季武子)의 집에서 연향할 때에 거기에 좋은 나무[嘉樹]가 있는 것을 보고 '나무가 좋다'고 칭찬하자, 계무자가 말하기를 "제가 반드시 이 나무를 잘 북돋아 길러서 공께서 각궁(角弓)을 읊은 뜻을 잊지 않겠습니다." 한 데서 온 말이다.

내린다오.”

그리고는 소매 속에서 쪽지를 내어 놓는데, 바로「소두시(梳頭詩)」
였다.

> 木梳梳了竹梳梳, 나무빗으로 빗고 나서 참빗으로 빗으니,
> 梳却千廻蝨已除. 빗질 천 번에 이가 이제 없어졌구나.
> 安得大梳長萬丈, 어찌하면 만 길 되는 큰 빗을 얻어다가,
> 盡梳黔首蝨無餘. 백성[44]들의 이를 남기잖고 다 빗어낼까.

선비가 자신도 모르게 뜰 아래 내려가 절하고 그 이름을 물으니,
숨기고 알려 주지 않았다. 이튿날 친구들에게 이 사실을 이야기하고
는 두세 사람이 다시 찾아가보니 집은 그대로 있었으나 사람은 이미
떠나고 없었다.

46) 성혼 호원(成渾 浩原) 선생이 청양군(靑陽君)을 애도한 시에,

> 宦遊浮世定誰眞, 벼슬길에 떠나가고 남는 것 그 누가 참되랴,
> 逆旅相逢卽故人. 나그네 길에서 서로 만나 친구가 되었지.
> 今日祖筵歌一曲, 오늘 마지막 자리에서 한 곡조 부르며,
> 送君歸臥舊山春. 그대를 보내노니 봄날 고향 산으로 돌아가 쉬시게.

하였으니, 이른바 길게 읊는 가락의 서글픔이 통곡보다 더하다는 게
바로 이것이 아닌가?

---

44 검수(黔首)는 관(冠)을 쓰지 않아 검은 머리를 드러내고 있다는 뜻에서 백성을 가리킨
다.『사기(史記)』권6「진시황본기(秦始皇本紀)」에 “민(民)의 명칭을 바꾸어 검수라고
하였다.[更民名曰黔首.]”라고 하였다.

47)[45] 차천로 복원(車天輅復元)의 글을 당시 사람들이 웅문(雄文)이라 일컬었다. 글(文)이란 기(氣)로써 주를 삼아야 하건만 복원(復元)은 하찮은 부스러기를 주워 모았고, 사륙문(四六文)은 전아(典雅)해야 하는데도 복원의 사륙문은 순정치 못하고 거칠다. 시는 그보다 더 못하다. 그의 일본행고(日本行稿)가 많아 천여 수나 되지만, 읊을 만한 글귀는 하나도 없다. 다만 명천(明川)으로 귀양 갈 때 지은

天外怒聲聞渤海, 하늘가에 성난 소리는 발해의 파도,
雪中愁色見陰山. 눈 속에 시름겨운 빛은 음산이로다.

라는 구절은 정말 웅혼(雄渾)하다. 그러나 전편이 다 그렇지는 못하다. 만약 복원이 조금만 사리를 추구하여 많이 짓거나 빨리 짓는 데 치우치지만 않았다면, 고인의 경지에 이르기는 어렵지 않았을 것이다.

48) 복원(復元)이 「이필이 형산에 돌아가기를 비는 표[李泌乞還衡山表]」를 지었는데,

屢犯客星於帝坐, 객성이 임금 자릴 여러 번 침범하고,
常叩卿月於天閽. 늘 경월[46]이 천혼을 두드렸네.

라는 구절이 있어 세상에서 적절하다고 일컬었다. 중씨가 상주 목사(尙

<hr>

45 원문은 위의 항목과 하나로 이어져 있는데, 주제가 다르다. 장서각 『한고관외사』본에서도 다른 항목으로 필사하였기에, 별개의 항목으로 처리한다.
46 달의 미칭으로 경대부(卿大夫)를 지칭한다. 『서경(書經)』 「홍범(洪範)」에 "임금이 살필 것은 한 해이고, 경사(卿士)는 달이고, 낮은 관리들은 날이다.[王省惟歲 卿士惟月 師尹惟日]"라고 한 데서 나온 말이다.

州牧使)로 가는 윤칠계(尹漆溪 윤탁연)를 보내는 시의 항련(項聯)에 역시

　　卿月暫辭天北極, 경월이 잠시 대궐을 하직하자,
　　福星先照洛東江. 복성[47]이 먼저 낙동강을 비추누나.

라는 구절이 있으니, 차천로의 표에 비하면 나은 것 같다.

49) 한익지(韓益之 한준겸)가 어떤 일로 파직되어 고향으로 돌아가기로
하고 온 식구가 원주로 내려갔다. 배가 종실(宗室) 순정수(順政守)의
별장에 닿았는데, 수(守)는 마침 활을 쏘고 약을 캐던 터라 사람을 달
려 보내어 누구냐고 물어왔다. 익지(益之)는 대답하지 않고 절구 한
수로 답하였다.

　　公子風流自不群, 공자의 풍류가 무리에 뛰어나,
　　春來漁釣杏花村. 봄이 오자 살구꽃 마을에 낚시질하네.
　　扁舟過客勤相問, 쪽배 탄 나그네가 부지런히 문안드리니,
　　我是衿陽舊使君. 이 사람은 금양의 옛 현감이라오.

　　수(守)가 배를 타고 뒤쫓았으나 미치지 못하였다. 그때 한익지는 금
천 현감으로 있다가 파면되어 가는 중이고, 순정(順政)은 금천에 은거

47　원래는 목성(木星)이 세성(歲星)으로서 복을 주관한다고 하여 복성이라고도 하였는데,
　　뒤에는 한 지역에 행복과 희망을 가져다주는 훌륭한 지방관이란 뜻으로 전용되었다.
　　송나라 철종(哲宗) 때 선우신(鮮于侁)이 경동 전운사(京東轉運司)가 되어 부임할 적에
　　사마광(司馬光)이 말하기를 "지금 동쪽 지방의 폐해를 구하려면 자준이 아니면 안 되니,
　　이 사람이 바로 한 지방의 복성이다.[今欲救東土之敝 非子駿不可 此一路福星也]"라
　　고 한 데서 온 말이다. 『산당사고(山堂肆考)』 권68

하고 있었기 때문에 그렇게 말하였다.

50) 이익지(李益之)가 최가운(崔嘉運)을 따라 영광(靈光)에 노닐 적에 사랑하는 기생이 있어 자금(紫錦)을 사주려는데, 살 돈을 마련할 수 없자 익지가 시로써 다음과 같이 빌었다.

商胡賣錦江南市, 중국 상인이 강남 시장에서 비단을 팔고 있는데,
朝日照之生紫煙. 아침해가 비치니 자줏빛 연기가 피어나네.
美人欲取爲裙帶, 아름다운 여인이 가져다 치마 띠를 만들고 싶어하지만,
手探囊中無直錢. 주머니 속을 아무리 뒤져도 값어치 나갈 게 없구려.

가운(嘉運)이 말하였다.
"손곡(蓀谷)의 시는 한 자가 천금이니 감히 비용을 아끼랴."
하고는 한 글자에 각각 세 필씩 쳐서 그 요구에 응해 주었으니, 그가 재주를 아낌이 이와 같았다.

51) 동파(東坡)의 시에

惆悵沙河十里春, 슬프다 사하 물가 십리의 봄,
一番花老一番新. 한 차례 꽃 시들자 다음 꽃 새로워라.
小樓依舊斜陽裏, 비낀 저녁 놀에 작은 누각 예 같건만,
不見當時垂手人. 그 당시 춤추던 이들은 보이지 않네.

라는 시가 있다. 손곡(蓀谷)이 죽은 아내를 슬퍼한 시에도 또한 동파의 말을 답습했으니, 그 시는 다음과 같다.

羅幃香盡鏡生塵, 비단 휘장엔 향 스러지고 거울엔 먼지,
門掩桃花寂寞春. 문 닫힌 뜨락 복사꽃에 봄 더욱 쓸쓸해라.
依舊小樓明月在, 작은 다락 옛 그대로 달빛 속에 있건만,
不知誰是捲簾人. 주렴 걷는 이 누구인지 모르겠구나.

이 시는 무르녹게 곱고 정겨워 옛사람의 말을 쓴 줄도 모를 정도다.
익지(益之)가 기생을 너무 좋아한 것으로 남에게 비방을 받으면서도
정에 끌린 것이 이러하단 말인가.

52)[48] 당나라 장우(張祐)와 최애(崔涯)가 창루(娼樓)에 시를 지어 주었는
데, 만약 칭찬을 하면 말 네 마리가 끄는 수레가 그 문을 메우고, 헐뜯
으면 손님도 끊겼다. 신차소(申次韶) 선생이 상림춘(上林春)이라는 기
생에게 준 시에

第五橋頭烟柳斜, 제오교[49] 머리에 내 낀 버들 늘어졌는데,
晚來風日轉淸和. 저녁 되자 바람 자고 햇살도 맑고 따스해라.
細簾十二人如玉, 열두 줄 비단 주렴에 여인이 백옥같이 아름다워,[50]
靑瑣詞臣信馬過. 대궐[51]에서 글 맡은 신하가 말 가는 대로 찾아드네.

48 원문엔 한 항목으로 이어져 있지만 여기부터는 주제가 다르다. 장서각 『한고관외사』본
에는 다른 항목으로 나뉘어져 있어서, 새 번호를 붙인다.

49 장안 남쪽 위곡(韋曲) 부근에 있던 명승으로, 장안을 떠나던 사람들을 송별하던 곳이다.
한양에선 개천(청계천)에 놓은 다섯 번째 다리를 가리키는데, 정조(正祖)는 「국도 팔영
(國都八詠)」 가운데 「광통교의 개인 달[通橋霽月]」에서 "제오교를 가고 또 가고 오고
또 오니[去去來來第五橋] 십분 밝은 달 상원의 밤이구나.[十分明月上元宵]"라고 하여,
광통교를 제5교라고 하였다. 기생 상림춘의 집이 광통교에 있었다.

50 『시경』 「백구(白駒)」에 "싱싱한 꼴 한 다발을 먹이니, 그 사람은 옥처럼 맑구나.[生芻一
束 其人如玉]" 하였다.

라 하니, 기생의 명성은 이로 인해 십 배나 올랐다. 이익지(李益之)가
옥하선(玉河仙)이란 기생을 비웃기를

頭如刷箒色如銀, 머리는 빗자루 같고 빛깔은 은처럼 희끗한 게,
默坐無言似鬼神. 말 없이 가만히 앉아 있으니 마치 귀신 같구나.
遍體綺羅疑借著, 비단옷을 온몸에 걸쳤어도 남의 옷 빌려 입은 것 같아,
只宜終嫁郭忠輪. 끝내 곽충륜에게나 시집가게 되리라.

이라 하였다. 충륜(忠輪)은 장님인데 부자였다. 이 기생은 본래 유명했
으나 익지(益之)의 시가 나오자 문득 그 집 대문이 쓸쓸해졌다. 똑같이
이름난 기생이로되 시 한 수로 그 값을 올릴 수도 내릴 수도 있었으니,
어찌 다만 기생뿐이겠는가? 대개 선비도 이와 같다.

53) 임자순(林子順)은 호를 스스로 소치(笑癡)라 하였다. 중씨가 언젠가
기생들의 고사를 모아 글을 지었는데, 화응(和凝)[52]의 고사를 따서 모
두 이십사령(二十四令)을 지었다. 자순(子順)이 칠언시로 제하기를

揀得名花二十四, 추리고 가린 이름난 기생이 스물넷인데,
笑癡之物一無之. 소치의 차지는 하나도 없구나.

---

51 '청쇄(青瑣)'는 궁궐을 뜻하는 말이다. 한나라 무제(武帝)가 장안의 궁궐 문을 푸르게
아로새겼으므로 청쇄문(青瑣門)이라 하였다.
52 오대(五代) 시대 후진(後晉)의 대신으로, 의옥사안 29건을 편찬한 뒤에 그의 아들인
화몽(和㟨)이 부속(附續), 즉 덧붙여 이어서 『의옥집(疑獄集)』을 완성하였다. 한나라
이래 역사서 등에 전하는 「청송(聽訟)」과 「단옥(斷獄)」, 「원왕(冤枉)」 등을 수록하여
송나라 태종에게 올린 것이다. 화몽이 사용한 부속(附續)이라는 저작구분표시도 아버지
화응의 뜻을 따른 것이다. "뒤에 보거나 듣는 것이 있으면 또한 덧붙여 잇겠다."고 한
아버지 화응이 지은 서문의 마지막 문구를 따라 자신의 저작 역할을 나타낸 것이다.

人間萬事皆虛僞, 인간 만사 모두가 거짓이지만,
處處風流說笑癡. 곳곳마다 풍류랑은 소치라 말하네.

라 하였는데, 그의 글은 많이 볼 수가 없다. 이른바 『수성지(愁城志)』라
는 것은 문자가 생긴 이래로 특별한 글이니, 천지간에 절로 이런 문자
가 없어서는 안 된다.

54) 익지(益之)의 시를 기생에 대한 실수 때문에 트집잡는 사람도 있지
만, 그의 「동산역(洞山驛)」 시에

隣家少婦無夜食, 시골집 젊은 아낙이 저녁거리가 없어서,
雨中刈麥草間歸. 빗속에 나가 보리를 베어 숲속으로 돌아오네.
青薪帶濕烟不起, 생나무는 축축해서 불길도 일지 않는데,
入門兒女啼牽衣. 문에 들어서니 어린애들은 옷자락을 잡으며 우는구나.

라 하였으니, 시골 농가의 고달픈 식량 실태를 직접 보는 듯하다. 그의
「이삭줍기노래[拾穗謠]」에는

田間拾穗村童語, 밭 사이에서 이삭을 줍는 시골 아이들 말이,
盡日東西不滿筐. 한나절 부지런했지만 한 바구니도 차지 못했다네.
今歲刈禾人亦巧, 올해엔 벼를 베는 사람들 또한 교묘해져,
盡收遺穗上官倉. 이삭 하나 남기지 않고 관청에 바친다더라.

라 하였으니, 흉년에 시골 사람의 말을 마치 친히 듣는 듯하다. 「영남
도중(嶺南道中)」이란 시에서는

老翁負鼎林間去, 늙은이는 솥을 지고 숲속으로 사라졌는데,
老婦携兒不得隨. 할미는 어린애 끌고 따라가질 못하는구나.
逢人却說移家苦, 사람들 만날 때마다 집 떠난 괴로움을 하소연하는데,
六載從軍父子離. 여섯 해 동안 종군하느라고 애비 자식마저 헤어졌다네.

라 하였으니, 부역에 허덕이는 백성들이 살 수 없어 떠돌며 고생하는
모습이 한 편에 갖추어 실려 있다. 백성을 다스리는 사람들이 이 시를
보고 가슴 아파하며 놀라 깨달아 고달프고 병든 자를 어진 정치로 잘
살게 한다면, 교화에 도움됨이 어찌 적다 할 것인가. 문장이 세상 교화
와 관계가 없다면 한갓 짓는데 그칠 뿐이니, 이러한 작품이 어찌 소경
의 시 외는 소리나 솜씨 있는 간언보다 낫지 않겠는가.

55) 이망헌(李忘軒 이주)이 진도(珍島)로 귀양 갈 때, 이낭옹(李浪翁 이원)
을 작별하는 시에

海亭秋夜短, 바닷가 정자에 가을밤도 짧은데,
一別復何言. 한 번 작별에 다시 무슨 말을 하랴.
怪雨連鯨窟, 굳은비는 깊은 바다 속까지 이어졌고,
頑雲接鬼門. 고약한 구름은 변방에까지 닿았네.
靑銅衰鬢色, 구레나룻 파리하게 시들어,
危涕滿衫痕. 조심스런 눈물[53] 자국 적삼에 가득하구나.
更把離騷語, 다시 이소경(離騷經)의 말을 가지고,

---

53 강엄(江淹)의 「한부(恨賦)」에 "혹 외로운 신하는 서글피 눈물 흘리고 서자(庶子)는 위태
로이 조심하네.[或有孤臣危涕 孽子墜心]"라고 했다. 이에 대한 이선(李善)의 주에, "눈
물은 '떨구어야[墜]' 하고 마음은 '위태로이 조심해야[危]' 하는데 강엄이 기이함[奇]을
애호하여 호문(互文)으로 뜻을 드러낸 것이다."라고 하였다.

憑君欲細論. 그대와 세심히 따질 날 그 언제일까.

라 하였다. 그가 제주도로 이배(移配)되는 날, 배가 막 떠나려는데 아우가 뒤쫓아 왔다. 떠나면서 시 한 수를 읊어 작별하기를

強停鳴櫓痛平生, 찌걱거리는 노를 억지로 멈추고 한평생을 통곡하니,
白日昭昭照弟兄. 백일이 밝게 밝게 우리 형제를 비추네.
若敎精衛能塡海, 정위새가 와서 바다를 메우기만 한다면,
一塊耽羅可步行. 한 덩이 탐라도를 걸어서도 가련만.

하였으니 천년 뒤에도 읽는 이의 애를 끊어지게 하리라. 경림군(慶林君) 김명원(金命元)이 우리 형에게 이렇게 말했는데, 문집에는 없다.

56) 한호(韓濩) 경홍(景洪)은 글씨를 잘 쓸뿐만 아니라 시도 잘 지었다. 그러므로 한경당(韓敬堂 한세능)·등북해(滕北海 등계달)·황규양(黃葵陽 황홍헌)이 모두 그를 시인으로 대접했다. 임궁아집시(琳宮雅集詩)를 경홍(景洪)에게도 화운하게 하였으니, 중국인이 그를 중히 여기는 것이 이와 같았다. 언젠가 『봉주집(鳳洲集)』을 보니 한태사(韓太史)의 『동행록(東行錄)』에 발문을 지은 것이 있는데, 거기에서 한석봉(韓石峯)의 글씨를 칭찬하기를 액자(額字)는 양속(羊續)보다 나아서 늙은 사자가 돌을 후벼대는 것과 같다고 비유하였고, 해서(楷書)는 왕헌지(王獻之)[54]와 비슷하고 초서(草書)는 회소(懷素)와 같다고 하였으니, 참으로 한호를 잘 알아주었다고 하겠다.

---

54 원문에 '敬之'로 되어 있는데, 장서각 『한고관외사』본을 참조하여 '獻之'로 고쳐 번역하였다.

57) 근세에 이현욱(李顯郁)이라는 이가 시마(詩魔)에 걸렸는데 아계(鵝 溪 이산해) 상공(相公)은 그런 줄도 모르고 대단히 칭찬하였다. 이익지 (李益之)가 어느 날 상공을 뵈러 가니 상공이 현욱(顯郁)의 시를 내어주 며 그에게 고하(高下)를 품평케 하였다. 그러자 이익지는

步履無徐亦不忙,　걸음걸이가 느릴 것도 없고 서두는 것도 아닌데,
東西南北遍春光.　봄빛이 동서남북으로 고루 비치네.

라는 구절을 들어,

"이것은 바로 문장가의 말투입니다. 우리나라 서·이(徐李) 같은 분 도 일찍이 이런 말은 못했습니다. 게다가 이 사람은 나이도 어리니 반드시 필경 시마(詩魔)가 붙은 것입니다."
라고 말하였다. 상공은 그렇게 여기질 않았으나, 얼마 있다가 보니 과연 그러하였다. 그가 허영주(許郢州)에게 차운한 시에

春山路僻問歸樵,　봄 산길 외져서 돌아가는 나무꾼에게 물으니,
爲指前峯石逕遙.　손가락으로 앞산 돌길을 가리키네.
僧與白雲還暝壑,　스님도 흰 구름도 어두운 골짜기로 돌아간 뒤에,
月隨滄海上寒潮.　달이 푸른 바다 차가운 밀물을 따라 오르네.
世情老去渾無賴,　세상살이 늙을수록 도무지 믿을 수 없는데,
遊興年來獨未消.　유흥만은 요즘에도 사그라들 줄을 모르누나.
回首孤航又陳跡,　둘러보니 외로운 배 벌써 자취 아득한데,
疎鍾隔渚夜迢迢.　물 건너 드문 종소리만 한밤에 은은해라.

라 하였고, 이익지에게 차운한 시는 다음과 같다.

風驅驚鴈落平沙, 바람에 몰려 놀란 기러기가 편편한 모래밭에 내려앉으니,
水態山光薄暮多. 물맵시 산빛이 저물녘에 곱구나.
欲使龍眠移畫裡, 용면(龍眠)[55]에게 이 경치를 그림폭에 옮기게 하고 싶지만,
其如漁艇笛聲何. 고깃배의 피리 소리는 어떻게 하나.

말들이 모두 속기가 없고 격이 또한 노숙하다. 시마(詩魔)가 떠난 뒤로는 일자무식이 되어 마치 추매(椎埋)[56]처럼 되어버렸다.

58) 정용(鄭鎔)의 자는 백련(百鍊)인데, 중풍에 걸리자 하루는 이렇게 말하였다.

"어떤 젊은 서생을 만났는데, 연화관(蓮花冠)을 쓰고 용모는 눈빛[玉雪] 같았다. 그가 스스로 이렇게 말하였다. '나는 당나라의 진사(進士) 요개(姚鍇)로 이장길(李長吉 이하)과 친구 사이인데, 안탕산(鴈蕩山)에 산 지 이백년이 된다. 조선의 산천이 가장 아름답다기에 한라산에 옮겨 산 지도 천 년 가까이 되었다. 다시 금강산으로 가려고 하다가 자네와 인연이 있으므로 삼각산에 와 살게 되었다. 그런 지도 벌써 삼십년이 되었는데 이제야 비로소 여기에 왔다.'고 했다."

그가 시를 지었다.

萬里鯨波海日昏, 만 리라 큰 파도 위에 해가 저무는데,
碧桃花影照天門. 벽도화 그림자가 하늘 문에 비치네.

---

55 송나라 때 산수화를 잘 그린 화가 이공린(李公麟)의 호인데, 용면산(龍眠山)에 살면서 용면거사(龍眠居士)라 자호하였다.

56 추매(椎埋)는 사람을 죽이고 파묻어서 그 죄적(罪跡)을 완전히 감추는 것이니, 전에 있었던 것이 감쪽같이 없어진 것을 비유한 말로 쓴다.

鸞驂一息空千載, 난새 수레 한 번 쉬자 천년이 지나,
緱嶺靈簫半夜聞. 구령의 신선 피리 소리[57]가 한밤중에 들리누나.

또 이런 시도 있다.

棲身三角三十春, 삼각산에 깃든 지 삼십년인데,
日日每向南雲哭. 남녘 구름 바라보며 날마다 울었네.
松風不如龍吟聲, 솔바람 소리는 용의 울음소리만 못한데,
蘭鴈又下三陵鶴. 난안은 또 삼릉학만 못하도다.
三陵鶴不來,　　삼릉학은 오지 않고,
蜀道峯前秋月黑. 촉도봉 앞엔 가을 달이 어둡구나.

어떤 이가 난안(蘭雁)이 무슨 뜻이냐고 묻자, 난초가 시들 무렵이면 철새인 기러기가 오기 때문이라고 하였다 한다. 이같이 한 해 남짓 지나더니 시마(詩魔)가 떠나자 병도 나았다. 이현욱(李顯郁)의 시마는 장편 대작도 지을 수 있고 산문(散文)도 다 원숙했는데, 정백련에게 걸린 시마는 격은 현욱보다 나았지만 율시는 절구에 못 미쳤으니, 더구나 그 문(文)이야 말할 게 있겠는가. 요개(姚鍇)의 이름은 전기(傳記)나 소설(小說)에도 보이지 않으니, 혹 당나라 말기에 절구로 이름난 이가 아닌가 한다. 중씨는 그의 오언 절구를 사랑하여 성당(盛唐)에

57　왕자교(王子喬)는 주나라 영왕의 태자 진(晉)이다. 생황을 잘 불어 봉황의 울음소리를 내었다. 이수(伊水)와 낙수(洛水) 사이에서 노닐었는데, 도사 부구공(浮丘公)이 그를 데리고 숭고산으로 올라갔다. 30여년 뒤에 (사람들이) 산 위에서 그를 찾았는데, (왕자교가) 백량 앞에 나타나 말하길, "7월 7일에 구씨산 정상에서 나를 기다리라고 내 집에 알려 주게"라고 했다. 그날이 되자 (왕자교가) 과연 흰 학을 타고 산마루에 내려앉았다. (사람들은) 멀리서 그를 바라보았으며, 가까이 다가갈 수는 없었다. (왕자교는) 손을 들어 사람들과 이별하고 며칠 후에 떠났다. 유향 『열선전(列仙傳)』

못지 않다고 여겼다. 그가 노산(魯山)의 구택(舊宅)에서 지은 시는 다음과 같다.

人度桃花岸,　사람은 복사꽃 핀 강 언덕을 지나가고,
馬嘶楊柳風.　말은 버들에 스치는 바람 맞으며 우네.
夕陽山影裡,　석양의 산 그림자 속에,
寥落魯王宮.　노산군 집이 쓸쓸하구나.

「청명날 남에게 주다[淸明日贈人]」라는 시는 다음과 같다.

二月燕辭海,　이월이라 제비가[58] 바다를 건너 오니,
千村花滿秦.　서울[59]의 마을마다 꽃이 가득하구나.
每醉淸明節,　매번 취하던 청명절[60]이,
至今三十春.　올 들어 삼십년이 되었네.

「봄날 아침[春朝]」은 다음과 같다.

酒滴春眠後,　봄잠을 자고 나니 술방울이 떨어지고,[61]

---

58 『예기(禮記)』에 "중춘의 달에 제비가 온다.[仲春之月 元鳥至]"라고 하였다. 중춘은 음력 2월이다.

59 진(秦)은 전국시대 진나라가 도읍한 장안(長安)을 가리키며, 조선시대에도 서울을 장안이라 하였다.

60 『주례(周禮)』 권30 「하관(夏官) 사관(司爟)」에 "사관은 불에 관한 정사를 관장한다.[司爟掌行火之政令]"라고 하였다. 이 구절의 주(註)에 "청명에 느릅나무와 버드나무로 불을 일으켜서 근신(近臣)과 척리(戚里) 등에게 상으로 나누어주었으므로 청명화(淸明火)라고 일컫는다."라고 하였다. 소식의 사(詞) 「망강남(望江南)」에 "새 불씨로 새 차를 달이고, 시 짓고 술 마시며 풍광을 좇네.[且將新火試新茶 詩酒趁年華]" 하였다.

61 술이 익으면 술통에서 방울져 떨어진다. 이하(李賀)의 「장진주(將進酒)」에 "유리 술잔

花飛簾捲前. 　주렴 걷기 전에 꽃이 흩날리누나.

人生能幾何, 　인생이 얼마나 살랴,

悵望雨中天. 　비 내리는 하늘을 서글피 바라보네.

「추일(秋日)」시는 다음과 같다.

菊垂雨中花, 　국화는 빗속에 꽃 늘어지고,

秋驚庭上梧. 　뜨락의 오동잎은 가을에 놀라누나.

今朝倍惆悵, 　오늘아침 갑절이나 서글퍼라,

昨夜夢江湖. 　어젯밤에 강호를 꿈꾸었지.

「문금(聞琴)」시는 이러하다.

佳人挾朱瑟, 　아름다운 여인이 붉은 비파를 끼고,

纖手弄柔荑. 　띠싹 같이 가느다란 손으로 희롱하누나.

忽彈流水曲, 　갑자기 유수곡을 타니,

家在古陵西. 　집이 고릉 서쪽에 있네.

익지가 또,

明月不知滄海暮, 　밝은 달은 큰바다 저문 줄도 모르고,

九疑山下白雲多. 　구의산 아래엔 흰 구름만 자욱하구나.

───────────

에 호박주 빛깔 짙기도 해라, 작은 술통에서 흐르는 술 방울이 진주처럼 붉구나. 용 삶고 봉 구우니 기름은 이글거리고, 수놓은 비단 휘장은 향기로운 바람을 에워싸네.[琉璃鍾琥珀濃 小槽酒滴眞珠紅 烹龍炮鳳玉脂泣 羅幃繡幕圍香風]"라고 하였다.

라는 구절을 전해 주었는데, 이미 꿈의 경지에 든 것이다. 백련(百鍊)의 아우는 이름이 감(鑑)인데, 나와 가까운 친구이므로, 상세한 이야기를 갖추어 들었다.

59) 김충암(金冲庵 김정)의 「비로봉에 올라서[登毗盧峯]」라는 시에

落日毗盧頂,　해가 비로봉 꼭대기에 떨어지니,
東溟杳遠天.　동해 바다가 먼 하늘에 아득해라.
碧巖敲火宿,　푸른 바위 틈에 불을 지펴 자고,
聯袂下蒼烟.　나란히 자욱한 안개 속으로 내려왔네.

하였는데, 우리 중형의 시는

八月十五夜,　팔월이라 한가위 밤에,
獨立毗盧頂.　비로봉 위에 홀로 섰네.
桂樹天霜寒,　계수나무에 하늘 서리 차갑고,
西風一雁影.　가을바람에 외기러기 그림자 지네.

라 하였으니 충암(冲庵)의 시와 같은 가락이라 할 만하다.

60) 고이순(高而順 고경명)의 귤시(橘詩)는 다음과 같다.

平生睡足小江南, 평생을 소강남[62]에서 일없이 지냈기에,[63]

---

62 『신증동국여지승람』 권40 「순천도호부」 '형승(形勝)'조에 "순천의 산과 물이 기이하고 고와 세상에서 소강남(小江南)이라고 일컫는다." 하였다. 고경명은 본관이 장흥으로, 임진왜란에 전사하자 화순에 장사지냈다.

橘柚林中路飽諳. 귤밭 속 길을 환하게 아네.
朱實宛然親不待, 붉은 과일 먹음직하건만 어버이 기다려 주지 않으시니,
陸郎雖在意難堪. 육적[64]이 있다 해도 슬픔 견디기 어려우리.

심어촌(沈漁村 심언광)의 두견시(杜鵑詩)는 다음과 같다.

三月無君弔此身, 삼월이라 임금 여읜 이 마음 아픈데,
杜鵑聲裡更悲辛. 두견새 울음에 한결 더 슬프구나.
山中不廢爲臣義, 산중에서도 신하의 도리 폐치 않으니,
準擬西川再拜人. 서천에서 재배하던 사람에 비기노라.

이 두 시의 뜻은 너무도 서글프니 모두 충심에서 나온 것으로 어버이 생각, 임금 사랑하는 정성이 말 밖에 넘친다. 저 화려하게 꾸미기나 하는 자는 정말 염증이 난다.

61) 보락(保樂) 김안로(金安老)가 과거에 급제하기 전에 꿈에 신인(神人)이 나타나,

春融禹甸山川外, 봄은 우 임금이 정리한 산천 밖에도 무르녹고,

---

63 원문의 '睡足'은 일없이 지낸다는 뜻이다. 소식(蘇軾)의 「박박주(薄薄酒)」 시에 "새벽 조회 기다리느라 신발에 서리 가득한 벼슬살이가, 한여름 해가 중천에 솟도록 늦잠 자며 북창의 시원한 바람을 쐬는 것만 못하네.[五更待漏靴滿霜 不如三伏日高睡足北窓涼]" 라고 하였다.

64 육적(陸績)이 6세 때 원술(袁術)을 찾아갔는데, 마침 귤을 내놓았다. 이 가운데 세 개를 육적이 가슴에 품고 있다가 하직하고 나오면서 절을 하는데, 귤이 품 안에서 떨어졌다. 원술이 "동자(童子)는 왜 귤을 품에 넣었는가." 물으니, "어머니에게 드리려 합니다."라 고 대답하였다. 이로 인하여 원술이 육적을 기특하게 여겼다.

樂奏虞庭鳥獸間. 풍악은 순 임금의 뜰 새짐승 사이에 아뢰네.

라는 시를 보이면서, "이 구절은 그대가 평생 드날릴 점(占)이라네."
하였다. 꿈을 깨고 보니 무슨 뜻인지 몰라 아무에게도 말하지 않았었
다. 연산군이 병인년(1506)에 율시로 선비들을 시험하면서 제목을 내
는데, 그 가운데 하나가 바로 '봄날 이원제자가 악보를 본다[春日梨園弟
子閱樂譜]'라는 것이었고 '간(間)' 자로 압운(押韻)하라는 것이었다. 보
락(保樂)이 갑자기 꿈속의 구절이 생각났는데 글제의 뜻과 꼭 들어맞
으므로 이것으로 항련(項聯)을 메웠다. 그때 문경공(文敬公) 김감(金堪)
이 대제학이었는데, 문경공 김안국(金安國)이 예조 좌랑으로 대독관(對
讀官)이 되어 시를 읽다가 이 구절에 이르러,

"이 시는 귀신의 말이다."

하였다. 그러나 김감은 그렇게 여기질 않았다. 모재(慕齋 김안국)가 말
하기를,

"이름을 떼어 본 뒤 이 수재(秀才)를 불러서 따져 물으면 알 수 있을
것입니다."

하였다. 김감이 방을 내어 걸고, 보락을 불러 물어보니, 과연 꿈속에
신이 일러 준 것이었다. 이 일로 해서 모재를 시를 잘 알아보는[藻鑑]
사람이라 일컫게 되었다.[65]

---

65 장서각 『한고관외사』본 『학산초담』 소주에, 이때 급제자가 김안로가 아니라 정소종이라
는 사실을 밝혔다. 『송와잡설(松窩雜説)』에는 이 일이 정소종(鄭紹宗)의 일로 되어
있는데 근거가 분명하며, 또한 『국조방목(國朝榜目)』을 참고해 보아도, 연산군 갑자년
(1504) 11월 별시에 어제(御題)는 「춘방이원한열방악(春放梨園閒閱放樂)」이었고 시는
칠률(七律)이었는데 제4등은 정소종(鄭紹宗)으로 되어 있어, 송와(宋窩 이기)가 기록
한 것과 딱 들어맞는다. 여기서 김안로(金安老)라 한 것은 잘못 전해진 것 같다."

62) 우리나라 부인 가운데 시 잘하는 사람이 드문 까닭은, 이른바 '술 빚고 밥 짓기만 일삼아야지, 그 밖에 시문(詩文)을 힘써서는 안 된다.' 해서인가? 그러나 당인(唐人)은 규수(閨秀)로서 시로 이름난 이가 20여 명이나 되고 문헌 또한 증빙할 만하다. 요즘 와서 제법 규수 시인이 있게 되어 경번(景樊 허난설헌)은 천선(天仙)의 재주가 있고, 옥봉(玉峯) 또한 대가임은 더 말할 나위가 없다. 선비 정문영(鄭文榮)의 아내가 남편 대신 남에게 준 시에 다음과 같은 것이 있다.

風露瑤臺十二層, 바람 불고 이슬 내린 열두 층 요대에,
步虛聲斷綵雲稜. 아롱진 구름 끝에 도사의 경 읽는 소리 끊겼네.
松間欲寄相思字, 솔숲 사이에 그립단 말 부치고 싶어도,
多病長卿臥茂陵. 병 많은 사마장경은 무릉에 누웠다네.[66]

생원(生員) 신순일(申純一)의 아내가 글 잘하고 시 잘 지었는데, 사람들이 절구 한 수를 전하였다.

雲險天如水, 구름은 험하고 하늘은 물 같은데,
樓高望似飛. 다락이 높아 날아갈 듯하구나.
無端長夜雨, 무단히 긴 밤에 비가 내려,
芳草十年思. 방초를 보며 십년 그리워했네.

양 부사(楊府使)의 첩도 시를 잘했는데 추한시(秋恨詩)는 다음과 같다.

---

66 장경(長卿)은 전한(前漢) 때의 문장가 사마상여(司馬相如)의 자. 그는 무제(武帝) 때에 효문원 영(孝文園令)을 지내다가 병으로 사직하고 무릉(茂陵)에 들어가 살았다.

秋風摵摵動梧枝,　가을바람 우수수 오동 가지를 흔들고,
碧落冥冥雁去遲.　하늘은 까마득해 기러기 날아가기 더디구나.
斜倚綺囱人不見,　깁창에 기대어도 사람은 보이지 않아,
一眉新月下西墀.　눈썹 같은 초승달만 서녘 섬돌에 내리네.

또한 모성(某姓)의 아내라고 전하는 이의 시는 다음과 같다.

幽磵泠泠月未生,　그윽한 시내[67] 맑게 흐르고 달은 아직 안 떴는데,
暗藤垂路少人行.　무성한 등 덩굴 길에 드리워 다니는 이 적구나.
村家知在前峯外,　촌집이 맞은편 봉우리 건너 있으리니,
淡霧疎星一杵鳴.　엷은 안개 성긴 별빛 속에 방아소리 들리네.

송강(松江)[68] 정 상공(鄭相公)의 첩이 남편의 호색(好色)을 간한 시는
다음과 같다.

都憲官非下,　대사간 벼슬이 낮지도 않아,
忠誠聖主知.　그 충성을 나라님도 아시는데.
徒將經國手,　나라를 경륜할 솜씨를 가지고,
日日對蛾眉.　날마다 미인만 마주하시다니.

사문(斯文) 권붕(權鵬)의 여종은 이름이 금가(琴哥)인데 또한 글을 알
아 시를 지었다.

67　원문 '間'을 장서각 『한고관외사』본을 참조해 '磵'으로 고쳐 번역하였다.
68　원문 '崗'을 장서각 『한고관외사』본을 참조해 '江'으로 고쳐 번역하면, 정 상공은 정철
　　(鄭澈)을 가리킨다.

長興洞裡初分手, 장흥동에서 처음 헤어지고,
乘鶴橋邊暗斷魂. 승학교 가에서 남몰래 애가 끊겼다오.
芳草夕陽離別後, 해질 무렵 방초에서 헤어진 뒤에,
落花何處不思君. 꽃 지는 어디에선들 임 생각 안 했으리.

이와 같은 작품들을 이루 다 손으로 꼽을 수가 없다. 문풍(文風)의 성함이 당나라 사람에게도 부끄럽지 않으니 또한 국가의 한 성사(盛事)이다.

63) 박사(博士) 김질충(金質忠)이 병이 위독하기 하루 전에 지은 시에

三年藥力人猶病, 삼년이나 약 먹고도 사람은 아직 앓고 있는데,
一夜雨聲花盡開. 하룻밤 빗소리에 꽃은 다 피었구나.

하였으므로, 학사(學士) 김홍도(金弘度)가 보고는, "김모(金某)가 얼마 안 가서 세상을 뜨겠다." 하더니 이튿날 새벽에 돌아갔다.

64) 강릉부(江陵府)는 옛 명주(溟州) 땅인데, 산수가 아름답기로 우리나라에서 제일이다. 산천이 정기를 모아가지고 있어 이인(異人)이 가끔 나온다. 국초(國初)의 함동원(咸東原 함부림)의 사업이 역사에 실려 있고, 참판 최치운(崔致雲) 부자[69]의 문장과 절개가 또한 동원(東原)만 못지 않다. 매월당(梅月堂 김시습)은 천고에 남다르게 뛰어났으니, 온 천

---

[69] 치운(致雲)의 자는 백경(伯卿), 호는 경호조은(鏡湖釣隱)이며, 관향은 강릉, 벼슬은 이조 참판이다. 그의 아들은 이름이 응현(應賢), 자는 보신(寶臣), 호는 수재(睡齋)이며, 벼슬은 대사헌이다.

하에 찾아보더라도 참으로 찾아볼 수 없다. 원정(猿亭) 최수성(崔壽峸) 또한 뛰어난 행실로 일컬어지고, 중종조의 심어촌(沈漁村 심언광)과 최간재(崔艮齋 최연)의 문장이 세상에 유명하다. 요즘 이율곡(李栗谷) 또한 여느 사람과는 다르다. 중씨(仲氏)와 난설헌 또한 강릉의 정기를 받고 태어났다고 할 수 있다. 지금은 최운부(崔雲溥) 이후에는 등과(登科)한 사람이 없어, 이인(異人)이나 문인을 만나기가 참으로 쉽지 않다. 과거시험 공부를 하는 선비를 전혀 볼 수 없으니, 또한 극히 성했다가 쇠해지는 것이 만물의 이치인가보다.

65) 강릉부에서 구경할 만한 곳으로는 경포대(鏡浦臺)가 으뜸이요 한송정(寒松亭)이 그 다음이다. 이곳을 구경하는 사신(使臣)이 줄을 이었는데도 사람의 입에 전파된 가구(佳句)나 경어(警語)가 하나도 없으니, 이 어찌 묘사할 절경(絶景)이 무궁해서가 아니겠는가. 두로(杜老 두보)나 맹양양(孟襄陽 맹호연)이 이 경치를 본다면

    吳楚東南坼,   오나라와 초나라가 동남으로 트였고,
    乾坤日夜浮.   하늘과 땅은 밤낮으로 떠 있구나.

라든지, 또는

    氣蒸雲夢澤,   기운이 운몽택을 찌고,
    波撼岳陽城.   파도가 악양성을 뒤흔드네.[70]

---

70 위의 시는 두보가 지은 「등악양루(登岳陽樓)」의 3구, 4구이고, 아래의 시는 맹호연(孟浩然)이 지은 「임동정(臨洞庭)」의 3구, 4구로, 둘 다 동정호(洞庭湖)에서 지은 시이다.

등의 구절이 반드시 현판에 걸렸을 터이니, 우리나라 인재가 중원에 미치지 못하는 것을 또한 알 만하다.

66) 명나라 사람 산동 참의(山東參議) 여민표(黎民表)[71]의 자는 유경(惟敬)인데 시를 잘하였다. 「장 시랑의 훌륭한 맏아들 초보(肖甫)에게 부치다[寄張侍郎佳胤肖甫]」라는 시는 다음과 같다.

> 滿目川原百戰餘, 시내와 언덕에 백 번 싸운 자취 눈에 가득하고,
> 旅情衰草共蕭疏. 나그네 시름 시든 풀이 하나같이 스산하네.
> 寒山古驛逢秋騎, 쓸쓸한 산 낡은 역에서 가을 손님을 만나고,
> 遠樹殘燈見夜漁. 먼 숲에 가물대는 불빛 밤낚시하는 게 보이네.
> 地近瀟湘多暮雨, 땅이 소상강에 가까워 저녁 비가 많고,
> 雁來湓浦少鄕書. 분포에 기러기 와도 고향 편지는 드물구나.
> 故人政在雲霄外, 벗은 정녕 하늘 너머에 있으니,
> 怊悵煙波未定居. 안개 낀 물가에 정처 없어 서글프구나.

이 시가 우리나라에 퍼져서, 『송계만록(松溪漫錄)』에는 장원(壯元) 나만화(羅萬化)[72]의 시로 실려 있는데, 글자가 잘못된 것이 많으니, 송계(松溪)가 잘못 전하는 사람의 말을 들었기에 오류를 면치 못했던 것이다.

---

71 왕세정(王世貞)의 속오자(續五子) 가운데 한 사람이다.

72 허봉의 『조천기』 중권 갑술년(1574) 7월 9일 기사에 "(비문은) 한림 수찬(翰林修撰)인 회계(會稽) 사람 나만화(羅萬化)가 지은 것이었다. 나만화는 무진년(1568)의 장원이었다."는 기사가 보인다.

67) 명나라 사람 중 문장으로 이름을 날린 십대가(十大家)는 공동(崆峒) 이헌길(李獻吉)·양명(陽明) 왕백안(王伯安)·형천(荊川) 당응덕(唐應德)· 좨주(祭酒) 왕윤령(王允寧)·안찰(按察) 왕신중(王愼中)·심양(潯陽) 동분 (董玢)·녹문(鹿門) 모곤(茅坤)·창명(滄溟) 이반룡(李攀龍)·봉주(鳳洲) 왕 세정(王世貞)·남명(南溟) 왕도곤(汪道昆)이다. 공동은 오로지 서한(西 漢)만 본받고, 왕세정과 이반룡은 난삽한 글귀가 선진(先秦)을 앞지르 고자 하고, 남명은 화려하고 건실하며, 동분과 모곤은 평이하고 원숙 하며. 왕신중은 풍부하다. 명나라 사람은 모두 역겹게 여기며 진부하 고 속되다고 한다. 나의 의견도 거의 같다.

백안(伯安)은 문(文)을 전공하지 않고 학문으로 시작했기 때문에 박 잡함을 면치 못하고, 형천(荊川)은 전아 순실(典雅純實)하여 모두 대가 가 될 만하다. 왕원미(王元美)의 무리가 명인(明人)의 문장을 서한(西漢) 에 비기고, 이헌길(李獻吉)을 태사공(太史公 사마천)에게 비기고, 우린 (于鱗)은 자운(子雲 양웅)에게 비기고, 자기는 사마상여(司馬相如)에게 비겼으니, 자기 자랑이 너무도 심하다.

우리나라 김계온(金季昷 김종직)·남지정(南止亭 남곤)·김충암(金冲庵 김정)·노소재(盧蘇齋 노수신)의 글은 명나라 십대가 속에 넣어 동분이나 모곤에 비기더라도 그다지 못할 것 없으니, 중원에서 팔을 휘두르고 뽐낼 수 없음이 안타깝다.

68) 명나라 사람으로서 시(詩)로 이름난 이로 대복(大復) 하경명(何景 明)·공동(崆峒) 이몽양(李夢陽)을 사람들이 이백(李白)·두보(杜甫)에 비 긴다. 한 시대에 잘 한다고 칭찬받은 자는 화천(華泉) 변공(邊貢)·박사 (博士) 서정경(徐禎卿)·태백(太白) 손일원(孫一元)·검토(檢討) 왕구사(王 九思)인데, 하경명과 이몽양의 장편칠률(長篇七律)은 근체(近體)와 고체

(古體)를 다 잘 쓴다. 이우린(李于鱗)과 왕원미(王元美) 역시 이대가(二大家)라 일컬어지며, 오국륜(吳國倫)·서중행(徐中行)·장가윤(張佳胤)·왕세무(王世懋)·이세방(李世芳)·사진(謝榛)·여민표(黎民表)·장구일(張九一) 등이 모두 나란히 달려 앞을 다투었다.

우리나라의 김계온(金季昷 김종직)·김열경(金悅卿 김시습)·박중열(朴仲說 박은)[73]·이택지(李擇之 이행)·김원충(金元冲 김정)·정운경(鄭雲卿 정수룡)·노과회(盧寡悔 노수신) 등의 작품이 비록 하경명·이몽양·왕세정·이우린에게는 못 미친다 하더라도 어찌 오국륜·서중행 이하 사람에게야 부끄럽겠는가. 그러나 칠자(七子)[74]로 더불어 중원에서 서로 겨루지 못함이 한스럽다.

69) 요즘 중국인의 문학은 서경(西京)의 시조(詩祖)인 두보(杜甫)를 숭상하므로 두보의 경지에까지는 이르지 못하더라도 이른바 고니를 새기다가 집오리를 만드는 셈은 된다. 그런데 우리나라 사람은 문(文)은 삼소(三蘇)를, 시(詩)는 황정견(黃庭堅)·진사도(陳師道)를 배우므로 저속하여 취할게 없다. 시를 잘한 최경창(崔慶昌)·백광훈(白光勳)·임제(林悌)·허봉(許篈)은 모두 일찍 죽고, 다만 이익지(李益之) 한 사람이 있을 뿐인데 이익지는 비방이 산더미 같으니, 세상이 재주를 아끼지 않음이 이와 같다.

---

73 원문에 '朴忠悅'로 되어 있지만, 문맥에 따라 '朴仲說'로 고쳐 번역하였다.
74 명나라 때에 문학으로 이름 높았던 일곱 사람을 가리키는데 효종(孝宗)의 홍치(弘治) 연간부터 무종(武宗)의 정덕(正德) 연간까지 활동한 전칠자(前七子)는 이몽양(李夢陽)·하경명(何景明)·서정경(徐禎卿)·변공(邊貢)·강해(康海)·왕구사(王九思)·왕정상(王廷相)이고, 세종(世宗)의 가정(嘉靖) 연간과 목종(穆宗)의 융경(隆慶) 연간에 활동한 후칠자(後七子)는 이반룡(李樊龍)·사진(謝榛)·양유예(梁有譽)·종신(宗臣)·왕세정(王世貞)·서중행(徐中行)·오국륜(吳國倫)이다.

70)[75] 중국 근래 명사 가운데 글 잘하는 이로는 요천(瑤泉) 신시행(申時行)·영양(潁陽) 허국(許國)·동록(同麓) 여유정(余有丁)·상서(尙書) 육광조(陸光祖)·사업(司業) 원응기(苑應期)·강주(康洲) 나만화(羅萬化)·시랑(侍郞) 심일관(沈一貫)·규양(葵陽) 황홍헌(黃洪憲)·백담(柏潭) 손계고(孫繼皐)·태사(太史) 심무학(沈懋學)·곤명(崑溟) 위윤중(魏允中)·태사(太史) 이정기(李廷機)가 더욱 두드러지고 이름이 났다. 글을 잘하여 후세에 입언(立言)할 만한 인물은 이루 헤아릴 수도 없다.

우리나라의 경우는 옥당 벼슬을 하는 사람도 눈으로 어로(魚魯)를 구별 못하고, 제고(制誥) 직책을 띠고 있는 사람도 사륙문(四六文)에 익숙지 못하여 심지어는 잘하는 이에게 차작(借作)을 해서 자기 직책을 메우기까지 하니, 의론을 따르는 자들이 다 그렇다. 고평(考評)을 하는 이도 또한 그 이름에 따라 등수의 고하(高下)를 매기니, 조선조에는 신시행(申時行)·허국(許國)의 무리를 바라볼 만한 사람도 없거든, 하물며 중원의 칠자(七子)와 재주를 겨룰 수 있겠는가.

대개 명나라 사람은 학문을 애써 쌓아서 문과에 오른 사람도 등잔불을 켜놓고 새벽까지 글을 읽으며, 반딧불이나 눈빛에 비춰[76] 늙을 때까지 공부하기 때문에 그 시문(詩文)이 모두가 혼후(渾厚)하고 기력이 있다. 그러나 우리나라 사람의 경우는 문구(文句)나 잘 꾸며서 과거를 보는데, 과거에 붙고 나면 곧바로 책 버리기를 원수같이 한다. 우리나라가 예전에는 문헌으로 일컬어졌는데, 지금은 문헌이 어찌 이다지도 미약하단 말인가. 이 어찌 윗사람이 장려하고 이끌어 성취시키지

---

75 원문에는 아래 항목도 하나로 이어져 있지만 주제가 달라지므로, 장서각 『한고관외사』 본에 따라 항목을 나누고 새로운 번호를 붙인다.

76 차윤(車胤)의 형설지공(螢雪之功)과 손강(孫康)의 영설독서(映雪讀書)를 가리킨다.

못해서가 아니겠는가. 아니면 혹 세상이 말세가 되고 풍속이 저속해
져서 사람의 재주가 옛날에 미치지 못해서인가?

그러나 사람마다 다 요순(堯舜)같이 될 수 있으니, 하찮은 하나의
기예를 어찌 스스로 할 수 없다고 포기하여 힘을 다하지 않을 것인가.
애써 공부를 계속하면 고인에게 미치기도 어렵지 않을 것이니, 하물
며 칠자(七子)라든지, 신시행(申時行)·허국(許國) 따위일까보냐. 우선
이 정도로 써서 스스로를 경계한다.

71) 선대부(先大夫)께서 언젠가 말씀하셨다.

"우리나라 사람들은 중국의 고사(古史)만 전공하여 우리나라 사적
은 알지 못하니 근본을 힘쓰는 도리가 결코 아니다."

그러므로 두 형과 나는 모두 『동국통감(東國通鑑)』을 읽었다. 젊었
을 때에는 생각하기를, 읽을 만한 책이 하도 많은데, 하필 이것을 읽을
것이 무엇인가 하였었다. 그러다가 황 조사(黃詔使 황홍헌)가 태평관(太
平館)에 이르러, 관반(館伴)인 정임당(鄭林塘 정유길) 상공(相公)에게 고
려와 신우(辛禑) 부자의 내력을 묻자 상공이 입만 벌리고 대답을 못하
니, 우리 중형이 들어가 대답했다는 이야기를 듣고서야 비로소 선대
부의 높은 견식이 여느 사람보다 매우 뛰어났음을 알게 되었다. 아!
재주가 임당(林塘) 같은 분도 중국 사신과 문답할 때에 곤욕을 당했으
니, 사신의 접반관이 되어 본국의 일을 몰라서 되겠는가.

72) 최부(崔溥)의 자는 연연(淵淵)이요 나주인(羅州人)으로, 호는 금남
(錦南)이다. 문장에 능하여 문과중시에 합격하여 임금의 명을 받들어
제주도에 추쇄경차관(推刷敬差官)으로 갔다가, 부친상을 당했다는 소
식을 듣고 바다를 건너오다 풍랑을 만나 표류한 지 40일 만에 태주부

(台州府) 임해현(臨海縣) 우두(牛頭) 외양(外洋) 땅에 배가 닿게 되었다. 당두채(塘頭寨) 천호(千戶)가 왜구(倭寇)라 무고하였으나 최부가 질문에 척척 응답하였으므로 화를 모면하였다. 항주(杭州)에 이르자, 삼사관(三司官)[77]이 본국의 역대 흥망과 군현의 건치(建置), 산천·예악·인물에 대하여 매우 꼼꼼히 물었으나 최부의 대답이 마치 대를 쪼개듯 하므로, 삼사관이 모두 감탄하였다.

돌아오자 성종이 일기를 쓰도록 명하므로 이를 써서 바치니, 모두 3권이다. 최부의 시는 많이 볼 수 없는데, 「송사를 읽다[讀宋史]」라는 시에

挑燈輟讀便長吁, 등잔불 돋우며 다 읽고 나서 길게 탄식하니,
天地間無一丈夫. 천지 사이에 대장부 하나 없었구나.
三百年來中國土, 삼백 년 내려온 중국 땅을,
如何付與老單于. 어찌하여 교활한 선우[78]에게 내어 주었나.

하였다. 시가 침착하고 노련하니, 그 사람 됨됨이를 짐작할 만하다.

73) 성종(成宗) 때 정의 현감(旌義縣監)에 이섬(李暹)이란 사람이 있었는데 최부(崔溥)보다 앞서 역시 풍랑으로 표류하여 양주부(揚州府) 굴항채(崛港寨)에 닿으니, 채관(寨官)이 가두고 상부에 아뢰어 문초하게 하였다. 이섬이 옥중에서 지은 시에 "열 폭짜리 돛폭은 바람도 못 가리고

---

77 옥사(獄事)를 다스리는 관리이다. 명대와 청대에는 형부(刑部), 도찰원(都察院), 대리시(大理寺)를 일컬어 삼법사라 하였다.

78 한나라 때에 흉노족 추장을 부르던 이름인데, 여기서는 송나라를 멸망시킨 원나라 세조 쿠빌라이(忽必烈)를 가리킨다.

[布帆十幅不遮風]"라는 구절이 있으므로, 책임자가 보고 그가 해적이 아님을 알아 잘 대우하여 마침내 본국으로 돌아올 수 있었다. 섬(暹)은 무인(武人)이라 전할 만한 여행 기록이나 기사(記事)가 없어 애석하다.

74) 가정(嘉靖) 임술년(1572) 간에 호음(湖陰) 정 상공(鄭相公 정사룡)의 이웃 사람으로 해상(海商)을 업으로 하는 자가 풍랑으로 표류하여 절강성(浙江省) 영파부(寧波府)에 닿자, 지부에서는 호패를 근거로 신원을 확인하고 북경으로 보냈다. 북경을 가는 길이 공 천사(龔天使 공용경)의 집을 지나게 되었다. 공씨(龔氏)는 그때 국자감 좨주(國子監祭酒)로 벼슬을 마치고 집에 있었는데, 조선 사람이 왔다는 소문을 듣고는 역관(譯官)에게 청하여 길을 늦추어 상인과 이야기를 나누었다. 상인이 호음의 세계(世系)와 벼슬 지낸 경위를 말하자, 좨주가 크게 놀라 데리고 집으로 가서 처자를 나오라 하여 인사시키고, 호음에게 보내는 편지를 써서 전해 달라고 부탁하고는 또 후히 대접하여 보냈으니, 공씨가 호음에게 심복함이 이와 같았다.

75) 장흥(長興) 사람 이언세(李彦世)가 왜인(倭人)에게 사로잡혀 남번(南蕃)으로 팔려가게 되었다. 배를 타고 주야(晝夜) 40일을 가서야 광서(廣西) 향산현(香山縣) 땅에 닿았는데, 그는 같은 배에 탄 중국 상인에게 물어서 그곳이 명(明)나라 지방인 것을 알았다. 그는 화반(火伴)[79]과 함께 밤에 도망쳐 그 지방 지현(知縣)에게 호소하였는데, 지현이 처음에

---

79 북위(北魏) 때 군중(軍中)에서 10명을 단위로 삼고 화(火)라 하여 함께 밥을 지어 먹게 했다. 이 때문에 한솥밥을 먹는 사람을 화반이라 하며, 일반적으로 동반(同伴)을 뜻하는 말로 쓰인다.

는 만인(蠻人)이 올린 고장(告狀)이라고 하여 팽개쳐 버리고 거들떠보지도 않았다. 며칠을 울부짖으니 그제야 조사 심문하였다. 이언세는 글을 좀 알았는데, '조선국(朝鮮國) 장흥(長興) 사람으로, 수전(水戰)을 하다가 왜적에게 사로잡혀 오랑캐 배에 넘겨졌다.'고만 썼다. 지현이 남웅부(南雄府)[80]에 압송하니 삼사관(三司官)이 그 문초에 의거, 북경으로 이송했다. 그때 마침 동지사(冬至使)가 북경에 도착하였으므로, 그 사행과 같이 돌아오게 되었다. 언세가 남창(南昌)과 항주(杭州)·소주(蘇州)의 풍경이며 북경·남경의 훌륭한 경치를 말하였지만, 자세하지는 못했다.

76) 승지(承旨) 이정립(李廷立)이 지은 「표류된 사람들을 돌려보내 준데 감사하는 표[謝刷還漂海人口表]」에 다음과 같은 말이 있다.

越萬頃之波濤,　　만 이랑 파도를 넘어,
就堯如日.　　　　　빛나는 요 임금 땅에 나아갔다가.
返千里之桑梓,　　천리 고향 땅에 돌아오게 되었으니,
微禹其魚.　　　　　우 같은 임금 아니었던들 고기밥 되었으리.

　이 글은 대우(對偶)가 적절하고 뜻이 좋은데, 전편을 보지 못해 한스럽다.

77) 신묘년(1591) 겨울에 중국 상인 20여 명이 사탕을 팔다가 우리나라 제주도에 표착되어, 서울로 압송되어 왔었다. 내가 친구와 같이 가서

---

80 지금의 광동성(廣東省) 남웅시(南雄市)이다.

보고 소주와 항주의 풍속을 물으니, 한 사람이,

"당신은 외국 사람으로서 어떻게 중원의 풍토를 역력히 아십니까?"

하였다. 그 중에 장덕오(莊德吾)란 사람이 자기 말로 복건(福建) 장포(漳浦) 사람이라 하기에, 내가 '시랑(侍郎) 장국정(莊國禎)과 시랑 주천구(朱天球)가 당신의 이웃인가'고 묻자 그가 놀라며,

"장 시랑은 저의 당숙(堂叔)이고 주 시랑은 한 동네 사람입니다."

하였다. 내가 또

"그러면 태사(太史) 장이풍(莊履豊)과 어사(御史) 장이명(莊履明)은 당신의 당형제(堂兄弟)이겠구려."

하자, 덕오가 머리를 끄덕였다. 그리고 저희끼리 이야기하며 껄껄대고 크게 웃었다. 역관이 말하기를 '그들이 서로 이야기하기를 수재가 나이 젊어도 중국의 일을 잘 안다고 하더라.'고 했다. 왕신민(王信民)이라는 자가 나에게,

"무슨 벼슬이요?"

하고 묻기에, 무자년(1588)에 생원이 되어 국자감생(國子監生)이 되었다 하니, 왕씨가,

"언제 추천되지요?"

하고 물었다. 대개 중국에서는 국자감 학생이 으레 이부(吏部)에 추천되기 때문에 그의 말이 이와 같은 것이다.

78)[81] 학관(學官) 양대박(梁大樸)은 시를 잘하여 평숙(平熟)하고 전실(典實)하였다. 언젠가 자기가 지은 한 연을 자랑하였는데

---

81 원문에는 아래 항목도 하나로 이어져 있지만 주제가 달라지므로, 장서각 『한고관외사』본에 따라 항목을 나누고 새로운 번호를 붙인다.

山鬼夜窺金鼎火, 산 귀신은 밤에 금정[82]의 불을 엿보고,
水禽秋宿石堂烟. 물새는 가을이라 석당 연기에 잠들었네.

하였으니, 시구가 절로 좋다.

79) 상사(上舍) 정지승(鄭之升)이 시를 잘했는데 임자순(林子順 임제)의
무리가 몹시 추켜세웠다. 세상에 한 편의 시가 전한다.

草入王孫恨, 풀잎에 왕손[83]의 한이 스며들고,
花添杜宇愁. 꽃잎에는 두견[84]의 시름이 더해졌네.
汀洲人不見, 모래섬엔 사람 하나 보이지 않고,
風動木蘭舟. 바람에 목란배[85]만 일렁이누나.

「스님을 전송하다[送僧]」라는 시는 다음과 같다.

爾自西歸我亦西, 그대는 서에서 돌아오고 나는 또 서로 가니,
春風一杖路高低. 봄바람 한 지팡이에 가는 길은 높고 낮구나.

---

82 원문에 '金井'으로 되어 있지만, 문맥에 따라 『청계집』을 참조하여 '金鼎'으로 고쳐 번역
하였다. 금정(金鼎)은 도사가 선약(仙藥)을 만들 때에 사용하는 솥이다.

83 소산(小山)이 지은 「초은사(招隱士)」에 "왕손은 노닐며 돌아오지 않는데, 봄풀은 자라
나 무성해졌구나.[王孫遊兮不歸 春草生兮萋萋]"라고 한 뒤에, 여러 시인들이 왕손을
돌아오지 않는 님이라는 뜻으로 썼다.

84 촉(蜀)나라 임금이었던 두우(杜宇)가 재상 별령(鼈令)에게 왕위를 빼앗기고 원통하게
죽어서 두견새가 되었는데, 봄철이면 밤낮으로 피를 토할 때까지 슬피 울었다는 전설이
『화양국지(華陽國志)』권3 「촉지(蜀志)」에 전한다.

85 처음에는 오왕(吳王) 합려(闔閭)가 심은 목란으로 노반(魯班)이 만든 배를 가리켰지만,
그 뒤부터 곱게 꾸민 작은 배를 가리킨다.

何年明月逍遙寺, 그 언제 달 밝은 밤 소요사에서,
共聽東林杜宇啼. 동녘 숲 두견이 울음을 함께 들으랴.

또 한 연(聯)은 다음과 같다.

客去閉門惟月色, 손님이 돌아가자 문을 닫으니 남은 건 달빛뿐,
夢廻虛岳散松濤. 꿈 깨자 빈 산에 솔바람 소리 흩어지네.

그의 전집을 보지 못해 한스럽다.

80) 송익필(宋翼弼)도 시를 잘하니, 그의 「산설(山雪)」이란 시는 다음과
같다.

連宵寒雪壓層臺, 밤새 차가운 눈이 내려 누대를 덮었는데,
僧到他山宿未廻. 스님은 다른 산에서 자고 돌아오지 않네.
小閣燈殘靈籟靜, 작은 불전에 등불 깜박거리고 바람 소리[86] 고요한데,
獨看明月過松來. 소나무 넘어 오는 맑은 달을 나 홀로 보는구나.

구격(句格)이 맑고 뛰어나니, 어찌 사람 때문에 그의 말까지 무시하
겠는가.

81) 최전(崔澱) 언침(彦沈)이 신동(神童)이란 이름이 있었다. 어려서 금

---

86 '영묘한 소리[靈籟]'란 바람 소리를 가리킨다. 두보의 「유용문봉선사(遊龍門奉先寺)」
시에 "그늘진 골짝에선 영묘한 소리 나오고, 달빛 아래 숲엔 맑은 그림자 산란해라.[陰壑
生靈籟 月林散淸影]"라고 하였다.

강산에 노닌 적이 있었는데, 그 길로 영동(嶺東) 산천을 구경하고 경포
대에 이르러 시를 지었다.

> 蓬壺一入三千年, 봉래산[87]에 한번 든 지 삼천 년,
> 銀海茫茫水淸淺. 은빛 바다는 아득한데 물은 맑고 얕구나.
> 鸞笙今日獨飛來, 난새 타고 피리 불며 오늘 홀로 날아왔건만,
> 碧桃花下無人見. 벽도화 아래에 사람은 보이지 않는구나.

　중씨가 그 시를 매우 칭찬하고 그 운자에 이어 읊기까지 하였는데,
불행히도 일찍 죽었다.

82) 금각(琴恪)의 자는 언공(彦恭)이니 봉성인(鳳城人)이다. 중씨에게
글을 배워 12세에 육경(六經)을 통하고 자사제집(子史諸集)을 두루 읽지
않은 게 없었다. 글 짓는 것이 전중(典重)하고도 온화하고 아름다워
이미 작가가 되었으니, 그의 「조대기(釣臺記)」·「주류천하기(周流天下
記)」·「한발문(旱魃問)」 등의 글이 세상에 전한다. 16세에 밖에 유학하
다가 복충증(腹蟲症)을 얻어 집에 있으면서 『풍창랑화(風牕浪話)』를 지
으며 심심풀이로 세월을 보내다가 무자년(1588) 가을에 죽었다. 죽는
날에 스스로 명(銘)을 지었다.
　"봉성인(鳳城人) 금각(琴恪)의 자(字)는 언공(彦恭)으로, 9세에 글을
배우고 18세에 죽는다. 뜻은 원대하나 수(壽)는 짧으니 운명이로다."

---

87 『습유기(拾遺記)』「고신(高辛)」에, "삼호(三壺)는 바로 바다 속에 있는 세 산으로, 첫
　번째는 방호(方壺)인데 이는 방장산(方丈山)이고, 두 번째는 봉호(蓬壺)인데 이는 봉래
　산이며, 세 번째는 영호(瀛壺)인데 이는 영주산(瀛洲山)으로, 모양이 마치 술병과 같이
　생겼다." 하였다.

또 만사를 지었다.

父兮母兮,   아버님이여 어머님이여
莫我哭兮.   나 때문에 울지 마소서

『조대집(釣臺集)』 4권이 있다.

83) 종실(宗室)인 금산수(錦山守) 성윤(誠胤)은 자가 경실(景實)인데 우
리 중씨에게 글을 배웠다. 그의 시는 온정균(溫庭筠)과 이상은(李商隱)
을 숭상하여 그들의 시풍을 터득하였다. 그의 「향렴체(香奩體)」 시는
다음과 같다.

芙蓉城外蘂珠宮,   부용성 밖 예주궁에서,
鸞馭來迎許侍中.   난새 수레로 허 시중을 맞이하네.
鸚鵡賦吟明月夜,   앵무부를 달 밝은 밤에 읊조리고,
鷫鸘裘掛錦屛風.   숙상 갖옷[88]은 비단 병풍에 걸려 있네.
寒重繡幕漆香獸,   추운 비단 방장엔 향로까지 곁들이고,
夢罷銀燈結玉蟲.   꿈 깬 은등잔엔 등화[玉蟲]가 맺혔네.
傳語雪衣頻撝客,   앵무새에게 말하노니 자주 손님을 물리쳐서,
莫敎雲雨散恩恩.   운우의 정 총총히 흩어지게 말아다오.

달[嫦娥]을 읊은 시는 다음과 같다.

---

88 사마상여가 부인 탁문군(卓文君)과 함께 고향인 성도(成都)로 돌아갔을 적에 워낙 가난
하여 자기가 입고 있던 숙상 갖옷을 전당 잡히고 술을 사서 탁문군과 함께 마시며 즐겼다.

雲母屏寒寶帳虛, 운모병풍 썰렁하고 아름다운 방장도 비었는데,
露華偏濕玉蟾蜍. 옥같은 달에 이슬만 함초롬히 맺혔구나.
姮娥縱得長生藥, 항아가 비록 장생약을 얻었다 하더라도,
爭奈年年恨獨居. 해마다 홀로 사는 한을 어찌하려나.

자못 부귀롭고 아름다운 운치가 있다. 임진왜란에 어버이를 하직하고 임금을 호종하기에 갖은 고생을 다하였으니 배운 바를 저버리지 않았다 할 만하다.

84) 양정집(梁廷楫)은 호남 사람으로 나이 10세에 글을 잘 지어 고향에서 신동(神童)으로 소문났었다. 스님에게 보내는 시는 이러하다.

百結一老僧, 노닥노닥 기워 입은 한 늙은 스님,
倚杖巖下立. 지팡이 의지하여 바위 아래 서 있네.
回頭如有看, 머리 돌려 뭔지 보는 듯하니,
應待東溟月. 아마도 동해바다의 달을 기다릴 테지.

어린 나이에 임금의 잔치에 여러 번 부름받았으나[89] 불행히 세상을 떴다.

85) 근세 선비들 가운데 예(禮)를 병으로 여기고 다만 허무(虛無)를 말하고 욀 뿐만 아니라 술에 취한 채 수레를 타고 태연히 거리를 나돌아

---

89 원문의 '녹명(鹿鳴)'은 『시경』 「소아(小雅)」의 편명으로 임금이 신하들과 잔치를 할 때 이 노래를 불렀으므로, 전하여 천자가 군신과 빈객(賓客)에게 잔치를 베풀어 주는 것을 말한다.

다니며 조금도 거리낌이 없는 이가 있는데, 엄숙한 선비나 단아한 선비조차 이에 물들었다. 요즘 박엽(朴燁) 숙야(叔夜)가 시문(詩文)을 잘하였으나 박정(薄情)[90]하였다. 그가 기생집[秦樓]에서 나의 글씨 솜씨와 시법을 본떠서 가는 곳마다 벽에다 써 놓아, 뒷사람이 와 보고는 으레 이를 '아무개 글씨다' 하였다. 그의 「상춘곡(傷春曲)」은 이러하다.

妖紅輭綠含朝陽,　연분홍 꽃 아련한 푸른 잎이 아침햇살 머금고,
鸎吟燕語愁人腸.　꾀꼬리 제비가 지저귀어 남의 시름을 자아내네.
苔痕漬露翡翠濕,　이끼 자욱에 이슬 함초롬해 비취빛으로 젖었는데,
杏花撲雪臙脂香.　살구꽃 눈같이 흩날려 연지빛 향기로워라.
鳳衫輕薄春寒襲,　봉황 무늬 적삼이 몹시 얇아서 봄추위 스며드는데,
斜倚銀屛怨離別.　은병풍에 기대어 이별을 원망하네.
藁砧一去歸不歸,　서방님[91] 한 번 떠난 뒤에 돌아오지 않아,
屈指東風又三月.　봄바람 손꼽아 기다렸건만 또 삼월이구나.

선자가리개[仙子障]에 쓴 시는 이러하다.

白玉花冠素銀裳,　하얀 화관에 은빛 옷 입고,
手拈碁子費思量.　손으로 바둑알 잡고 생각을 거듭하네.
經年不下神仙着,　일년 넘도록 신선이 바둑알을 놓지 않으니,
想是蓬萊日月長.　아마도 봉래산에는 세월이 긴가보네.

---

90 원문은 '薄幸'으로 되어 있는데, 문맥상 장서각 『한고관외사』본에 따라 '薄倖'으로 고쳐 번역하였다.
91 원문의 '고침(藁砧)'은 짚자리와 작두 받침대이다. 고대 중국에서 죄수를 사형할 때에 죄수를 침판(砧板)에 엎드리게 하고 작두[鈇]로 참형을 시행했다. 부(鈇)는 부(夫)와 발음이 같으므로, 후세에는 남편을 가리키는 은어로 쓰였다.

달 나라 궁전[月殿]에 쓴 시는 이러하다.

花苑夜蒼蒼,	꽃동산이 밤 되며 어두워져,
移灯賞海棠.	등불 들고 해당화를 감상하네.
露華侵絳帕,	이슬이 붉은 너울에 스며들고,
香氣襲紅裳.	향기는 다홍 치마에 배어드네.
鯨製黃金鑰,	고래로 황금빛 자물쇠를 만들고,
螺雕白玉床.	소라는 백옥상에 아로새겼네.
行雲着行雨,	가던 구름 비 되어 내리니,
歸見楚襄王.	돌아가면 초나라 양왕을 뵙겠구나.[92]

「잔춘殘春)」 시는 이러하다.

屛暗下流塵,	먼지 덮인 병풍은 우중충하고,
凝雲護綺輪.	엉긴 구름이 비단 수레를 옹위하네.
斷絲縈落絮,	버들 꽃은 어지러이 흩날리고,
雛燕語殘春.	새끼 제비는 봄이 간다고 재재거리네.
睡思生紅頰,	졸린 빛이 붉은 볼에 일어나고,
啼痕染翠巾.	눈물 자국이 푸른 수건에 젖는구나.
盤龍玉臺鏡,	용이 서린 옥대의 거울은,
只待畫眉人.	눈썹 그릴 미인만 기다리네.

---

92 송옥(宋玉)의 「고당부(高唐賦)」 서(序)에 나오는 고사이다. 초(楚)나라 양왕(襄王)이 고당(高唐)에서 잠이 들었는데, 꿈에 나타난 무산의 여인이 아침에 떠나면서 "나는 무산의 남쪽 언덕에 사는데, 날마다 아침에는 구름이 되고 저녁에는 비가 된다.[且爲朝雲, 暮爲行雨.]"고 하였다.

「선동요(仙洞謠)」는 이러하다.

靑鳥翩翩錦字通,　파랑새 훨훨 날아 편지를 전해 주니,
玉簫吹咽廣寒宮.　광한전이 울리도록 옥퉁소를 부네.
情知洞裡如花女,　알겠구나 골짜기 속의 꽃같은 여인이,
笑指風流許侍中.　풍류남아 허 시중을 웃으며 가리키겠지.[93]

시격(詩格)이 나와 비슷하며 자획(字畫)도 분간할 수 없어, 참인지 거짓인지 사람들이 정말 의심하게 된다. 이 때문에 내가 화류가에 드나든다는 소문을 얻게 되었으니 우습다. 옛사람은 찻집[茶肆]이나 술집[酒坊]에 도리상 들어가지 않았거든 하물며 이보다도 더한 기생집일까보냐? 서진(西晉) 말(末)의 선비들이 청담(淸談)을 숭상하자 오호(五胡)가 중국을 어지럽게 했고, 당(唐)나라가 망할 무렵 세상 풍속이 기생집[烟花]을 즐기자 칠성(七姓)[94]이 다투어 일어섰으니, 이 두 가지를 겸하고도 나라가 망하지 않는다면 요행일 뿐이다.

86) 두남(斗南) 김일숙(金一叔)은 글은 보통이었으나, 남을 희롱하는 작품으로는 그 당시에 으뜸이었다. 이웃에 어른이 있었는데 앞니가 길어 홀(笏) 모양 같자, 찬(贊)을 지었다.

生年七十,　나이 일흔에,
所長者齒,　긴 것이라곤 이[齒]뿐이니,

齒兮可爲笏兮.　　이로 홀을 만들만 하구나.

또 이웃사람이 눈이 가늘어 겨우 볼 수 있을 정도였는데, 이렇게
찬을 지었다.

不欲觀諸,	모든 것 보고 싶지 않아,
眇視一世者邪.	한세상을 하찮게 보는 자인가.
其見者小,	보이는 것이 작으니,
豈非坐井觀天者邪.	우물에 앉아 하늘을 보는 자 아닌가.
觀其眸子,	그 눈동자를 보면,
人焉瘦哉.	그 사람 어찌 숨기랴.

중씨가 즐겨 말하였다.

87) 내가 다리에 병이 나서 핑계 삼아 장인댁에서 쉬었는데, 중씨가
내가 나들이 않음을 빈정대어 시를 지어 보냈다. 하나는 이러하다.

天意憐君慕太王,	하늘이 태왕(太王)[95]을 사모하는 자네 마음을 알아,
故敎雙脚遍生瘡.	짐짓 두 다리에 온통 부스럼이 나게 했구나.
隣家咫尺猶嫌遠,	이웃이 지척이건만 오히려 멀다 꺼리니,
何況蘋洲十里長.	하물며 마름풀 가득한 십리길이랴.[96]

---

95 주나라 문왕(文王)의 조부인 고공단보(古公亶父)이다. 『맹자』 「양혜왕 하」에 "옛날에
태왕이 여색을 좋아하여 그의 비를 사랑하였다.[昔者 大王好色 愛厥妃]" 하였다.

96 남조(南朝) 양(梁)나라 유운(柳惲)의 「강남곡(江南曲)」에 "물가 모래톱에 흰 마름을 캐
노라니, 강남의 봄에 해가 지네.[汀洲採白蘋 落日江南春.]"라고 하였다. 후인들이 이
모래톱을 백빈주(白蘋洲)라고 하였는데, 이 시는 오래도록 돌아오지 않는 벗을 그리워

또 다른 시는 이러하다.

知君不駕短轅車, 작은 수레는 타지 않는 자네이니,
高處黃門大路隅. 덩그런 황문이 한길 가에 서겠네.
擧世若從公事業, 세상이 온통 공사업에만 종사한다면,
人間何地覓潛夫. 인간세상 어디에서 잠부를 찾으랴.

태왕이 그 비(妃)를 사랑했기에 세상에서 애처가를 태왕이라 부르는 것이다. 황문은 옛날 어떤 사람이 그 아내를 너무 사랑하여 그 친구가 놀리기를,

"열녀는 홍살문을 세워 정려(旌閭)를 하니 정남(貞男)은 마땅히 황문을 세워야겠지."

하였으므로 쓴 것이니, 그 풍류와 해학이 모두 이와 같다.

88) 익지(益之)가 일찍이 '낙화(落花)'를 읊기를

惆悵深紅更淺紅, 서글퍼라 진분홍에 또 연분홍,
一時零落小庭中. 한꺼번에 작은 뜰에 뚝뚝 떨어지는구나.
不如留着靑苔上, 푸른 이끼에 붙어 남는 것만은 못하나,
猶勝風吹西復東. 바람 따라 동서로 흩날리는 것보단 낫구나.

하였으니, 어의(語意)가 함축되어 있다. 또 감회를 읊은 절구 두 수는
이러하다.

_____

하는 심정을 읊은 것이다.

城闕參差甲第連, 궁궐에 들쭉날쭉 저택들이 이어져,
五侯歌管沸雲烟. 고관[97]들의 음악소리가 구름 안개를 헤치네.
灞陵橋上騎驢客, 파릉교 위에 나귀 탄 나그네가,
不獨襄陽孟浩然. 양양 땅 맹호연만은 아니로구나.[98]

好爵高官處處逢, 고관 대작들을 곳곳에서 만나니,
車如流水馬如龍. 수레는 물 흐르듯, 말은 용 같구나.
長安陌上空回首, 장안 거리에서 이따금 머리를 돌려보니,
咫尺君門隔九重. 지척의 궁궐 문이 아홉 겹으로 막혀 있네.[99]

「용나루를 건너며[渡龍津]」라는 시는 이러하다.

秋江水急下龍津, 가을 강물이 용나루에 급히 내리니,
津吏停舟笑更嗔. 나루의 아전이 배 멈추고 웃었다 성내네.
京洛旅遊成底事, 서울에 드나들며 무슨 일을 했기에,
十年來往布衣人. 십년을 오가도 베옷 입고 다니는가.

그 뜻이 몹시 서글프니 참으로 불우한 사람의 시다.

---

97 한(漢)나라 성제(成帝)의 외삼촌인 평아후(平阿侯) 왕담(王譚), 성도후(成都侯) 왕상(王商), 홍양후(紅陽侯) 왕입(王立), 곡양후(曲陽侯) 왕근(王根), 고평후(高平侯) 왕봉시(王逢時) 등 다섯 사람이 같은 날에 봉작되었으므로 오후라 한다. 그들은 다른 사람들과 왕래하지 않고 자기들끼리 산해진미만 먹으며 음식과 거처에 사치하였다.

98 소식(蘇軾)의 시 「증사진하수재(贈寫眞何秀才)」에 나귀를 타고 파교를 지나가는 맹호연(孟浩然)을 읊어 "또 보지 못했는가, 눈 속에 나귀를 탄 맹호연이 눈썹을 찌푸리고 시를 읊으니 솟구친 어깨가 산처럼 높네.[又不見雪中騎驢孟浩然 皺眉吟詩肩聳山]" 하였다.

99 『초사』「구변(九辯)」에 "답답한 이 심정 어찌 군왕을 생각지 않으랴만, 군왕의 궁문은 구중으로 닫혀 있네.[豈不鬱陶而思君兮 君之門以九重]"라고 하였다.

89) 양봉래(楊蓬萊) 선생의 아량과 풍도는 세상사람들이 숭상하는 바
거니와, 나의 선대부(先大夫)와 사마(司馬)·문과(文科)를 모두 같이 합
격하였으므로 그 사귐이 가장 친밀하다. 문장이 높고 **빼어나** 구름을
앞지를 듯한 기상이 있고, 행서(行書)·초서(草書)를 잘 쓰는데 그 쓰는
법이 마치 용이나 뱀처럼 분방하였다. 벼슬살이를 우습게 알고 산수
에 정을 붙이는 성품이어서, 짚신과 밀로 결은 나막신차림으로 산에
가지 않는 날이 없었다. 바위 골짜기에 사는 이들이 사강락(謝康樂 사영
운)에 비겼다. 일찍이 강릉 부사(江陵府使)가 되었을 때 선정을 베풀어
백성들이 거사비(去思碑)를 세운 일도 있었다. 언젠가 금강산에서 시
를 지었다.

蓬萊島白玉樓,　　봉래섬의 백옥루를,
我昔聞之今則游.　소문으로만 들었더니 이제야 놀러왔네.
雲母屛圍琥珀枕,　운모병 둘러 치고 호박구슬 베개 삼고,
水晶簾捲珊瑚鉤.　산호 갈고리로 수정 주렴을 걷었네.
碧桃開落一千年,　벽도화 피고 지니 일천 년인데,
王母淹留八萬秋.　서왕모 머물기는 팔만 년일세.
瑤臺上表獨立,　　요대 위에 홀로 서니,
白雲黃鶴去悠悠.　흰 구름 누런 학이 한가롭게 가는구나.

읽을수록 사람으로 하여금 훨훨 노을처럼 공중에 나는 것 같은 느
낌을 가지게 한다.

90) 하서(河西) 김인후(金麟厚)가 죽은 뒤, 오세억(吳世億)이 갑자기 죽
더니 반나절 만에 깨어나서는 이렇게 말하였다. 어떤 관부(官府)에 이
르니 '자미지궁(紫微之宮)'이란 방이 붙었는데, 누각이 우뚝하여 난새

와 학이 훨훨 나는 가운데 학사(學士) 한 분이 하얀 비단 옷을 입었는데, 흘긋 보니 바로 하서였다. 오씨는 평소에 그의 얼굴을 알고 있는데, 하서가 손으로 붉은 명부를 뒤적이더니,

"자네는 이번에 잘못 왔네. 나가야겠네그려."

하더니, 시를 지어 주었다고 한다.

世億其名字大年. 세억은 그의 이름이고 자는 대년이니,
排門來謁紫微仙. 문 밀치고 와서 자미선 뵈었구려.
七旬七後重相見, 일흔 하고도 칠년 뒤에 다시 만나리니,
歸去人間莫浪傳. 인간 세상 돌아가선 함부로 전하지 마오.

깨어나자 소재(蘇齋) 상공께 말씀드렸다. 그 뒤에 오씨는 과연 일흔일곱 살에 죽었다.

91) 봉래(蓬萊)가 풍악(楓岳)에서 지은 시는 이러하다.

白玉京蓬萊島. 백옥경 봉래도에.
浩浩烟波古, 아득히 넓은 연파는 태고적일세,
熙熙風日好. 맑고 따뜻한 바람과 햇살도 좋아라.
碧桃花下閑來往, 벽도화 아래에 한가로이 오가니,
笙鶴一聲天地老. 학 울음 피리 소리에 천지가 늘어 가네.

신선 같은 풍채와 도인 같은 느낌이 짙다. 자동(紫洞) 차식(車軾)이 흉내내어 지었다.

朝玄圃暮蓬萊. 아침엔 현포에 저물녘엔 봉래산에.

山月鉢淵瀑,　박연폭포에 산 달 걸리고,
香風桂樹臺.　계수대에 향기로운 바람 풍기네.
俯臨東海揖麻姑,　동해를 굽어보며 마고에게 절하고,
六六壺天歸去來.　삼십륙동천으로 돌아가노라.

원숙하기는 하나. 격(格)이 미치지 못한다. 중씨도 화답하였다.

鶴軒昻燕差池,　학은 훤칠하게 제비는 높게 낮게,
三山歸去五雲中飛.　삼신산에 돌아와 오색 구름에 나는구나.
乾坤三尺杖,　천지간 석자 지팡이에,
身世一布衣.　포의로 한 세상을 보내누나.
好掛長劍巖頭樹,　바윗머리 나무에 긴 칼 걸어 두고,
手弄淸溪茹紫芝.　맑은 시내에 손 담그고 영지를 씹네.

비록 좋기는 해도 끝내 봉래의 신선 같은 운치에는 미치질 못한다.
이익지(李益之)에게 읊게 한다 해도 미치지 못할 것이다. 봉래의 시에

山上有山天出地,　산 위에 또 산 있으니 하늘이 땅에서 나오고,
水邊流水水中天.　물가에 또 물 흐르니 물 속에 하늘 어리었네.
蒼茫身在空虛裏,　아득해라 이 몸이 공허 속에 있으니,
不是烟霞不是仙.　연하도 아닌 것이 선경도 아닐세.

같은 것은 불게(佛偈)와도 비슷하다. 또 이러한 시도 있다.

金屋樓臺拂紫烟,　금빛 누대에 자색 안개 스치고,
躍龍雲路下群仙.　용 꿈틀대는 구름길로 여러 신선이 내려오네.

靑山亦厭人間世, 청산도 또한 인간세상을 싫어해,
飛入滄溟萬里天. 만리 하늘을 날아 넓은 바다로 들어오누나.

신선의 말이어서 절로 미칠 수가 없다. 이익지도 이런 시를 지었다.

蟠桃子熟三千歲, 반도 복숭아가 삼천 년 만에 익어,
半夜白鸞來一雙. 한밤중 하얀 난새가 쌍으로 왔네.
中天仙郎降王母, 중천에 선랑이 서왕모에게 내려오니,
玲瓏海氣連雲窓. 영롱한 바다기운이 구름창에 이어졌구나.

역시 그를 따라 배울 만하다.

92) 누님의 「보허사(步虛詞)」는 이러하다.

乘鸞夜下蓬萊島, 난새 타고 한밤 중 봉래도에 내려,
閑碾麟車踏瑤草. 기린수레 한가로이 몰며 아름다운 풀을 밟네.
海風吹折碧桃花, 바닷바람이 불어와 벽도화를 꺾었는데,
玉盤滿摘如瓜棗. 옥소반엔 오이만한 대추가 가득하구나.

九華裙幅六銖衣, 구화의 치마폭에 가벼운 저고리로,
鶴背冷風紫府歸. 학을 타고 찬바람 내며 하늘로 돌아오네.
瑤海月沈星漢落, 요지엔 달 가라앉고 은하수도 스러졌는데,
玉簫聲裡霱雲飛. 옥퉁소 소리에 삼색 구름이[100] 날아오르네.

---

100 오색 구름을 경(慶)이라 하고, 삼색 구름을 휼(霱)이라고 하였다.

유몽득(劉夢得)을 본받았으나, 맑고 뛰어나긴 그보다 더하다. 「유선사(遊仙詞)」 백편은 모두 곽경순(郭景純 곽박)의 남긴 뜻인데, 조요빈(曹堯賓 조당) 따위로는 미치지 못한다. 중씨와 이익지가 모두 모방하여 지었으되 마침내 그 울타리를 벗어나지 못했으니, 누님은 천선(天仙)의 재주라 할 만하다.

93) 봉래(蓬萊)의 선종암(仙鍾巖)에 지은 시는 이러하다.

鏡裡芙蓉三十六, 거울 속 부용은 서른여섯인데,
天邊螺髻萬二千. 하늘가에 봉우리 일만 이천이구나.
中間一片滄洲石, 그 가운데 한 조각 창주석에는,
可以言詩此百年. 한 백 년 동안에 시라고 말할 수 있네.

박 상공(朴相公 박순)이 끝 구절을 고쳐, "동녘에 온 해객이 졸기에 합당하구나.[合着東來海客眠]"라고 하자, 봉래가 '온당하다'고 하여 드디어 고쳤다. 나중에 지천(芝川) 황 상공(黃相公 황정욱)에게 말하니 상공이,

"이는 공의 시어(詩語)가 아니니 바른 대로 말하시오."

하므로 봉래가 그의 식견에 크게 탄복했다. 지천은 지음(知音)이라고 할 만하다.

94) 신기재(申企齋)의 「동산시(洞山詩)」는 이러하다.

蓬島茫茫落日愁, 봉래도 아득하여 지는 해가 시름겨운데,
白鷗飛盡海棠洲. 흰 갈매기 해당화 핀 섬으로 다 날아갔네.

如今始踏鳴沙路, 오늘에야 비로소 명삿길[101] 밟게 되니,

二十年前舊夢遊. 이십년 전[102] 옛 꿈에 놀던 곳이라오.

나는 그곳에 가 본 뒤에야 이 시의 절묘함을 알게 되었다.

95) 내가 언젠가 꿈에 한 곳에 이르니 거친 연기, 들풀이 눈길 닿는 데까지 끝없는데, 큰 나무의 껍질 벗겨진 데에 다음과 같이 써 있었다.

冤氣茫茫, 원통한 기운 끝 없으니,

山河一色. 산하가 한 빛이로다.

萬國無人, 세상엔 사람 하나 없고,

中天月黑. 중천에 달도 침침하구나.

잠에서 깨어 몹시 언짢게 여겼었는데, 임진란에 서울이나 시골을 막론하고 피를 흘리고 집들이 불타게 되자 이 시가 바야흐로 징험이 되었다.

96)[103] 무위자(無爲者) 천연(天然) 스님은 집안이 본래 벌열(閥閱)이었으나 실각하여 쌍림(雙林)[104]이 되었는데, 씩씩하여 기개가 있었다. 언젠

---

101 명사(鳴沙)는 고을 남쪽 18리에 있다. 모래 색이 눈 같고, 인마(人馬)가 지날 때면 부딪쳐서 소리가 나는데 쟁쟁(錚錚)하여 쇠소리 같다. 대개 영동(嶺東) 지방이 모두 그러하지만, 그중에서도 간성(奸城)·고성(高城) 간에 제일 많다. 『신증동국여지승람』 권45 「간성군」 '산천(山川)'조.

102 신광한이 20년 전인 1520에 삼척부사로 부임하였다.

103 원문에는 아래 항목도 하나로 이어져 있지만 주제가 달라지므로, 장서각 『한고관외사』 본에 따라 항목을 나누고 새로운 번호를 붙인다.

가 지리산(智異山) 성모(聖母) 음사(淫祠)가 대중을 미혹시킨 것을 분하
게 여겨, 이를 깨부수었다. 남명 선생(南冥先生 조식)이 「용사천연전(勇
士天然傳)」을 짓자, 양송천(梁松川 양응정)이 그 책머리에 이렇게 썼다.

張拳一碎峯頭石, 주먹 한번 휘둘러 산꼭대기 돌 깨부수니,
魍魎無憑白晝啼. 갈 곳 없는 망량들이 대낮에 우는구나.

봉래(蓬萊)·박사암(朴思庵)과 나의 중씨가 모두 스님의 친구가 되었
다. 천연이 약간 시를 알아 우리 중씨에게 준 시에 이런 구절이 있다.

枉被魚腹嗟龍困, 고기 배에 잘못 걸린 용이 곤핍함을 슬퍼하고,
誤落鷄巢欲鳳衰. 닭 우리에 그릇 떨어진 봉새도 쇠해 가는구나.

임진란에 휴정화상(休靜和尙)을 따라 여러 번 전공을 세웠다고 한다.

97) 중씨가 무위자(無爲者)에게 준 시는 이러하다.

天王峯上走如飛, 천왕봉 위로 나는 듯 달려가서,
手碎千年片石歸. 천 년 돌덩이를 주먹으로 부숴 조각돌 만들었네.
可惜英雄空老去, 애달프다 영웅은 속절없이 늙어가고,
碧山蘿月掩柴扉. 푸른 산 덩굴 달이 닫힌 사립문 비추는구나.

豆滿江邊木葉衰, 두만강 가에 나뭇잎은 시들고,

---

104 석가모니가 열반한 발제하(跋提河) 언덕 사라쌍수(沙羅雙樹)의 숲을 말한다. 사찰 또
는 스님이라는 뜻으로도 쓴다.

孤山處處見旌旗. 외로운 산 곳곳에 깃발이 펄럭이네.
山中褒却擎天手, 산속에 하늘을 떠받칠 솜씨 버려졌으니,
悒悵何人斷月支. 슬프다 월지국 선우 머리 벨 이가 그 누구런가.

그에 대한 칭찬이 이와 같았다. 또 장편 시의 첫 두 구절은 다음과
같다.

無爲者人中龍,   무위자는 사람 가운데 용일세,
前身擘海金翅鳥.   전생엔 바다를 가르던 금시조(金翅鳥)[105]였는데.
霹靂夜下天王峯.   벼락이 한밤에 천왕봉에 떨어졌구나.

말이 매우 기발하였는데, 전편을 못 외우겠다. 필경 무위자의 시권
속에 있을 것이다.

98) 호음(湖陰 정사룡)이 이우정(二憂亭)에 쓴 시

洲渚縱橫潮漸退, 물가에 이리저리 밀물이 차츰 빠지고
樹林搖落鴈來賓. 숲이 흔들려 떨어지자 기러기가 손님으로 오네

조어(造語)가 기이하고 건장한데 전한(典翰) 엄흔(嚴昕)은 하찮게 보
니 무슨 뜻인지 모르겠다.

99) 남추강(南秋江 남효온)의 한식시(寒食詩)

---

105 불경(佛經)에 나오는 새인데, 수미산(須彌山) 북쪽 철수(鐵樹)에 살면서 입으로 불을
토하여 용을 잡아 먹는다고 한다.

天陰籬外夕陽生, 날이 흐린 울타리 밖에 석양이 비치더니,
寒食東風野水明. 한식날 봄바람 불어 들판 강물이 밝아지네.
無限滿舡商客語, 배에 가득한 장사꾼들의 말은 끝이 없는데,
柳花時節故鄉情. 버들개지 날리는 철이 되니 고향 생각 간절하구나.

「안자정을 꿈에 보다[夢子挺]」라는 시

邯鄲一夢暮山前, 저문 산 앞에서 한바탕 꿈을 꾸었으니,[106]
魂與魂逢是偶然. 혼과 혼이 만난 것은 참으로 우연일세.
細草半夜春寂寞, 가냘픈 풀 한밤중에 봄날이 적막한데,
杏花無數落紅牋. 살구꽃이 무수히 붉은 종이처럼 떨어지네.

성남(城南) 시

城南城北杏花紅, 성남 성북에 살구꽃 붉게 피었는데,
日在花西花影東. 해가 꽃 서쪽에 있어 꽃 그림자 동쪽에 지네.
匹馬病翁驚節後, 필마 탄 병든 늙은이 철 바뀐[107] 것에 놀란 뒤,
斜風吹淚女墻中. 비낀 바람 맞으며 성가퀴에 눈물 뿌리네.

이러한 몇몇 시는 당인(唐人)에 못지 않다. 「귀신론(鬼神論)」 일편은

---

106 한단일몽(邯鄲一夢)은 『침중기(枕中記)』에 나오는 이야기이다. 노생(盧生)이 한단(邯鄲)에서 도사 여옹(呂翁)의 베개를 얻어 베고 잠을 자는 동안 장가들어 자식 손자 낳고 온갖 부귀영화 다 누리면서 나이 여든이 되도록 살았는데, 잠에서 깨어보니 아까 주인이 찌던 조밥[黃粱飯]이 아직 익지 않고 있었다.

107 우리가 일상생활에서 쓰는 24절기는 양력이고, 음력에서는 5일 단위로 72절후를 구분하였다. 『예기』 월령(月令)에 본다면 5일을 1후(候), 3후를 1기(氣), 6후를 1월(月)로 하여 1년을 24기 72후로 하였다.

학문이 극히 높다. 훌륭한 재주를 펴보지 못했으니 아깝다.

100) 무절공(武節公) 황형(黃衡)은 무장(武將) 출신으로[108], 또한 글과 글씨에 능했다. 경오년(1510)에 왜구를 진압하고 몰운대(沒雲帶)에 올라 지은 시는 다음과 같다.

建節高臺起大風, 높은 대에 깃발 세우니 큰 바람이 이는구나,
海雲初捲日輪紅. 바다 구름 갓 걷히고 해는 둥글게 붉구나.
倚天撫劍頻回首, 하늘에 기대어 칼 어루만지며 자주 고개 돌리니,
馬島彈丸指顧中. 탄환만한 대마도가 가까이 보이는구나.

조어(造語)가 기이하고 장엄하여 마치 그 사람을 보는 듯하다. 어찌 인재가 옛사람에게 못 미치랴.

101) 『승암시화(升庵詩話)』에서 명초(明初) 이래 재상의 업적을 논하며 유성의(劉誠意 유기)를 으뜸으로 삼았다. 성의가 참으로 어질긴 하지만 재상의 업적에 대해서는 들어본 적이 없다. 영락(永樂) 연간에는 하원길(夏原吉)을 으뜸으로 삼고 삼양(三楊 양사기 양영 양보)은 그 축에 들지 않았으니 그 의논 또한 온당치 못하다. 이 문달공(李文達公 이현)이 그를 헐뜯어 심지어는 문달이 나륜(羅倫)을 내쳤으니, 비록 흠이 됨을 면할 수는 없으나, 그 공정한 것만은 숨길 수 없다. 정덕(正德) 연간에 이르러는 거만스럽게 자기 아버지[109]를 제일로 쳤다. 젊어서는 비록

---

108 원문은 '拔身山西'인데, 『한서(漢書)』 권69 「조충국전(趙充國傳)」에 "진(秦)·한(漢) 이후로 산동에는 정승이 나고 산서에는 장군이 났다.[山東出相 山西出將]" 하였다.
109 『승암시화』는 양신(楊愼)이 지었으니, 그의 아버지는 양정화(楊廷和)이다. 양정화는

괜찮은 사람이었으나 입각(入閣)하여서는 임금의 외척을 연줄로 삼았으니 이미 올바른 선비는 아니다. 공평하여 사심이 없다고 할 수 있겠는가?

102) 가정(嘉靖) 이래로 명재상은 문정공(文正公) 사천(謝遷)과 충의공(忠毅公) 양부(楊傅)가 더욱 드러나게 저명했는데, 소인(小人)도 제일 많았다. 계악(桂萼)·방헌부(方獻夫)·장총(張璁)·엄숭(嚴嵩)·이본(李本)이 모두 소인들인데, 그 중 엄숭은 은총을 20여 년이나 독차지했다. 그 뒤에는 소사(少師) 서계(徐階)·소부(少傅) 이춘방(李春芳)이 다 명재상인데, 서소사(徐少師)는 남들이 사마공(司馬公)에 비겼으니, 오랫동안 논정(論定)하는 일을 담당했었다. 융경(隆慶) 이래로 고공(高拱)·장거정(張居正)은 모두 섬인(纖人)이었으며 신시행(申時行)은 기롱을 면할 수 없었고, 승상[110] 마자강(馬自强)·소부(少傅) 허국(許國)·소보(少保) 왕석작(王錫爵)이 모두 괜찮은 사람이었으나 그들의 사업은 삼양(三楊)에게 비기면 누가 나은지는 모르겠다. 인재가 날로 저하되니 탄식이 나온다.

103) 우리나라 명상(名相)으로는 황·허(黃許 황희와 허조)를 으뜸으로 삼는다. 세상에서는 더러 전조(前朝 고려)에 과거 급제한 것을 병폐로

헌종(憲宗)·효종(孝宗)·무종(武宗)·세종(世宗) 등 네 명의 황제를 섬겼고, 태자태사(太子太師)·화개전 태학사(華蓋殿太學士)를 역임하였으며, 정덕(正德) 연간에 벼슬이 재상에 올랐는데, 무종(武宗)이 환락에 빠져 환관들이 횡포를 부리자 이를 금지해야 한다고 자주 간언하다가 삭직되어 평민이 되었다. 저서에 『양문충공삼록(楊文忠公三錄)』이 있고, 시호는 문충(文忠)이다.

110 원문은 '乾淹'인데, 문맥에 맞게 장서각 『한고관외사』본의 '丞相'으로 고쳐 번역하였다.

여기기도 하는데, 그 뒤에는 별로 이름난 사람이 없었다. 중종 때 문익공(文翼公) 정광필(鄭光弼)은 앞사람에 부끄럽지 않다.

104) 단간공(端簡公) 정효(鄭曉)의 『오학편(吾學編)』에 우리나라가 여진(女眞) 이만주(李滿住)를 정벌한 일의 본말(本末)이 아주 상세하게 실려 있는데, 강순(康純)·어유소(魚有沼)·남이(南怡)의 이름을 대서특필하였다. 이 세 사람은 참으로 장군감이라 국사(國史)에 그 이름이 드러났으니 이보다 큰 영광이 무엇이겠는가?

105)[111] 척 총병(戚總兵 척계광)은 위명(威名)과 사업이 이목에 번쩍거릴 뿐 아니라 시문에 또한 능하여 이창명(李滄溟)의 무리가 치켜세웠다. 근래 임회후(臨淮侯) 이언공(李言公)의 자(字)는 유인(惟寅)인데, 또한 시문에 능하여

　風捲潮聲喧島嶼, 바람은 밀물소리 휘몰아 섬들 떠들썩하고,
　日斜帆影上樓臺. 해에 비낀 돛 그림자 누대에 오르는구나.

라는 구절이 여러 사람의 입에 오르내리고 있다.

106) 요즘 스님으로 시 잘 짓는 사람이 많지 않은데, 유정산인(惟政山人)은 당(唐) 나라 구승(九僧)의 유파를 배워 시가 몹시 맑고 고고하였다. 행사(行思)도 "경사로운 구름 난숙하니 죽순 나물이 아닐세[慶雲爛

---

111 원문에는 아래 항목도 하나로 이어져 있지만 주제가 달라지므로, 장서각 『한고관외사』 본에 따라 항목을 나누고 새로운 번호를 붙인다.

熟非筍蔬]"같이 아름다운 시구가 웬만큼 있다. 요즘 홍정(弘靜)이란 스님이 또한 시를 잘하여 「스님을 보내다[送僧]」라는 시가 있는데,

去年別紅葉秋江波, 작년 헤어질 땐 가을 강물에 단풍 붉더니,
今年別落梅春山阿. 올해 작별에는 봄 산언덕에 매화가 지네.
波杳杳山阿隔, 물결은 아득하고 산언덕은 가렸으니,
紅葉落梅愁奈何. 단풍잎 지는 매화 이 시름을 어이하리.

중씨가 몹시 칭찬하였다.

107)[112] 백대붕(白大鵬)은 천한 종으로 흑의(黑衣)[113] 대열에 끼었다. 시를 잘 하였으므로 중형과 승지(承旨) 심희수(沈喜壽)가 다 대등한 벗으로 사귀었는데

秋天生薄陰, 가을 하늘에 엷은 그늘 어리니,
華岳影沈沈. 화악의 그림자 침침하구나.

라는 시는 중형이 칭찬해 마지않았다. 백형(伯兄 허성)을 따라 일본에 오간 일이 있으며, 아름다운 시가 매우 많다.

---

112 원문에는 위의 항목과 하나로 이어져 있지만 주제가 달라지므로, 장서각 『한고관외사』 본에 따라 항목을 나누고 새로운 번호를 붙인다.

113 왕궁의 숙위 무사(宿衛武士)들이 검은 옷을 입기 때문에 흑의(黑衣), 또는 흑의랑(黑衣郎)이라고 한다. 「성수시화」에서 백대붕을 사약(司鑰)이라고 기록한 것도 역시 문을 지키는 군사라는 뜻이다.

발문

내가 어려서 아버지의 가르침을 받지 못하였으므로 여러 형님들이
사랑하고 가엽게 여겨 차마 다그치거나 나무라지 않았기 때문에 게으
르고 느슨해져서 독서에 힘쓰지 않았다. 차츰 자라서는 남들이 과거
하는 것을 보고 좋게 여겨 흉내내 보았으나, 글치레나 하는 것이 장부
의 할 짓은 아니었다. 이제 어지러운 세상을 만났으니, 세상에 나갈
뜻은 이미 사그라졌다. 10년 글읽기로 작정했으나, 아! 이 또한 늦었
도다. 『학산초담(鶴山樵談)』 1부(部)를 짓는다.

명 신종(明神宗) 21년 계사년(1593) 양월(陽月 4월) 연등(燃燈)한 뒤 사
흘 만에 교산자(蛟山子)는 쓰다.

태각지 台閣志

『태각지』 일러두기

1. 『태각지』는 1책 서문과 『국조상신고(國朝相臣考)』, 2책 복상(卜相) 과정으로 나뉘어져 있는데, 2책의 첫 장이 남아 있지 않다.

2. 『국조상신고(國朝相臣考)』는 태조조(太祖朝)부터 금상조(今上朝, 순조조)까지 23대 왕들의 치세 기간의 상신(영의정, 좌의정, 우의정) 명단이 실려 있다. 허균이 서문을 쓴 1601년 이후의 기록은 후배 관원들이 이백년 넘게 계속하여 기록한 것인데, 자료의 중요성을 감안하여 모두 번역하였다.

3. 왕이 바뀔 때마다 왕의 이름을 제목으로 삼아 큰 글자로 기록하고, 재위 기간, 상신의 숫자, 즉위 일자와 붕어 일자를 작은 글자로 기록하였다. 번역에서도 큰 글자와 작은 글자로 구분하였다.

4. 상신의 명단은 직위와 이름을 큰 글자로 기록했는데, 첫 번째 정승인 배극렴은 고려시대 직위인 좌시중(左侍中)을 그대로 쓴 것이 특이하다.

5. 이름 아래에는 작은 글자로 오른쪽 줄에 자(字), 문과에 급제한 시기의 왕명과 간지, 급제한 나이를 쓰고, 왼쪽 줄에 생년 간지, 정승이 된 해의 간지와 나이를 작은 글자로 썼다. 자(字)와 생년 간지를 한 줄로 번역할 수도 있지만, 분량을 고려하여 오른쪽 줄과 왼쪽 줄로 나누어 번역하였다.

6. 그 아래에는 관향과 세상을 떠난 해의 나이를 큰 글자로 기록했으며, 사사(賜死)나 사궤장(賜几杖) 등의 특이사항도 기록하였다. 마지막으로 호와 시호를 작은 글자로 기록하였다.

7. 보완 설명이 필요한 경우에만 각주를 달았다.

태각지(台閣志)

태각지 서(台閣志序)

삼가 생각건대, 우리 태조 강헌대왕(太祖康獻大王)께서 천명(天命)을 받아 개국하셨는데, 그때 문하 우시중(門下右侍中) 배극렴(裵克廉)은 전조(前朝 고려)의 상신(相臣)으로서 태조의 개국에 실로 많은 도움을 주었다. 그러나 문하성(門下省)의 제도는 고려의 제도대로 따르고 고치지 않았었다.

그 후 2년 만에 한성(漢城)에 도읍을 정하고서 비로소 2부(二府)를 창설하였다. 고려 말엽의 제도를 모방하여 도평의사(都評議司)를 설치해서 국정(國政)을 맡게 하고 삼군부(三軍府)를 설치해서 군무(軍務)를 다스리도록 하니, 그 조(曹)·진(鎭)의 제도가 한결같고 직사(職事)도 예전과 똑같았다. 그리고는 배극렴을 판도평의사(判都評議司)로, 정도전(鄭道傳)을 영삼군부(領三軍府)로 삼았다. 그리하여 조인옥(趙仁沃)·정희계(鄭熙啓)·이옥(李沃)·이서(李舒)·설장수(偰長壽)·조림(趙琳) 등이 모두 훈척 중신(勳戚重臣)으로서 서로 전후하여 동판사사(同判司事)가 되었는데, 군국 대사(軍國大事)의 경우는 혹 서로 참여하여 결정하곤 하였다.

2년 후에 배극렴이 해면(解免)되자 조준(趙浚)·김사형(金士衡)이 그 직임을 대신하였고, 또 삼군부의 직무에 장애가 되지 않는다 하여 정도전에게 도평의사의 직무를 겸관(兼管)하도록 하였다. 조준과 정도전이 그 자리를 떠나고 나서는 심덕부(沈德符)·이서(李舒)가 서로 이어 그 일을 관장하였다. 안종원(安宗源)·이이(李怡)·이승원(李承源)·장사정(張思靖)·박위(朴葳)·이거이(李居易)도 차례로 동판사사(同判司事)가 되었고, 이지란(李之蘭)·이온(李溫)·조박(趙璞)·남은(南誾)·전백영(全伯英)·이지(李至)·조온(趙溫)·황거정(黃居正)이 상의평리(商議評理)가 되었는데, 모두가 다른 관직에 있으면서 그 직무를 겸하였다. 그러나 모든 군국 기무(軍國機務)에 관계된 일은 두 재상[二相]이 주장하며 결단하였고 동판사사 이하는 감히 가부(可否)를 말하지 못한 채 자리만 채우고 있을 뿐이었다.

공정대왕(恭靖大王 정종) 때에 도평의사를 고쳐서 의정부(議政府)로 만들었다. 그런데 태종(太宗)이 즉위하자 의정부와 삼군부를 혁파하고 좌정승(左政丞)·우정승(右政丞)을 모두 정1품(正一品)으로, 시랑 찬성사(侍郎贊成事)를 종1품(從一品)으로, 참찬(參贊)을 정2품으로 하여 하륜(河崙)·성석린(成石璘)을 좌정승·우정승에, 이첨(李詹)·정탁(鄭擢)을 찬성(贊成)에, 이내(李來)·권근(權近)을 참찬에 임명하였다.

그로부터 14년 후에 영부사(領府事) 1인과 판부사(判府事) 2인을 모두 정1품으로, 동판부사(同判府事) 2인을 종1품으로 설치하고 참찬지부사(參贊知府事)를 혁파하였다. 얼마 후에 제도를 다시 개정, 영의정(領議政)·좌의정(左議政)·우의정(右議政) 각 1원(一員)을 모두 정1품으로 하여 이서(李舒)·이직(李稷)·조영무(趙英茂)에게 그 직을 임명하였고, 좌찬성(左贊成)·우찬성(右贊成) 각 1원을 모두 종1품으로 하여 박은(朴訔)·한상경(韓尙敬)에게 그 직을 임명하였고, 좌참찬(左參贊)·우참찬(右參贊) 각 1원을 모두 정2품으로 하여 박석명(朴錫命)·유관(柳寬)에게 그 직을 임명하였다.

그리고 의정부의 소속으로 사인(舍人)·검상(檢詳)·사록(司錄) 등의

관직은 모두 한때의 대단한 청선(淸選)이었고, 녹사(錄事)와 도리(都吏)
는 모두 처음 벼슬한 문관(文官)으로 임명하였다. 그렇게 하자 군국(軍
國)의 대정(大政)과 육관(六官)의 서무(庶務)가 모두 의정부(議政府)에 귀
속되고 전장과 제도가 비로소 정해져서 그것이 오늘에 이르고 있다.

그리하여 삼공(三公)이 묘당(廟堂)에 앉아 있으면 육조(六曹)의 관속
(官屬)들이 각기 소임(所任)을 가지고 조방(朝房)에 모여서 처리하였고,
무릇 계하 공사(啓下公事)[1]를 만나면 사인(舍人) 이하의 관원들이 각기
소임을 분담, 평리(評理)하여 재상의 결재를 받은 다음에야 해당관(該
當官)이 그 일을 과감하게 시행하였으니, 그 직무를 맡겨서 완수하기
를 책임 지우는 일의 중대함을 대강 상상할 수 있겠다.

세조(世祖)가 즉위하여 육조(六曹)가 의정부에 가서 사건 결정하는
일을 혁파하고 대정(大政)만 의정부에 귀속시켰다. 그리고 사록(司錄)
을 사관(四館)의 겸관(兼官)으로 삼고 녹사(錄事) 이하는 구례(舊例)에
비추어 제수하니, 정부(政府)의 권한이 이로부터 약간 가벼워졌다.

나는 오랫동안 계속된 태평성대의 말엽에 태어나, 젊었을 적에 조
종조(祖宗朝) 때 어진 사대부들의 행적을 사모하고 좋아한 나머지 동부
(東府)[2]의 서고(書庫)에서 삼공(三公)의 전임안(前任案)을 가져다가 한번
눈여겨 보았다. 그러나 당시에 내가 방종하여 그것을 초록(抄錄)해 두
지 못하고 다만 마음속에 기억만 하고 있을 뿐이었다. 그런데 난리를
겪은 이후로 전적(典籍)이 모두 없어져서 이에 관한 것을 찬술(撰述)하
려 해도 참고할 만한 것이 없었다.

지난번 이오성(李鰲城)[3] 정승을 모시고 있을 때에 이 일이 언급되었

---

1 계하 공사(啓下公事)는 임금의 재가를 받은 공문서이다.
2 동부(東府)는 상서성(尙書省)의 이칭이다.

으므로, 지금 기억하고 있는 대신(大臣)의 성씨(姓氏)를 기록하여 바치고 즉시 각년(各年)의 등과기(登科記)를 가져다가 그 집정자(執政者)를 초록(抄錄)하되, 무관(武官)이나 음관(蔭官)으로 시작하여 대신(大臣)이 된 사람들로서 가끔 기억할 만한 사람 또한 차례에 따라 적어 넣었다. 또 구상(舊相) 윤해원(尹海原)⁴에게서 이른바 「국조대신고(國朝大臣考)」라는 책자를 얻어 고사(故事)를 널리 상고하고, 거기에 내가 듣고 본 바를 가지고 정정(訂正)한 다음 연차(年次)를 편성(編成)하여 구안(舊案)의 잘못된 점을 보완하였다.

국초(國初)에는 판평의(判評議)가 국정(國政)을 도맡았고 동판(同判) 이하는 정사의 권한을 행사하는 데는 참여하지 못하였으므로 판사(判事)만을 기록하였다. 또 문하성(門下省)과 의정부(議政府)에도 역시 정승(政丞)과 영사(領事)만을 기록하였으며, 그 좌이관(左貳官)에 대해서는 언급하지 않았다.

종실(宗室) 가운데 재상이 된 사람은 이준(李浚) 한 사람뿐이고, 음관(蔭官)으로 재상이 된 사람은 신수근(愼守勤) 한 사람뿐이며, 무신(武臣)으로 재상이 된 사람은 박원종(朴元宗) 한 사람뿐이다. 그 후로는 모두 문관(文官)으로 재상을 삼았는 바, 통틀어 재상 1백 56인을 가지고 국초(國初) 이후 대신 연표(大臣年表)를 만들었다.

만력(萬曆) 29년(1601) 1월 일에 예조 정랑(禮曹正郎) 허균(許筠)은 서(序)한다.

3　1597년에 오성군(鰲城君)으로, 1599년에 오성부원군(鰲城府院君)으로 봉군된 이항복(李恒福)을 가리킨다. 허균이 이 글을 쓴던 1601년 1월에 영의정이었다.
4　1589년에 해원군(海原君)으로, 1595년에 해원부원군(海原府院君)으로 봉군된 윤두수(尹斗壽)를 가리킨다. 1599년에 영의정에서 물러났으므로 구상(舊相)이라고 한 것이다.

국조상신고(國朝相臣考)

태조조(太祖朝) 재위(在位) 7년.

4인. 임신년(1392) 7월 16일부터 무인년(1398) 9월까지

좌시중(左侍中) 배극렴(裵克廉)

을축년(1325)생. 임신년(1392) 68세. 전조(前朝)의 재상이 계속

하다.

성주인(星州人) 68세. 시호는 정절(貞節).

영의정(領議政) 조준(趙浚) 명중(明仲). 공민왕 갑인년(1374) 29세 문과 급제.

병술년(1346)생. 임신년(1392) 47세 배수(拜受).

평양인(平壤人) 60세. 시호는 문충(文忠).

좌정승(左政丞) 김사형(金士衡) 평보(平甫). 급제하지 못했다.

신사년(1341)생. 임신년(1392) 52세 배수.

안동인(安東人) 67세.

좌정승(左政丞) 심덕부(沈德符) 득지(得之).

무진년(1328)생. 정축년(1397) 70세 배수.

청송인(靑松人) 74세. 시호는 정안(定安)

정종조(定宗朝) 재위 2년.

5인. 무인년(1398) 9월부터 경신(1400) 11월까지

영의정(領議政) 성석린(成石璘) 자수(子修). 공민왕 정유년(1357) 20세 문과 급제. 무인년(1338)생. 기묘년(1399) 62세 배수.
창녕인(昌寧人) 궤장(几杖)을 하사받음. 86세. 호는 고석(獨石) 시호는 문경(文景).

영의정(領議政) 이서(李舒) 양백(陽伯). 공민왕 정유년(1357) 26세 문과 급제. 임신년(1332)생. 경진년(1400) 69세 배수.
홍주인(洪州人) 치사(致仕). 79세. 시호는 당옹(戇翁).

좌정승(左政丞) 민제(閔霽) 중회(仲晦). 공민왕 정유년(1357) 19세 문과 급제. 기묘년(1339)생. 경진년(1400) 62세 배수.
여흥인(驪興人) 70세. 호는 어은(漁隱) 시호는 문도(文度).

영의정(領議政) 하륜(河崙) 대림(大臨). 공민왕 을사년(1365) 19세 문과 급제. 정해년(1347)생. 경진년(1400) 54세 배수.
진주인(晉州人) 70세. 호는 호정(浩亭) 시호는 문충(文忠).

영의정(領議政) 이거이(李居易) 낙천(樂天). 급제하지 못했다. 무자년(1348)생. 경진년(1400) 53세 배수.
청주인(淸州人). 호는 청허당(淸虛堂).

태종조(太宗朝) 재위 18년.

11인. 경진년(1400) 11월부터 무술년(1418) 8월까지

우의정(右議政) **이무**(李茂) 돈부(敦夫). 급제하지 못했다.

　　　　　을미년(1355)생. 신사년(1401) 47세 배수.

단양인(丹陽人) 55세에 주살(誅殺)됨.

좌의정(左議政) **권중화**(權仲和) 용부(庸夫). 급제하지 못했다.

　　　　　임술년(1322)생. 갑신년(1404) 83세 배수.

안동인(安東人) 치사. 87세.

영의정(領議政) **이직**(李稷) 우정(虞庭). 신우왕 정사년(1377) 16세 문과 급제.

　　　　　임인년(1362)생. 을유년(1405) 44세 배수.

성주인(星州人) 70세. 호는 형재(亨齋) 시호는 충경(忠景).

우의정(右議政) **조영무**(趙英茂) 훈(勳).[1]

　　　　　을유년(1405) 배수.

한양인(漢陽人).

영의정(領議政) **남재**(南在) 경지(敬之).

　　　　　신묘년(1351)생. 갑오년(1414) 64세 배수.

의녕인(宜寧人) 69세. 호는 구정(龜亭) 시호는 충경(忠景).

우의정(右議政) **유량**(柳亮) 명중(明仲).

　　　　　을미년(1355)생. 을미년(1415) 61세 배수.

문화인(文化人) 62세.

1　조영무는 개국공신 3등, 정사공신 1등, 좌명공신 1등에 책록되고, 1408년에 부원군에
　진봉되었다.

영의정(領議政) **유정현**(柳廷顯) 여명(汝明).

　　　　　　을미년(1355)생. 병신년(1416) 62세 배수.

유량(柳亮)의 재종숙(再從叔) 72세. 호는 정숙(貞肅).

좌의정(左議政) **박은**(朴訔) 앙지(仰止).

　　　　　　경술년(1370)생. 병신년(1416) 47세 배수.

반남인 53세. 호는 조은(釣隱) 시호는 평도(平度).

영의정(領議政) **한상경**(韓尙敬) 숙경(叔敬).

　　　　　　경자년(1360)생. 병신년(1416) 57세 배수.

청주인(淸州人) 64세. 호는 신재(信齋) 시호는 문간(文簡).

영의정(領議政) **심온**(沈溫) 중옥(仲玉). 훈(勳).

　　　　　　을묘년(1375)생. 무술년(1418) 44세 배수.

심덕부(沈德符)의 아들. 44세에 피화(被禍).[2] 시호는 안효(安孝).

우의정(右議政) **강서**(姜筮)

　　　　　　무술년(1418) 배수.[3]

진주인(晉州人)

2　피화(被禍)는 화(禍)를 당했다는 뜻이다. 사위인 세종이 즉위하면서 영의정이 되었지
　만, 동생이 상왕 태종의 병권장악을 비난한 것이 화근이 되어, 명나라에 사은사로 갔다
　가 귀국 도중에 의주에서 체포되어 수원으로 압송, 사사되었다.

3　무술년(1418)에 배수하였다고 했지만, 관직이 없다. 『세종실록』 6년 갑진년(1424) 10월
　19일 기사에 졸기(卒記)가 실려 있는데, 생년이 확실치 않아 죽은 나이도 쓰지 않았다.
　그 앞에 『태종실록』 16년(1416) 6월 24일 기사에 "강서(姜筮)를 찬성(贊成)으로 치사하
　게 하였다."고 했는데, 좌의정이 된 기록은 보이지 않는다. 아마도 가직(假職)인 듯하다.

세종조(世宗朝) 재위 32년.

15인. 무술년(1418) 8월부터 경오년(1450) 2월 17일까지

좌의정(左議政) 이원(李原) 차산(次山). 신우왕 을축년(1385) 18세 문과 급제.

무신년(1368)생. 무술년(1418) 51세 배수.

고성인(固城人) 62세. 호는 용헌(容軒).

우의정(右議政) 정탁(鄭擢) 여괴(汝魁).

임인년(1362)생. 신축년(1421) 60세 배수.

청주인(淸州人) 62세. 호는 춘곡(春谷).

우의정(右議政) 유관(柳寬) 경부(敬夫). 공민왕 신해년(1371) 26세 문과 급제.

병술년(1346)생. 갑진년(1424) 79세 배수.

문화인(文化人) 치사(致仕). 88세. 호는 하정(夏亭).

우의정(右議政) 조연(趙涓) 여정(汝靜).

갑인년(1374)생. 병오년(1426) 53세 배수.

조영무(趙英茂)의 삼종손(三從孫) 56세.

우의정(右議政) 황희(黃喜) 구부(懼夫). 공양왕 기사년(1389) 27세 문과 급제.

계묘년(1363)생. 병오년(1426) 64세 배수.

장수인(長水人) 기복(起復)[4] 치사. 90세. 호는 방촌(厖村) 시호는 익성(翼成).

좌의정(左議政) 맹사성(孟思誠) 성지(誠之). 신우왕 병인년(1386) 27세 문과 장원.

---

4 기복(起復)은 기복출사(起復出仕)의 준말로 상중에 있는 관리를 상이 끝나기 전에 기용
하는 것을 말한다.

경자년(1360)생. 정미년(1427) 68세 배수.

신창인(新昌人) 72세. 시호는 문정(文貞).

좌의정(左議政) **권진**(權軫) 희정(希正). 신우왕 정사년(1377) 21세 문과 급제.

정유년(1357)생. 신해년(1431) 75세 배수.

안동인(安東人) 79세.

좌의정(左議政) **최윤덕**(崔潤德)

계축년(1433) 배수(拜受).[5]

우의정(右議政) **노한**(盧閈) 유린(有隣).

병진년(1376)생. 을묘년(1435) 60세 배수.

교하인(交河人) 68세. 호는 경암(敬庵) 시호는 문경(文敬).

좌의정(左議政) **허조**(許稠) 중통(仲通). 공양왕 경오년(1390) 22세 문과 급제.

기유년(1369)생. 무오년(1438) 70세 배수.

하양인(河陽人) 궤장을 하사받음. 71세. 호는 경암(敬菴) 시호는 문경(文敬).

좌의정(左議政) **신개**(申槩) 자격(子格). 태조 계유년(1393) 20세 문과 급제.

갑인년(1374)생. 기미년(1439) 66세 배수.

평산인(平山人) 궤장을 하사받음. 73세. 호는 인재(寅齋) 시호는 문희(文僖).

좌의정(左議政) **이귀령**(李貴齡)

병술년(1346)생. 을축년(1445) 40세 배수.

---

5 1376년에 태어나 1445년에 사망했는데, 58세 되던 1433년에 무인(武人)으로 특별히
   우의정에 임명되고, 1435년에 좌의정으로 승진하였다.

연안인(廷安人) 94세.

영의정(領議政) 하연(河演) 연량(淵亮). 태조 계유년(1393) 18세 문과 급제.
병진년(1376)생. 을축년(1445) 70세 배수.
진주인(晉州人) 궤장을 하사받음. 78세. 호는 경재(敬齋) 시호는 문효(文孝).

영의정(領議政) 황보인(皇甫仁) 태종(太宗) 갑오년(1414) 문과 급제.
정묘년(1447) 배수.
영천인(永川人) 계유년(1453) 피화(被禍). 시호는 충정(忠定).

좌의정(左議政) 남지(南智)
경인년(1410)생. 기사년(1449) 40세 배수.
남재(南在)의 손자. 시호는 충간(忠簡).

문종조(文宗朝) 재위 2년.
2인. 경오년(1450) 2월부터 임신년(1452) 5월 14일까지

좌의정(左議政) 김종서(金宗瑞) 태종(太宗) 을유년(1405) 16세 문과 급제.
경오년(1390)생. 신미년(1451) 62세 배수.
순천인(順天人) 64세 피화(被禍). 호는 절재(節齋) 시호는 충익(忠翼).

우의정(右議政) 정분(鄭苯) 자유(子㽕). 태종(太宗) 병신년(1416) 문과 급제.
임신년(1452) 배수.
진주인(晉州人) 계유년(1453) 사사(賜死)됨. 시호는 충장(忠壯).

단종조(端宗朝) 재위 2년.

　　　　　3인. 임신년(1452) 5월부터 을해 윤년(1455) 6월 10일까지

영의정(領議政) 세조대왕(世祖大王)

　　　　　계유년(1453)생.

영의정(領議政) 정인지(鄭麟趾) 백저(伯雎). 태종 갑오년(1414) 19세 문과 장원.

　　　　　병자년(1396)생. 계유년(1453) 58세 배수.

하동인(河東人) 83세. 호는 학역재(學易齋).

좌의정(左議政) 한확(韓確) 자유(子柔).

　　　　　경진년(1400)생. 계유년(1453) 54세 배수.

한상경(韓尙敬)의 삼종자(三從子) 57세.

세조조(世祖朝) 재위 14년.

　　　　　17인. 을해 윤년(1455) 6월부터 무자년(1468) 9월 초 7일까지

좌의정(左議政) 이사철(李思哲) 성지(誠之). 세종 임자년(1432) 28세 문과 급제.

　　　　　을유년(1405)생. 을해년(1455) 51세 배수.

전주인(全州人) 52세. 시호는 문안(文安).

영의정(領議政) 정창손(鄭昌孫) 효중(孝仲). 세종 병오년(1426) 25세 문과 급제.

　　　　　임오년(1402)생. 병자년(1456) 55세 배수.

동래인(東萊人) 기복(起復)[6]. 86세. 시호는 충정(忠貞).

영의정(領議政) 강맹경(姜孟卿) 자장(子章). 세종 기유년(1429) 20세 문과 급제.

경인년(1410)생. 정축년(1457) 48세 배수.

강서(姜筮)의 재종자(再從子) 51세. 시호는 문경(文景).

영의정(領議政) 신숙주(申叔舟) 범옹(泛翁). 세종 기미년(1439) 23세 문과 급제.

정유년(1417)생. 정축년(1457) 41세 배수.

고령인(高靈人) 59세. 호는 보한(保閑) 시호는 문충(文忠).

좌의정(左議政) 권람(權擥) 정경(正卿). 세종 경오년(1450) 35세 문과 장원.

병신년(1416)생. 기묘년(1459) 44세 배수.

안동인 50세. 호는 소한당(所閒堂) 시호는 익평(翼平).

영의정(領議政) 한명회(韓明澮) 자준(子濬).

을미년(1415)생. 임오년(1462) 48세 배수.

한상경(韓尙敬)의 재종자(再從子) 73세. 시호는 충성(忠成).

영의정(領議政) 구치관(具致寬) 이율(而栗). 세종 갑인년(1434) 29세 문과 급제.

병술년(1406)생. 임오년(1462) 57세 배수.

능성인(綾城人) 65세. 시호는 충렬(忠烈).

우의정(右議政) 이인손(李仁孫) 중윤(仲胤). 태종 정유년(1417) 23세 문과 급제.

을해년(1395)생. 계미년(1463) 69세 배수.

광주인(廣州人) 69세. 시호는 충희(忠僖).

---

6 나라의 일이 있을 때 상중에 있는 대신을 3년상이 지나기 전에 벼슬에 임명하던 제도이
다. 1457년에 좌의정이 되고 이듬해에 모친상을 당하였는데, 세조가 1일간 조회를 정지
하고 부의(賻儀)를 내렸으며, 여묘(廬墓)살이를 하고 있는 그를 기복(起復)시켜 영의정
으로 삼았다.

영의정(領議政) **황수신**(黃守身) 계효(季孝). 훈(勳).

　　　　　　　　정해년(1407)생. 을유년(1465) 59세 배수.

황희(黃喜)의 아들. 61세. 시호는 열성(烈成).

영의정(領議政) **심회**(沈澮) 청보(淸甫). 훈(勳).

　　　　　　　　무술년(1418)생. 병술년(1466) 49세 배수.

심온(沈溫)의 아들. 76세. 시호는 공숙(恭肅).

영의정(領議政) **박원형**(朴元亨) 지구(之衢). 세종 갑인년(1434) 24세 문과 급제.

　　　　　　　　신묘년(1411)생. 병술년(1466) 56세 배수.

죽산인(竹山人) 59세. 호는 만절당(晚節堂) 시호는 문헌(文憲).

영의정(領議政) **조석문**(曹錫文) 순부(順夫). 세종 갑인년(1434) 22세 문과 급제.

　　　　　　　　계사년(1413)생. 정해년(1467) 55세 배수.

창녕인(昌寧人) 65세. 시호는 공간(恭簡).

좌의정(左議政) **홍달손**(洪達孫) 가칙(可則).

　　　　　　　　정해년(1467) 배수.[7]

남양인(南陽人). 시호는 안무(安武).

영의정(領議政) **최항**(崔恒) 정보(貞父). 세종 갑인년(1434) 26세 문과 장원.

　　　　　　　　정해년(1467) 58세 배수.

삭녕인(朔寧人) 66세. 호는 태허정(太虛亭) 시호는 문정(文靖).

7　홍달손은 1415년에 태어나 무과에 급제하고, 계유정난에 참여하여 정난공신 1등에 책록
　되었다. 53세에 좌의정에 오르고, 1472년에 58세로 세상을 떠났다.

영의정(領議政) 구성군 준(龜城君浚) 자준(子濬).

무자년(1468) 28세 배수.

세조대왕의 조카. 30세 피화(被禍).[8] 임영대군(臨瀛大君) 구(璆)의 아들.

영의정(領議政) 강순(康純) 태초(太初).

무자년(1468) 79세 배수.

79세[9] 피화(被禍).[10] 묘경인(廟庚寅).[11]

좌의정(左議政) 김질(金礩) 가안(可安). 세종 경오년(1450) 29세 문과 급제.

무자년(1468) 47세 배수.

김사형(金士衡)의 증손자. 57세. 호는 쌍곡(雙谷) 시호는 문정(文靖).

예종조(睿宗朝) 재위 1년.

3인. 무자년(1468) 9월부터 기축년(1469) 11월 28일까지

영의정(領議政) 홍윤성(洪允成) 수옹(守翁). 세종 경오년(1450) 26세 문과 급제.

을사년(1425)생. 기축년(1469) 45세 배수.

회인인(懷仁人) 51세. 시호는 위평(威平).

---

8 경인년(1470)에 성종을 몰아내려 한다는 정인지(鄭麟趾) 등의 탄핵으로 인해 영해(寧 海)에 안치되어 배소(配所)에서 죽었다가 이후 숙종 때 신원(伸冤)되었다.

9 강순은 경오년(1390)생이며, 영의정이 된 무자년(1468)에 사형되었다. 그러므로 원문에 는 80세로 되어있으나, 79세로 수정하였다.

10 무자년(1468)에 우의정을 거쳐 영의정에 올랐으나, 유자광(柳子光)의 무고로 인해 사형 당했다.

11 무인년(1818)에 우의정 남공철이 영의정 강순과 병조판서 남이가 억울하게 죽은 것을 아뢰어 억울한 죄를 신설(伸雪)하고 관작을 회복시켜 주었는데, 허균 이후의 일이다. 강순이 죽은 이듬해가 경인년인데, 특별한 일이 없었다.

영의정(領議政) 윤자운(尹子雲) 지망(之望). 세종 갑자년(1444) 28세 문과 급제.
　　　　　　을사년(1417)생. 기축년(1469) 53세 배수.
무송인(茂松人) 62세. 호는 낙한재(樂閑齋) 시호는 문헌(文憲).

좌의정(左議政) 김국광(金國光) 관경(觀卿). 세종 신유년(1441) 26세 문과 급제.
　　　　　　병신년(1416)생. 기축년(1469) 54세 배수.
광주인(光州人) 63세. 시호는 정정(貞靖).

성종조(成宗朝) 재위 25년.
　　　　　　11인. 기축년(1469)부터 갑인년(1494) 12월 24일까지

우의정(右議政) 윤사분(尹士昐)
　　　　　　경인년(1470) 배수[12].
파평인(坡平人). 시호는 이정(夷靖).

우의정(右議政) 한백륜(韓伯倫) 자후(子厚).
　　　　　　정미년(1427)생. 경인년(1470) 44세 배수.
한확(韓確)의 재종손(再從孫) 48세. 시호는 문정(文貞).

우의정(右議政) 성봉조(成奉祖) 유행(攸行).
　　　　　　임진년(1472) 배수.
성석린(成石璘)의 종손(從孫). 64세.

12　윤사분은 1401년에 태어나서 문음(門蔭)으로 관직을 시작하였으며, 1468년에 예종이
　　즉위하자 12월에 우의정에 오르고, 1470년에 영돈녕부사가 되었다.

좌의정(左議政) 윤사흔(尹士昕) 필보(弼甫).

　　　　　　임인년(1422)생. 을미년(1475) 54세 배수.

윤사분(尹士昐)의 아우. 64세.

영의정(領議政) 윤필상(尹弼商) 탕좌(湯佐). 세종 경오년(1450) 24세 문과 급제.

　　　　　　정미년(1427)생. 무술년(1478) 52세 배수.

윤사흔(尹士昕)의 삼종손(三從孫) 78세 피화(被禍).

좌의정(左議政) 홍응(洪應) 응지(應之). 문종 신미년(1451) 24세 문과 장원.

　　　　　　무신년(1428)생. 기해년(1479) 52세 배수.

남양인(南陽人) 65세. 호는 휴휴당(休休堂) 시호는 충정(忠貞).

영의정(領議政) 이극배(李克培) 겸보(謙甫). 세종 정묘년(1447) 24세 문과 급제.

　　　　　　임인년(1422)생. 을사년(1485) 64세 배수.

이인(李仁)의 손자. 74세. 시호는 익평(翼平).

영의정(領議政) 노사신(盧思愼) 자반(子胖). 단종 계유년(1453) 27세 문과 급제.

　　　　　　정미년(1427)생. 정미년(1487) 61세 배수.

노한(盧閈)의 손자. 궤장을 하사받음. 72세. 호는 보진재(葆眞齋) 시호는 문광
　　　　　　(文匡).

우의정(右議政) 허종(許琮) 종경(宗卿). 세조 정축년(1457) 24세 문과 급제.

　　　　　　갑인년(1434)생. 임자년(1492) 59세 배수.

양천인(陽川人) 61세. 호는 상우당(尙友堂) 시호는 충정(忠貞).

우의정(右議政) 윤호(尹壕) 숙보(叔保). 성종 임진년(1472) 49세 문과 급제.

　　　　　　갑진년(1424)생. 갑인년(1494) 70세 배수.

윤사흔(尹士昕)의 재종자(再從子) 71세.

영의정(領議政) 신승선(愼承善) 자계(子繼). 세조 병술년(1466) 31세 문과 장원.
병진년(1436)생. 갑인년(1494) 59세 배수.
거창인(居昌人) 67세. 시호는 장성(章成).

연산조(燕山朝) 재위 11년. 11인.

좌의정(左議政) 정괄(鄭佸) 군회(君會).[13] 세조 을유년(1465) 31세 문과 급제.
을묘년(1435)생. 을묘년(1495) 61세 배수.
정창손(鄭昌孫)의 아들. 62세. 시호는 공숙(恭肅).

좌의정(左議政) 어세겸(魚世謙) 자익(子益). 세조 병자년(1456) 27세 문과 급제.
경술년(1430)생. 을묘년(1495) 66세 배수.
함종인(咸從人) 궤장을 하사받음. 71세. 시호는 양혜(襄惠).

영의정(領議政) 한치형(韓致亨) 형지(亨之). 훈(勳).
갑인년(1434)생. 병진년(1496) 63세 배수.
한확(韓確)의 조카. 69세. 시호는 질경(質景).

영의정(領議政) 성준(成俊) 시좌(時佐). 세조 기묘년(1459) 24세 문과 급제.
병진년(1436)생. 무오년(1498) 63세 배수.
성봉조(成奉祖)의 조카. 69세 피화(被禍). 시호는 명숙(明肅).

---

13 원문은 '군회(君會)'로 되어있으나, 정괄(鄭佸)의 잘 알려진 자는 '경회(慶會)'이다.

좌의정(左議政) 이극균(李克均) 방형(邦衡). 세조 병자년(1456) 20세 문과 급제.
정사년(1437)생. 경신년(1500) 64세 배수.
이극배(李克培)의 아우. 68세 피화(被禍).

영의정(領議政) 유순(柳洵) 희명(希明). 세조 임오년(1462) 22세 문과 급제.
신유년(1441)생. 계해년(1503) 63세 배수.
문화인(文化人) 치사(致仕). 77세. 호는 노포당(老圃堂) 시호는 문희(文僖).

좌의정(左議政) 허침(許琛) 헌지(獻之). 성종 을미년(1475) 32세 문과 급제.
갑자년(1444)생. 갑자년(1504)[14] 61세 배수.
허종(許琮)의 아우. 62세. 호는 이헌(頤軒) 시호는 문정(文貞).

좌의정(左議政) 박숭질(朴崇質) 중소(仲素). 세조 병자년(1456) 문과 급제.
갑자년(1504) 배수.
박은(朴訔)의 손자.

우의정(右議政) 강구손(姜龜孫) 용휴(用休). 성종 기해년(1479) 29세에 문과 급제.
신미년(1451)생. 을축년(1505) 55세 배수.
강맹경(姜孟卿)의 재종자(再從子). 아들. 시호는 숙헌(肅憲).

좌의정(左議政) 신수근(愼守勤) 근중(勤仲). 훈(勳).
경오년(1450)생. 병인년(1506) 57세 배수.
신승선(愼承善)의 아들. 57세에 주살(誅殺)됨. 시호는 신도(信度).

영의정(領議政) 김수동(金壽童) 미수(眉叟). 성종 정유년(1477) 21세에 문과 급제.

---

14 원문은 '갑오'로 되어있으나, '갑자'로 수정하였음.

정축년(1457)생. 병인년(1506) 50세 배수.

김질(金礩)의 조카. 56세. 시호는 문경(文敬).

중종조(中宗朝) 재위 39년.

23인. 병인년(1506) 9월 2일부터 갑진년(1544) 11월 14일까지

영의정(領議政) 박원종(朴元宗) 백윤(伯胤).

정해년(1467)생. 병인년(1506) 40세 배수.

순천인(順天人) 44세. 시호는 충렬(忠烈).

영의정(領議政) 유순정(柳順汀) 지옹(智翁). 성종 정미년(1487) 29세 문과 장원.

기묘년(1459)생. 정묘년(1507) 49세 배수.

진주인(晉州人) 54세. 시호는 문정(文定).

영의정(領議政) 성희안(成希顔) 우옹(愚翁). 성종 을사년(1485) 25세 문과 급제.

신사년(1461)생. 기사년(1509) 49세 배수.

창녕인(昌寧人) 53세. 시호는 충정(忠定).

영의정(領議政) 송질(宋軼) 가중(可仲). 성종 정유년(1477) 25세 문과 급제.

계유년(1453)생. 임신년(1512) 60세 배수.

여산인(礪山人) 63세. 시호는 숙정(肅靖).

영의정(領議政) 정광필(鄭光弼) 사훈(士勛). 성종 임자년(1492) 31세 문과 급제.

임오년(1462)생. 계유년(1513) 52세. 우찬성(右贊成) 겸 함감(咸監)[15] 배수.

동래인(東萊人) 궤장을 하사받음. 77세. 호는 수부(守夫) 시호는 문익(文翼).

좌의정(左議政) 김응기(金應箕) 백춘(伯春). 성종 정유년(1477) 23세 문과 장원.
을해년(1455)생. 계유년(1513) 58세 배수.
선산인(善山人) 65세. 호는 병암(屛菴) 시호는 문대(文戴).

좌의정(左議政) 신용개(申用漑) 개지(漑之). 성종 무신년(1488) 26세 문과 급제.
계미년(1463)생. 병자년(1516) 54세 배수.
신숙주(申叔舟)의 손자. 57세. 호는 이요정(二樂亭) 시호는 문경(文景).

좌의정(左議政) 안당(安瑭) 언보(彦寶). 성종 신축년(1481) 21세 문과 급제.
신사년(1461)생. 무인년(1518) 58세 배수.
순흥인(順興人) 61세 피화(被禍). 시호는 정민(貞愍).

영의정(領議政) 김전(金詮) 중륜(仲倫). 성종 기유년(1489) 32세 문과 장원.
무인년(1458)생. 기묘년[16](1519) 62세 배수.
정안인(廷安人) 68세. 호는 나헌(懶軒) 시호는 충정(忠貞).

영의정(領議政) 남곤(南袞) 사화(士華). 성종 갑인년(1494) 24세 문과 급제.
신묘년(1471)생. 기묘년(1519) 49세 배수.
남재(南在)의 재종손(再從孫) 57세. 호는 지정(止亭) 시호는 문경(文景).

좌의정(左議政) 이유청(李惟淸) 직재(直哉). 성종 병오년(1486) 28세 문과 급제.
기묘년(1459)생. 기묘년(1519) 61세 배수.

---

15 함감(咸監)은 함경도(咸鏡道) 관찰사(觀察使)를 뜻한다. 임신년(1512)에 함경도 관찰
사가 되었으며, 그 이듬해 우의정(右議政)과 좌의정(左議政)을 거쳐 영의정(領議政)에
올랐다.

16 원문은 '기유'로 되어있으나, '기묘'로 수정하였음.

한산인(韓山人) 73세. 시호는 공편(恭編).

우의정(右議政) 권균(權鈞) 정경(正卿). 성종 신해년(1491) 28세 문과 급제.
갑신년(1464)생. 계미년(1523) 60세 배수.
안동인(安東人) 63세. 시호는 충성(忠成).

좌의정(左議政) 심정(沈貞) 정지(貞之). 연산 임술년(1502) 문과 급제.
정해년(1527) 배수.
풍산인(豊山人) 신묘년(1531) 죄사(罪死). 호는 소요정(逍遙亭).

좌의정(左議政) 이행(李荇) 택지(擇之). 연산 을묘년(1495) 18세 문과 급제.
무술년(1478)생. 정해년(1527) 50세 배수.
덕수인(德水人) 57세. 호는 용재(容齋) 시호는 문헌(文憲).

영의정(領議政) 장순손(張順孫) 자활(子活). 성종 을사년(1485) 33세 문과 급제.
계유년(1453)생. 경인년(1530) 78세 배수.
인동인(仁同人) 82세. 시호는 문숙(文肅).

영의정(領議政) 한효원(韓效元) 원지(元之). 연산 신유년(1501) 34세 문과 급제.
무자년(1468)생. 신묘년(1531) 64세 배수.
한상경(韓尙敬)의 재종손(再從孫) 67세. 시호는 장성(章成).

영의정(領議政) 김근사(金謹思) 명통(明通). 성종 갑인년(1494) 문과 급제.
계사년(1533) 배수.
김전(金詮)의 삼종자(三從子). 정유년(1537)에 찬사(竄死).[17]

좌의정(左議政) 김안로(金安老) 이숙(頤叔). 연산 병인년(1506) 26세 문과 장원.

　　　　　신축년(1481)생. 갑오년(1534) 54세 배수.

김전(金詮)의 조카. 57세에 죄사(罪死)함. 호는 희락당(希樂堂).

영의정(領議政) 윤은보(尹殷輔) 상경(商卿). 성종 갑인년(1494) 27세에 문과 급제.

　　　　　무자년(1468)생. 을미년(1535) 68세 배수.

해평인(海平人) 77세. 시호는 정성(靖成).

좌의정(左議政) 유부(柳溥) 언박(彦博). 연산(燕山) 신유년(1501) 문과 급제.

　　　　　정유년(1537) 배수.

유순정(柳順汀)의 조카.

영의정(領議政) 홍언필(洪彦弼) 자미(子美). 중종 정묘년(1507) 32세 문과 급제.

　　　　　병신년(1476)생. 정유년(1537) 62세 배수.

남양인(南陽人) 궤장을 하사받음. 74세. 호는 묵재(默齋) 시호는 문희(文僖).

우의정(右議政) 김극성(金克成) 성지(成之). 연산 무오년(1498) 25세 문과 장원.

　　　　　갑오년(1474)생. 정유년(1537) 64세 배수.

광주인(光州人) 67세. 호는 청라(靑蘿) 시호는 충정(忠貞).

영의정 윤인경(尹仁鏡) 경지(鏡之). 연산(燕山) 병인년(1506) 31세 문과 급제.

　　　　　병신년(1476)생. 경자년(1540) 65세 배수.

파평인(坡平人) 궤장을 하사받음. 73세. 시호는 성정(成靖).

---

17 찬사(竄死)는 배소(配所)에서 죽었음을 뜻한다. 김근사는 정유년(1537)년에 김안로(金
安老)가 실각되면서 파직을 당하였는데, 이때 하동(河東)으로 유배되었다가 죽었다.

인종조(仁宗朝) 재위 겨우 8월.

> 2인. 갑진년(1544) 11월부터 을사년(1545) 7월 삭일까지

우의정(右議政) 유관(柳灌) 관지(灌之). 중종(中宗) 정묘년(1507) 24세 문과 급제.

> 갑진년(1484)생. 을사년(1545) 62세 숭정(崇政) 평감(平監) 배수.

유량(柳亮)의 5대손 62세 피화(被禍). 호는 송암(松庵) 시호는 충숙(忠肅).

좌의정(左議政) 성세창(成世昌) 번중(蕃仲). 중종 정묘년(1507) 27세 문과 급제.

> 신축년(1481)생. 을사년(1545) 65세 배수.

성준(成俊)의 재종자(再從子) 68세. 호는 돈재(遯齋) 시호는 문장(文莊).

명종조(明宗朝) 재위 22년.

> 12인. 을사년(1545) 7월부터 정묘년(1567) 6월 28일까지

영의정(領議政) 이기(李芑) 문중(文仲). 연산(燕山) 신유년(1501) 26세 문과 급제.

> 병신년(1476)생. 을사년(1545) 70세 배수.

이행(李荇)의 형(兄) 78세.

우의정(右議政) 정순붕(鄭順朋) 이령(耳齡). 연산 갑자년(1504) 21세 문과 급제.

> 갑진년(1484)생. 을사년(1545) 62세 배수.

온양인(溫陽人) 65세.

좌의정(左議政) 황헌(黃憲) 언규(彦規). 중종(中宗) 신사년 20세 문과 급제.

> 임술년(1502)생. 무신년(1548) 47세 배수.

우주인(紆州人) 73세.

영의정(領議政) **심연원**(沈連源) 맹용(孟容). 중종 임오년(1522) 32세 문과 급제.
신해년(1491)생. 무신년(1548) 58세 배수.
심회(沈澮)의 증손자. 68세. 호는 보암(保庵) 시호는 충혜(忠惠).

영의정(領議政) **상진**(尙震) 기부(起夫). 중종(中宗) 기묘년(1519) 27세 문과 급제.
계축년(1493)생. 기유년(1549) 57세 배수.
목천인(木天人) 궤장을 하사받음. 72세. 호는 허옹(虛翁) 시호는 성안(成安).

좌의정(左議政) **윤개**(尹漑) 여옥(汝沃). 중종(中宗) 병자년(1516) 23세 문과 급제.
갑인년(1494)생. 신해년(1551) 58세 배수.
윤사분(尹士昐)의 재종증손(再從曾孫). 궤장을 하사받음. 73세. 호는 회재
(晦齋).

영의정(領議政) **윤원형**(尹元衡) 언평(彦平). 중종 계사년(1533) 문과 급제.
무오년(1558) 배수.
윤사흔(尹士昕)의 현손(玄孫). 을축년(1505)에 자살(自殺)함.

좌의정(左議政) **안현**(安玹) 중진(仲珍). 중종(中宗) 신사년(1521) 21세 문과 급제.
신유년(1501)생. 무오년(1558) 58세 배수.
안당(安瑭)의 재종손(再從孫) 60세. 시호는 문희(文僖).

영의정(領議政) **이준경**(李浚慶) 원길(原吉). 중종 신묘년(1531) 33세 문과 급제.
기미년(1499)생. 무오년(1558) 60세 배수.
이인손(李仁孫)의 현손(玄孫) 74세. 호는 동고(東皐) 시호는 충정(忠正).

좌의정(左議政) **심통원**(沈通源) 사용(士容). 중종 정유년(1537) 문과 장원.
경신년(1560) 배수.

심연원(沈連源)의 아우.

좌의정(左議政) 이명(李蓂) 요서(堯瑞). 중종 무자년(1528) 33세 문과 급제.
　　　　　　병진년(1496)생. 갑자년(1564) 69세 배수.
예안인(禮安人) 궤장을 하사받음. 77세.

영의정(領議政) 권철(權轍) 경유(景由). 중종 갑오년(1534) 32세 문과 급제.
　　　　　　계해년(1503)생. 병인년(1566) 64세 어비(御批)로 특배(特拜)됨.
권람(權擥)의 재종손(再從孫) 궤장을 하사받음. 76세. 시호는 강정(康定).

선조조(宣祖朝) 재위 41년.
　　　　　　32인. 정묘년(1567) 7월부터 무신년(1608) 2월 삭일까지

우의정(右議政) 민기(閔箕) 경열(景說). 중종 기해년(1539) 36세 문과 급제.
　　　　　　갑자년(1504)생. 정묘년(1567) 64세 배수.
여흥인(驪興人) 65세. 호는 관물재(觀物齋) 시호는 문경(文景).

영의정(領議政) 홍섬(洪暹) 퇴지(退之). 중종 신묘년(1531) 28세 문과 급제.
　　　　　　갑자년(1504)생. 무진년(1568) 65세 배수.
홍언필(洪彦弼)의 아들. 궤장을 하사받음. 82세. 호는 인재(忍齋) 시호는 경헌
　　　　　　(景憲).

영의정(領議政) 이탁(李鐸) 선명(善鳴). 중종 을미년(1535) 27세 문과 급제.
　　　　　　기사년(1509)생. 신미년(1571) 63세 배수.
전의인(全義人) 68세. 시호는 정숙(貞肅).

영의정(領議政) 박순(朴淳) 화숙(和叔). 명종 계축년(1553) 31세 문과 장원.
계미년(1523)생. 임신년(1572) 50세 배수.
충주인(忠州人) 67세. 호는 사암(思菴) 시호는 문충(文忠).

영의정(領議政) 노수신(盧守愼) 과회(寡晦). 중종 계묘년(1543) 29세 문과 장원.
을해년(1515)생. 계유년(1573) 59세 배수.
광주인(光州人) 궤장을 하사받음. 76세. 호는 소재(蘇齋) 시호는 문간(文簡).

우의정(右議政) 강사상(姜士尙) 상지(尙之). 명종 병오년(1546) 28세 문과 급제.
기묘년(1519)생. 무인년(1578) 60세 배수.
진주인(晉州人) 63세. 시호는 정정(貞靖).

좌의정(左議政) 김귀영(金貴榮) 현경(顯卿). 명종 정미년(1547) 28세 문과 급제.
경진년(1520)생. 신사년(1581) 62세 배수.
상주인(尙州人) 74세. 호는 동원(東園).

좌의정(左議政) 정지연(鄭芝衍) 연지(衍之). 선조 기사년(1569) 45세 문과 급제.
을유년(1525)생. 신사년(1581) 57세 배수.
정광필(鄭光弼)의 증손자. 59세. 호는 남봉(南峯).

좌의정(左議政) 정유길(鄭惟吉) 길원(吉元). 중종 무술년(1538) 24세 문과 장원.
을해년(1515)생. 계미년(1583) 69세 배수.
정광필(鄭光弼)의 손자. 궤장을 하사받음. 74세. 호는 임당(林塘).

영의정(領議政) 유전(柳㙉) 극후(克厚). 명종 계축년(1553) 23세 문과 급제.
신묘년(1531)생. 을유년(1585) 55세 배수.
유순(柳洵)의 재종손(再從孫) 59세.

영의정(領議政) 이산해(李山海) 여수(汝受). 명종 신유년(1561) 23세 문과 급제.
　　　　　　기해년(1539)생. 무자년(1588) 50세 배수.
한산인(韓山人) 71세. 호는 아계(鵝溪).

우의정(右議政) 정언신(鄭彦信) 입부(立夫). 명종 병인년(1566) 40세 문과 급제.
　　　　　　정해년(1527)생. 기축년(1589) 63세 배수.
동래인(東萊人) 65세. 호는 나암(懶庵).

좌의정(左議政) 정철(鄭澈) 계함(季涵). 명종 임술년(1562) 27세 문과 장원.
　　　　　　병신년(1536)생. 기축년(1589) 54세 배수.
연일인(延日人) 58세. 호는 송강(松江) 시호는 문청(文淸).

우의정(右議政) 심수경(沈守慶) 희안(希安). 명종 병오년(1546) 31세[18] 문과 급제.
　　　　　　병자년(1516)생. 경인년(1590) 75세 배수.
심정(沈貞)의 손자. 치사(致仕). 84세. 호는 청천(聽天).

영의정(領議政) 유성룡(柳成龍) 이현(而見). 명종 병인년(1566) 25세 문과 급제.
　　　　　　임인년(1542)생. 경인년(1590) 49세 배수.
풍산인(豊山人) 66세. 호는 서애(西厓) 시호는 문충(文忠).

영의정(領議政) 이양원(李陽元) 백춘(伯春). 명종 병진년(1556) 30세 문과 급제.
　　　　　　정해년(1527)생. 신묘년(1591) 65세 배수.
전주인(全州人) 66세. 호는 쌍부(雙阜)[19] 시호는 문헌(文憲).

---

18 원문에는 '21세'로 되어있으나 심수경은 1516년생이며, 1546년에 급제하였으므로 '31세'로 수정하였다.
19 쌍부(雙阜)는 경기도의 옛고을 이름이기도 한데, 이양원이 쌍부를 호로 사용한 예는

영의정(領議政) 최흥원(崔興源) 복초(復初). 선조 무진년(1568) 40세 문과 급제.
기축년(1529)생. 임진년(1592) 64세 배수.
최항(崔恒)의 증손자. 75세. 시호는 충정(忠貞).

영의정(領議政) 윤두수(尹斗壽) 자앙(子仰). 명종 무오년(1558) 26세 문과 급제.
계사년(1533)생. 임진년(1592) 60세 배수.
해평인(海平人) 69세. 호는 오음(梧陰) 시호는 문정(文靖).

좌의정(左議政) 유홍(俞泓) 지숙(止叔). 명종 계축년(1553) 30세 문과 급제.
갑신년(1524)생. 임진년(1592) 69세 배수.
기계인(杞溪人) 71세. 호는 송당(松塘) 시호는 충목(忠穆).

좌의정(左議政) 김응남(金應南) 중숙(重叔). 선조 무진년(1568) 23세 문과 급제.
병오년(1546)생. 갑오년(1594) 49세 우찬성 이판(吏判) 배수.
원주인(原州人) 53세. 호는 두암(斗巖) 시호는 충정(忠靖).

좌의정(左議政) 정탁(鄭琢) 자정(子精). 명종 무오년(1558) 33세 문과 급제.
병술년(1526)생. 을미년(1595) 70세 좌찬성(左贊成) 배수.
청주인(淸州人) 치사(致仕). 80세. 호는 약포(藥圃) 시호는 정간(貞簡).

영의정(領議政) 이원익(李元翼) 공려(公勵). 선조 기사년(1569) 23세 문과 급제.
정미년(1547)생. 을미년(1595) 49세 행 평감(行平監) 배수.
전주인(全州人) 궤장을 하사받음. 88세.
7번 입상(入相). 영의정 5회 배수. 호는 오리(梧里) 시호는 문충(文忠).

보이지 않으며, 묘는 당진에 있다.

영의정(領議政) **이덕형**(李德馨) 명보(明甫). 선조 경진년(1580) 20세 문과 급제.
신유년(1531)생. 무술년[20](1598) 38세 행 이판(行吏判) 배수.
이극균(李克均)의 5대손 53세.
6번 입상(入相). 영의정 5회 배수. 호는 한음(漢陰) 시호는 문익(文翼).

영의정(領議政) **이항복**(李恒福) 자상(子常). 선조 경진년(1580) 25세 문과 급제.
병진년(1556)생. 무술년(1598) 43세 병판(兵判) 배수.
경주인(慶州人) 63세. 8번 입상(入相). 영의정 1회 배수. 호는 백사(白沙), 필운(弼
雲). 시호는 문충(文忠).

좌의정(左議政) **이헌국**(李憲國) 흠재(欽哉). 명종 신해년(1551) 27세 문과 급제.
을유년(1525)생. 기해년(1599) 75세 부원군(府院君) 배수.
전주인(全州人) 68세. 호는 유곡(柳谷).

좌의정(左議政) **김명원**(金命元) 응순(應順). 명종 신유년(1561) 28세 문과 급제.
갑오년(1534)생. 경자년(1600) 67세[21] 행 이판(行吏判) 배수.
경주인(慶州人) 69세. 호는 주은(酒隱) 시호는 충익(忠翼).

영의정(領議政) **윤승훈**(尹承勳) 사술(士述). 선조 계유년(1573) 25세 문과 급제.
기유년(1549)생. 신축년(1601) 53세 병판(兵判) 배수.
윤은보(尹殷輔)의 종손(宗孫) 63세. 호는 청봉(晴峰).

영의정(領議政) **유영경**(柳永慶) 선여(善餘). 선조 임신년(1572) 23세 문과 급제.

---

20 원문에는 '무진'으로 되어있으나, '무술'년으로 수정하였다.
21 원문에는 '57세'로 되어 있지만, 67세이다. 이조판서에 이어서 같은 해에 우의정에 제수
되었다.

경술년(1550)생. 임인년(1602) 53세 이판(吏判) 배수.

전주인(全州人) 59세 피화(被禍). 호는 춘호(春湖).

영의정(領議政) 기자헌(奇自獻) 사정(士靖). 선조 경인년(1590) 29세 문과 급제.

임술년(1562)생. 갑진년(1604) 43세 이판(吏判) 배수.

행주인(幸州人) 63세 흉사(凶死). 호는 만전(晩全).

좌의정(左議政) 심희수(沈喜壽) 백구(伯懼). 선조 임신년(1572) 25세 문과 급제.

무신년(1548)생. 을사년(1605) 58세 좌찬성(左贊成) 배수.

심회(沈澮)의 5대손 75세. 호는 일송(一松) 시호는 문정(文貞).

좌의정(左議政) 허욱(許頊) 공신(公愼). 선조 임신년(1572) 25세 문과 급제.

무신년(1548)생. 병오년(1606) 59세 양릉군(陽陵君) 배수.

허종(許琮)의 현손(玄孫) 71세. 호는 부훤(負暄) 시호는 정목(貞穆).

우의정(右議政) 한응인(韓應寅) 춘류(春柳). 선조 정축년(1577) 24세 문과 급제.

갑인년(1554)생. 병오년(1606) 54세 부원군(府院君) 특배(特拜).

한확(韓確)의 6대손 61세. 호는 백졸(百拙) 시호는 충정(忠靖).

광해조(光海朝) 재위 14년. 7인.

좌의정(左議政) 정인홍(鄭仁弘)

병신년(1536)생. 임자년(1612) 77세 좌찬성에 특복(特卜)됨.

서산인(瑞山人) 88세에 역모(逆謀)로 주살됨.

좌의정(左議政) 정창연(鄭昌衍) 경진(景眞). 선조 기묘년(1579) 28세 문과 급제.

임자년(1552)생. 갑인년(1614) 63세에 이판(吏判) 배수.

정유길(鄭惟吉)의 아들. 85세. 호는 수죽(水竹).

좌의정(左議政) 한효순(韓孝純) 면숙(勉叔). 선조 병자년(1576) 34세 문과 급제.
계묘년(1543)생. 병진년(1616) 74세 이판(吏判) 배수.

한상경(韓尙敬) 6대손 79세.

우의정(右議政) 민몽룡(閔夢龍) 치운(致雲). 선조 갑신년(1584) 35세 문과 급제.
경술년(1550)생. 무오년(1618) 69세 이판(吏判) 배수.

여흥인(驪興人) 69세.

영의정(領議政) 박승종(朴承宗) 효백(孝伯). 선조 병술년(1586) 25세 문과 급제.
임술년(1562)생. 무오년(1618) 57세 전(前) 찬성(贊成) 배수.

밀양인(密陽人) 기복(起復) 72세 자살(自殺). 호는 퇴우당(退憂堂).

좌의정(左議政) 박홍구(朴弘耉) 응소(應邵). 선조 임오년(1582) 31세 문과 급제.
임자년(1552)생. 무오년(1618) 67세 지추(知樞) 배수.

박원형(朴元亨)의 5대손 73세 죄사(罪死).

우의정(右議政) 조정(趙挺) 여호(汝豪). 선조 계미년(1583) 33세 문과 급제.
신해년(1551)생. 기미년(1619) 69세 이판(吏判) 배수.

양주인(楊州人) 79세.

인조조(仁祖朝)[22] 재위 27년.
23인. 계해년(1623) 3월 12일부터 기축년(1649) 5월 8일까지

영의정(領議政) 윤방(尹昉) 가회(可晦). 선조 무자년(1588) 26세 문과 급제.
계해년(1563)생. 계해년(1623) 61세 우참찬(右參贊) 배수.
윤두수(尹斗壽)의 아들. 78세.
4번 입상(入相) 영의정 2회 배수. 호는 치천(稚川) 시호는 문익(文翼).

영의정(領議政) 신흠(申欽) 경숙(敬叔). 선조(宣祖) 병술년(1586) 21세 문과 급제.
병인년(1566)생. 계해년(1623) 58세 이판(吏判) 배수.
평산인(平山人) 63세. 호는 상촌(象村) 시호는 문정(文貞).

영의정(領議政) 오윤겸(吳允謙) 여익(汝益). 선조 정유년(1597) 39세 문과 급제.
기미년(1559)생. 병인년(1626) 68세 지추(知樞) 배수.
해주인(海州人) 78세. 호는 추탄(楸灘) 시호는 충간(忠簡).

영의정(領議政) 김류(金瑬) 관옥(冠玉). 선조 병신년(1596) 26세 문과 급제.
신미년(1571)생. 정묘년(1627) 57세 이판(吏判) 배수.
순천인(順天人) 78세. 7번 입상(入相) 영의정 3회 배수. 호는 북저(北渚) 시호는
문충(文忠).

좌의정(左議政) 이정구(李廷龜) 성징(聖徵). 선조 경인년(1590) 27세 문과 급제.
갑자년(1564)생. 무진년(1628) 65세 좌찬성 겸 병판(兵判) 배수.
연안인(延安人) 72세. 호는 월사(月沙) 시호는 문충(文忠).

좌의정(左議政) 김상용(金尙容) 경택(景擇). 선조 경인년(1590) 30세 문과 급제.
신유년(1561)생. 임신년(1632) 72세 행 사직(行司直) 배수.

---

22 허균이 『태각지』를 처음 편찬한 것은 1601년이고, 그는 1618년에 세상을 떠났다. 그
이후는 후대인이 추가로 기록한 것이다.

안동인(安東人) 77세 절사(節死). 호는 선원(仙源) 시호는 문충(文忠).

영의정(領議政) **홍서봉**(洪瑞鳳) 휘세(輝世). 선조 갑오년(1594) 23세 문과 급제.
임신년(1572)생. 병자년(1636) 65세 예판(禮判) 특배(特拜).
남양인(南陽人) 74세. 7번 입상(入相) 영의정 3회 배수. 호는 학곡(鶴谷) 시호는
문정(文靖).

영의정(領議政) **이홍주**(李弘胄) 백윤(伯胤). 선조 갑오년(1594) 33세 문과 급제.
임술년(1562)생. 병자년(1636) 75세 이판(吏判) 특배(特拜).
전주인(全州人) 77세. 호는 이천(梨川) 시호는 충정(忠貞).

영의정(領議政) **이성구**(李聖求) 자이(子異). 명종 무신년(1548) 25세 문과 급제.
갑신년(1584)생. 정축년(1637) 54세 병판(兵判) 특배(特拜).
전주인(全州人) 61세. 호는 분사(分沙) 시호는 정숙(貞肅).

영의정(領議政) **최명길**(崔鳴吉) 자겸(子謙). 선조 을사년(1605) 20세 문과 급제.
병술년(1586)생. 정축년(1637) 52세 이판(吏判) 특배(特拜).
전주인(全州人) 62세. 4번 입상(入相) 영의정 2회 배수. 호는 지천(遲川) 시호는
문충(文忠).

우의정(右議政) **장유**(張維) 지국(持國). 광해 기유년(1609) 23세 문과 급제.
정해년(1587)생. 정축년(1637) 51세 전(前) 예판(禮判) 특배.
덕수인(德水人) 기복(起復) 52세. 호는 계곡(谿谷) 시호는 문충(文忠).

영의정(領議政) **신경진**(申景禛) 군수(君受).
을해년(1575)생. 정축년(1637) 63세 부원군(府院君) 배수.
신개(申槪)의 6대손 69세. 시호는 충익(忠翼).

영의정(領議政) **심열**(沈悅) 학이(學而). 선조 계사년(1593) 25세 문과 급제.
기사년(1569)생. 무인년(1638) 70세 호판(戶判) 배수.
심연원(沈連源) 증손자. 78세. 호는 남파(南坡) 시호는 충정(忠靖).

우의정(右議政) **강석기**(姜碩期) 복이(復而). 광해 병진년(1616) 37세 문과 급제.
경진년(1580)생. 경진년(1640) 61세 우참찬(右參贊) 배수.
금천인(衿川人) 64세. 호는 월당(月塘) 시호는 문정(文貞).

좌의정(左議政) **심기원**(沈器遠) 수지(遂之).
임오년(1642) 좌참찬(左參贊) 배수.
심회(沈澮)의 7대손. 갑신년(1644) 역모로 주살됨.

영의정(領議政) **김자점**(金自點) 성지(成之).
무자년(1578)생. 계미년(1643) 56세 좌참찬(左參贊) 배수.
김질(金礩)의 5대손 64세 역모로 주살됨.

영의정(領議政) **이경여**(李敬輿) 직부(直夫). 광해 기유년(1609) 25세 문과 급제.
을유년(1585)생. 계미년(1643) 59세 행 대사헌(行大司憲) 배수.
전주인(全州人) 73세. 호는 백강(白江) 시호는 문정(文貞).

영의정(領議政) **서경우**(徐景雨) 시백(施伯). 선조 계묘년(1603) 31세 문과 급제.
계유년(1573)생. 갑신년(1644) 72세 형판(刑判) 배수.
대구인(大丘人) 73세.

영의정(領議政) **이경석**(李景奭) 상보(尙輔). 인조 계해년(1623) 29세 문과 급제.
을미년(1595)생. 을유년(1645) 51세 이판(吏判) 배수.
전주인(全州人) 77세. 호는 백헌(白軒)

좌의정(左議政) 김상헌(金尙憲) 숙도(叔度). 선조 병신년(1596) 27세 문과 급제.

경오년(1570)생. 병술년(1646) 77세 상호군(上護軍) 배수.

김상용(金尙容)의 아우. 83세. 호는 청음(淸陰) 시호는 문정(文正).

좌의정(左議政) 남이웅(南以雄) 적만(敵萬). 광해 계축년(1613) 39세 문과 급제.

을해년(1575)생. 병술년(1646) 72세 이판(吏判) 배수.

남지(南智)의 6대손 74세. 호는 시북(市北).

우의정(右議政) 이행원(李行遠) 사치(士致). 광해 정사년(1617) 26세 문과 급제.

임진년(1592)생. 정해년(1647) 56세 병판(兵判) 배수.

전의인(全義人) 57세. 호는 서화(西華) 시호는 효정(孝貞).

영의정(領議政) 정태화(鄭太和) 유춘(囿春). 인조 무진년(1628) 27세 문과 급제.

임인년(1602)생. 기축년(1649) 48세 이판(吏判) 배수.

정창연(鄭昌衍)의 손자. 기복(起復). 72세. 8번 입상(入相) 영의정 5회 배수. 호는
양파(陽坡) 시호는 익헌(翼憲).

효종조(孝宗朝) 재위 10년.

8인. 기축년(1649) 5월부터 기해년(1659) 5월 4일까지

좌의정(左議政) 조익(趙翼) 비경(飛卿). 선조 임인년(1602) 24세 문과 급제.

기묘년(1579)생. 기축년(1649) 71세 행 대사헌(行大司憲).

풍양인(豊壤人) 77세. 호는 포저(浦渚) 시호는 문효(文孝).

영의정(領議政) 김육(金堉) 백후(伯厚). 광해[23] 임자년(1612) 33세 문과 장원.

경진년(1580)생. 기축년(1649) 70세 행 대사헌(行大司憲) 배수.

청풍인(淸風人) 79세. 5번 입상(入相) 영의정 3회 배수. 호는 잠곡(潛谷) 시호는
문정(文貞).

영의정(領議政) 이시백(李時白) 돈시(敦詩). 훈(勳).
　　　　신사년(1581)생. 경인년(1650) 70세 병판(兵判) 배수.
이정구(李廷龜)의 삼종손(三從孫) 80세.
6번 입상(入相) 2회 영의정 배수. 호는 조암(釣巖) 시호는 충익(忠翼).

우의정(右議政) 한흥일(韓興一) 진보(振甫). 인조 갑자년(1624) 38세 문과 급제.
　　　　정해년(1587)생. 신묘년(1651) 65세 이판(吏判) 배수.
한효순(韓孝純)의 증손자. 65세. 호는 유시(柳示).

좌의정(左議政) 구인후(具仁垕) 중재(仲載).
　　　　무인년(1578)생. 계사년[24](1653) 76세 부원군(府院君) 배수.
구치관(具致寬)의 삼종(三從) 6대손 81세. 시호는 충무(忠武).

영의정(領議政) 심지원(沈之源) 원지(源之). 광해 경신년(1620) 28세 문과 급제.
　　　　계사년(1593)생. 갑오년(1654) 62세 이판(吏判) 배수.
심덕부(沈德符)의 7대손 70세. 호는 만사(晩沙).

좌의정(左議政) 원두표(元斗杓) 자건(子建). 훈(勳).
　　　　을미년(1595)생. 병신년(1656) 62세 겸 병판(兵判) 배수.
원주인(原州人) 70세. 호는 탄수(灘叟) 시호는 충익(忠翼).

---

23 원문은 '인조'로 되어있으나, 1612년은 광해의 재위 기간이므로 '광해'로 수정하였다.
24 원문은 '계축'으로 되어있으나, 1653년은 '계사'년이므로 수정하였다.

우의정(右議政) **이후원**(李厚源) 사심(士深). 인조 을해년(1635) 38세 문과 급제. 무술년(1598)생. 정유년(1657) 60세 예판(禮判) 배수. 전주인(全州人) 63세. 호는 우재(迂齋) 시호는 충정(忠貞).

현종조(顯宗朝) 재위 15년. 11인. 기해년(1659) 5월부터 갑인년(1674) 8월 18일까지

우의정(右議政) **정유성**(鄭維城) 덕기(德基). 인조 정묘년(1627) 32세 문과 급제. 병신년(1596)생. 기해년(1659) 64세 판추(判樞) 배수. 연일인(延日人) 69세. 호는 도촌(陶村) 시호는 충정(忠貞).

영의정(領議政) **홍명하**(洪命夏) 대이(大而). 인조 갑신년(1644) 38세 문과 급제. 정미년(1607)생. 계묘년(1663) 57세 행 예판(行禮判). 홍서봉(洪瑞鳳)의 재종자(再從子) 61세. 호는 기천(沂川) 시호는 문간(文簡).

영의정(領議政) **허적**(許積) 여차(汝車). 인조 정축년(1637) 28세 문과 급제. 경술년(1610)생. 갑진년(1664) 55세 행 호판(行戶判) 배수. 허침(許琛)의 삼종현손(三從玄孫) 궤장을 하사받음. 71세. 경신년(1680) 사사 (賜死). 7번 입상(入相) 영의정 4회 배수.

좌의정(左議政) **정치화**(鄭致和) 성능(聖能). 인조 무진년[25](1628) 20세 문과 급제. 기유년(1609)생. 정미년(1667) 59세 행 예판(行禮判). 정태화(鄭太和)의 아우. 69세.

---

25 원문은 '무신'으로 되어있으나, 1628년은 '무진'년이므로 수정하였다.

좌의정(左議政) 송시열(宋時烈) 영보(英甫).

정미년(1607)생. 무신년(1668) 62세 우참찬(右參贊) 배수.

은진인(恩津人) 83세 피화(被禍). 호는 우암(尤庵) 시호는 문정(文正).

우의정(右議政) 홍중보(洪重普) 원백(遠伯). 인조 을유년(1645) 34세 문과 급제.

임자년(1612)생. 기유년(1669) 58세 겸 병판(兵判) 배수.

홍명하(洪命夏)의 조카. 60세. 시호는 충익(忠翼).

영의정(領議政) 김수항(金壽恒) 구지(久之). 효종 신묘년(1651) 23세 문과 장원.

기사년(1629)생. 임자년(1672) 44세 행 이판(行吏判) 배수.

김상헌(金尙憲)의 손자. 61세 피화(被禍). 8번 입상(入相) 영의정 2회 배수.

호는 문곡(文谷) 시호는 문충(文忠).

좌의정(左議政) 이경억(李慶億) 석이(錫爾). 인조 갑신년(1644) 25세 문과 장원.

경신년(1620)생. 임자년(1672) 53세 이판(吏判) 배수.

경주인(慶州人) 54세. 호는 화곡(華谷).

영의정(領議政) 김수흥(金壽興) 기지(起之). 효종 을미년(1655) 30세 문과 급제.

병인년(1626)생. 계축년(1673) 48세 행 호판(行戶判) 배수.

김수항(金壽恒)의 형(兄) 65세. 호는 퇴우당(退憂堂).

좌의정(左議政) 정지화(鄭知和) 예경(禮卿). 인조 정축년(1637) 25세 문과 장원.

계축년(1613)생. 갑인년(1674) 62세 판돈(判敦) 배수.

정창연(鄭昌衍)의 손자. 76세. 호는 곡구(谷口).

우의정(右議政) 이완(李浣) 청지(淸之).

임인년(1602)생. 갑인년(1674) 73세 행 사직(行司直) 배수.

경주인(慶州人) 73세. 시호는 정익(貞翼).

숙종조(肅宗朝) 재위 46년.

38인. 갑인년(1674) 8월부터 경자년(1720) 6월 8일까지

영의정(領議政) 권대운(權大運) 시회(時會). 인조 기축년(1649) 38세 문과 급제.
임자년(1612)생. 을묘년(1675) 64세 행 병판(行兵判) 배수.
안동인(安東人) 궤장을 하사받음. 88세.

우의정(右議政) 허목(許穆) 화부(和父).
을미년(1595)생. 을묘년(1675) 81세에 이판(吏判) 배수.
허침(許琛)의 삼종(三宗) 현손(玄孫) 궤장을 하사받음. 88세. 호는 미수(眉叟)
시호는 문정(文正).

우의정(右議政) 민희(閔熙) 호여(皡如). 효종 경인년(1650) 37세 문과 급제.
갑인년(1614)생. 무오년(1678) 65세 겸 예판(禮判) 배수.
여흥인(驪興人) 74세.

우의정(右議政) 오시수(吳始壽) 덕이(德而). 효종 병신년(1656) 25세 문과 급제.
임신년(1632)생. 기미년(1679) 48세 행 예판(行禮判) 배수.
동복인(同福人) 신유년(1681) 사사(賜死) 50세. 호는 수촌(水邨).

좌의정(左議政) 민정중(閔鼎重) 대수(大受). 인조 기축년(1649) 23세 문과 장원.
무진년(1628)생. 경신년(1680) 53세 행 공판(行工判) 배수.
여흥인(驪興人) 65세. 호는 노봉(老峯) 시호는 문충(文忠).

우의정(右議政) 이상진(李尙眞) 천득(天得). 인조 을유년(1645) 32세 문과 급제.
갑인년(1614)생. 경신년(1680) 67세 행 이판(行吏判) 배수.
전의인(全義人) 77세. 호는 만암(晩庵) 시호는 충정(忠貞).

우의정(右議政) 김석주(金錫胄) 사백(斯百). 현종 임인년(1662) 29세 문과 장원.
갑술년(1634)생. 임술년(1682) 49세 좌찬성 겸 병판(兵判) 배수.
김육(金堉)의 손자. 51세. 호는 식암(息庵) 시호는 문충(文忠).

영의정(領議政) 남구만(南九萬) 운로(雲路). 효종 병신년(1656) 28세 문과 급제.
기사년(1629)생. 갑자년(1684) 56세 병판(兵判) 배수.
남지(南智)의 8대손. 치사(致仕). 83세. 5번 입상(入相) 영의정 2회 배수. 호는
약천(藥泉) 시호는 문충(文忠).

우의정(右議政) 정재숭(鄭載嵩) 자고(子高). 현종 경자년(1660) 29세 문과 급제.
임신년(1632)생. 을축년(1685) 54세 행 호판(行戶判) 배수.
정태화(鄭太和)의 아들. 61세.

우의정(右議政) 이단하(李端夏) 계주(季周). 현종 임인년(1662) 38세 문과 급제.
을축년(1625)생. 병인년(1686) 62세 판돈(判敦) 배수.
이행(李荇) 5대손 65세. 호는 외재(畏齋) 시호는 문충(文忠).

좌의정(左議政) 조사석(趙師錫) 공거(貢擧). 현종(顯宗) 임인년[26](1662) 31세 문
과 급제.
임신년(1632)생. 정묘년(1687) 56세 판돈(判敦) 배수.

---

26 원문에는 '임진'으로 되어있으나, 1662년은 '임인'년이므로 수정하였다.

조정(趙挺)의 삼종증손(三從曾孫) 62세. 호는 만회(晚悔) 시호는 충헌(忠憲).

우의정(右議政) 이숙(李䎘) 중우(仲羽). 효종 을미년(1655) 30세 문과 급제.
병인년(1626)생. 정묘년(1687) 62세 병판(兵判) 배수.
우봉인(牛峰人) 63세.

영의정(領議政) 여성제(呂聖齊) 희천(希天). 효종 갑오년(1654) 30세 문과 급제.
을축년(1625)생. 무진년(1688) 64세 판돈(判敦) 배수.
함흥인(咸興人) 67세. 호는 운포(雲浦) 시호는 정혜(靖惠).

좌의정(左議政) 목내선(睦來善) 내지(來之). 효종 경인년(1650) 34세 문과 급제.
정사년(1617)생. 기사년(1689) 73세 이판(吏判) 가서(加書) 특복
(特卜)[27].
사천인(泗川人) 88세. 호는 수옹(睡翁).

우의정(右議政) 김덕원(金德遠) 자장(子張). 현종 임인년(1662) 39세 문과 급제.
갑술년(1634)생. 기사년(1689) 56세 예판(禮判) 가서(加書) 특복.
김응남(金應南)의 재종증손(再從曾孫) 71세.

우의정(右議政) 민암(閔黯) 장유(長孺). 현종 무신년(1668) 32세 문과 급제.
정축년(1637)생. 신미년(1691) 55세 병판(兵判) 배수.
민희(閔熙)의 아우. 58세 죄사(罪死).

좌의정(左議政) 박세채(朴世采) 화숙(和叔).

---

27 가서(加書)는 관원을 의망(擬望)할 때에 원칙인 삼망(三望) 외에 한 사람을 더 써서
올리는 것이고, 특복(特卜)은 특별히 정승을 임명하는 것이다.

신미년(1631)생. 갑술년(1694) 64세 우참찬(右參贊) 배수.
박은(朴訔)의 9대손 65세. 호는 남계(南溪) 시호는 문순(文純).

우의정(右議政) 윤지완(尹趾完) 숙린(叔麟). 현종 임인년(1662) 28세 문과 급제.
을해년(1635)생. 갑술년(1694) 60세 좌참찬(左參贊) 배수.
파평인(坡平人) 84세. 호는 동산(東山) 시호는 충정(忠正).

영의정(領議政) 유상운(柳尙運) 유구(悠久). 현종 병오년(1666) 31세 문과 급제.
병자년(1636)생. 을해년(1695) 60세 이판(吏判) 배수.
유관(柳寬)의 9대손 72세. 시호는 충간(忠簡).

우의정(右議政) 신익상(申翼相) 숙필(叔弼). 현종 임인년(1662) 29세 문과 급제.
갑술년(1634)생. 을해년(1695) 62세 행 이판(行吏判) 배수.
신용개(申用漑)의 6대손 64세. 호는 성재(醒齋) 시호는 정간(貞簡).

좌의정(左議政) 윤지선(尹趾善) 중린(仲麟). 현종 임인년(1662) 36세 문과 급제.
정묘년(1627)생. 병자년(1696) 70세 우참찬(右參贊) 특배(特拜).
윤지완(尹趾完)의 형(兄) 78세. 호는 두포(杜浦).

영의정(領議政) 서문중(徐文重) 도윤(道潤). 숙종 경신년(1680) 47세 문과 장원.
갑술년(1634)생. 병자년(1696) 63세 좌참찬(左參贊) 배수.
서경우(徐景雨)의 손자. 76세. 호는 몽어(夢漁) 시호는 공숙(恭肅).

영의정(領議政) 최석정(崔錫鼎) 여화(汝和). 현종 신해년(1671) 26세 문과 급제.
병술년(1646)생. 정축년(1697) 52세 이판(吏判) 배수.
최명길(崔鳴吉)의 손자. 70세. 10번 입상(入相) 영의정 8회 배수. 호는 명곡(明
谷) 시호는 문정(文貞).

좌의정(左議政) 이세백(李世白) 중경(仲庚). 숙종 을묘년(1675) 41세 문과 급제.
을해년(1635)생. 무인년(1698) 64세 이판(吏判) 어비(御批)[28]로 특
배(特拜).
용인인(龍仁人) 69세. 호는 북계(北溪) 시호는 충정(忠正).

우의정(右議政) 민진장(閔鎭長) 치구(稚久). 숙종 병인년(1686) 38세 문과 장원.
기축년(1649)생. 경진년(1700) 52세 호판(戶判) 배수.
민정중(閔鼎重)의 아들. 52세. 시호는 문효(文孝).

영의정(領議政) 신완(申琓) 공헌(公獻). 현종 임자년(1672) 27세 문과 급제.
병술년(1646)생. 경진년(1700) 55세 행 이판(行吏判) 배수.
신경진(申景禛)의 증손자. 62세. 호는 경암(絅庵) 시호는 문장(文莊).

영의정(領議政) 이여(李畬) 치보(治甫). 숙종 경신년(1680) 37세 문과 급제.
을유년(1645)생. 계미년(1703) 59세 좌참찬(左參贊) 배수.
이단하(李端夏)의 조카. 74세. 호는 수곡(睡谷) 시호는 문경(文敬).

우의정(右議政) 김구(金構) 사긍(士肯). 숙종 임술년(1682) 34세 문과 급제.
기축년(1649)생. 계미년(1703) 55세 행 공판(行工判) 배수.
청풍인(淸風人) 56세. 호는 관복재(觀復齋) 시호는 충헌(忠憲).

영의정(領議政) 이유(李濡) 자우(子雨). 현종 무신년(1668) 24세 문과 급제.
을유년(1645)생. 갑신년(1704) 60세 행 이판(行吏判) 배수.
이후원(李厚源)의 증종손(曾從孫) 77세. 호는 녹천(鹿川) 시호는 혜정(惠定).

---

28 임금이 열람한 문서에 붙이는 말. 또는 임금이 신하의 상소(上疏)에 답하는 글.

영의정(領議政) 서종태(徐宗泰) 노망(魯望). 숙종 경신년[29](1680) 29세 문과 급제.
임진년(1652)생. 을유년(1705) 54세 지돈(知敦) 특배(特拜).
서문중(徐文重)의 조카. 68세 9번 입상(入相) 영의정 3회 배수. 호는 만정(晩靜)
시호는 문효(文孝).

영의정(領議政) 김창집(金昌集) 여성(汝成). 숙종 갑자년(1684) 37세 문과 급제.
무자년(1648)생. 병술년(1706) 59세 판윤(判尹) 배수.
김수항(金壽恒)의 아들. 75세 피화(被禍). 호는 몽와(夢窩) 시호는 충헌(忠獻).

좌의정(左議政) 이이명(李頤命) 양숙(養叔). 숙종 경신년(1680) 23세 문과 급제.
무술년(1658)생. 병술년(1706) 49세 판돈(判敦) 배수.
이경여(李敬輿)의 손자. 65세 피화(被禍).

우의정(右議政) 윤증(尹拯) 자인(子仁).
기사년(1629)생. 기축년(1709) 81세 좌찬성(左贊成) 배수.
파평인(坡平人) 86세. 호는 명재(明齋) 시호는 문성(文成).

우의정(右議政) 조상우(趙相愚) 자직(子直). 숙종 계해년(1683) 44세 문과 급제.
경진년(1640)생. 신묘년(1711) 72세 행 예판(行禮判) 배수.
풍양인(豐壤人) 79세. 호는 동강(東岡) 시호는 효헌(孝憲).

우의정(右議政) 김우항(金宇杭) 제중(濟仲). 숙종 신유년(1681) 33세 문과 급제.
기축년(1649)생. 계사년(1713) 65세 전 예판(禮判) 특배(特拜).
김해인(金海人) 75세. 시호는 충정(忠靖).

---

29 원문에는 '병신'으로 되어있으나, 1680년은 '경신'년이므로 수정하였다.

좌의정(左議政) 권상하(權尙夏) 치도(致道).

신사년(1641)생. 정유년(1717) 77세 좌찬성(左贊成) 배수.

안동인(安東人) 81세. 호는 황강(黃岡) 시호는 문순(文純).

우의정(右議政) 조태채(趙泰采) 유량(幼亮). 숙종 병인년(1686) 27세 문과 급제.

경자년(1660)생. 정유년(1717) 58세 겸 공판(工判) 배수.

조사석(趙師錫)의 조카. 63세 피화(被禍). 호는 이우(二憂) 시호는 충익(忠翼).

좌의정(左議政) 이건명(李健命) 중강(仲剛). 숙종 병인년(1686) 24세 문과 급제.

계묘년(1663)생. 무술년(1718) 56세 행 예판(行禮判) 특배(特拜).

이경여(李敬輿)의 손자. 60세 피화(被禍). 호는 한포(寒圃) 시호는 충민(忠愍).

경종조(景宗朝) 재위 4년.

4인. 경자년(1720) 6월부터 갑진년(1724) 8월 24일까지

영의정(領議政) 조태구(趙泰耉) 인수(仁叟). 숙종 병인년(1686) 27세 문과 급제.

경자년(1660)생. 경자년(1720) 61세 행 호판(行戶判) 배수.

조사석(趙師錫)의 아들. 64세.

영의정(領議政) 최규서(崔奎瑞) 문숙(文叔). 숙종 경신년(1680) 31세 문과 급제.

경인년(1650)생. 신축년(1721) 72세 판돈(判敦) 배수.

해주인(海州人) 치사(致仕). 86세. 호는 간재(艮齋) 시호는 충정(忠貞).

좌의정(左議政) 최석항(崔錫恒) 여구(汝久). 숙종 경신년(1680) 27세 문과 급제.

갑오년(1654)생. 신축년(1721) 68세 행 병판(行兵判) 배수.

최명길(崔鳴吉)의 손자. 71세. 호는 손와(損窩).

영의정(領議政) **이광좌**(李光佐) 상보(尙輔). 숙종 갑술년(1694) 21세 문과 장원.
갑인년(1674)생. 계묘년(1723) 50세 행 병판(行兵判) 배수.
이항복(李恒福)의 현손(玄孫) 67세. 호는 운곡(雲谷).

영종조(英宗朝)[30] 재위 52년.
45인. 갑진년(1724) 8월부터 병신년(1776) 3월 5일까지

좌의정(左議政) **유봉휘**(柳鳳輝) 계창(季昌). 숙종 기묘년(1699) 41세 문과 급제.
기해년(1659)생. 갑진년(1724) 66세 행 병판(行兵判) 배수.
유상운(柳尙運)의 아들. 69세.

좌의정(左議政) **조태억**(趙泰億) 대년(大年). 숙종 임오년(1702) 28세 문과 급제.
을묘년(1675)생. 갑진년(1724) 50세 행 병판(行兵判) 배수.
조사석(趙師錫)의 조카. 54세. 호는 겸재(謙齋) 시호는 문충(文忠).

영의정(領議政) **정호**(鄭澔) 중순(仲淳). 숙종 갑자년(1684) 37세 문과 급제.
무자년(1648)생. 을사년(1725) 78세 전(前) 예판(禮判) 전복(前卜)
특배(特拜).
정철(鄭澈)의 현손(玄孫) 89세. 호는 장암(丈巖) 시호는 문경(文敬).

좌의정(左議政) **민진원**(閔鎭遠) 성유(聖猷). 숙종 신미년(1691) 28세 문과 급제.
갑진년(1664)생. 을사년(1725) 62세 행 예판(行禮判) 배수.
민정중(閔鼎重)의 조카. 치사(致仕). 73세. 호는 단암(丹巖) 시호는 문충(文忠).

---

30 영조(英祖)의 원래 시호는 영종(英宗)이며, 고종 기축년(1889)에 '영종'의 묘호(廟號)를
'영조'로 추존하였다.

좌의정(左議政) 이관명(李觀命) 자빈(子賓). 숙종 무인년(1698) 38세 문과 급제. 신축년(1661)생. 을사년(1725) 65세 공판(工判) 배수. 이경여(李敬輿)의 손자. 73세. 호는 병산(屛山) 시호는 문정(文靖).

영의정(領議政) 홍치중(洪致中) 사능(士能). 숙종 병술년(1706) 40세 문과 급제. 정미년(1667)생. 병오년(1726) 60세 행 형판(行刑判) 배수. 홍중보(洪重普)의 아들. 66세. 호는 북곡(北谷) 시호는 충간(忠簡).

우의정(右議政) 조도빈(趙道彬) 낙보(樂夫). 숙종 임오년(1702) 38세 문과 급제. 을사년(1665)생. 병오년(1726) 62세 행 병판(行兵判) 배수. 조태채(趙泰采)의 조카. 65세. 시호는 정희(靖僖).

영의정(領議政) 이의현(李宜顯) 덕재(德哉). 숙종 갑술년(1694) 26세 문과 급제. 기유년(1669)생. 정미년(1727) 59세 행 좌참찬(行左參贊) 배수. 이세백(李世白)의 아들. 치사(致仕). 77세. 호는 도곡(陶谷) 시호는 문간(文簡).

영의정(領議政) 심수현(沈壽賢) 기숙(耆叔). 숙종 갑신년(1704) 42세 문과 급제. 계묘년(1663)생. 정미년(1727) 65세 행 병판(行兵判) 배수. 심연원(沈連源) 8대손 74세.

우의정(右議政) 오명항(吳命恒) 사상(士常). 숙종 을유년(1705) 33세 문과 급제. 계축년(1673)생. 무신년(1728) 56세 우찬성(右贊成) 배수. 오윤겸(吳允謙) 현손(玄孫) 56세. 시호는 충효(忠孝).

좌의정(左議政) 이태좌(李台佐) 국언(國彦). 숙종 기묘년(1699) 40세 문과 급제. 경자년(1660)생. 무신년(1728) 69세 행 공판(行工判) 배수. 이항복(李恒福) 현손(玄孫). 치사(致仕). 80세. 호는 아곡(鵝谷) 시호는 충정(忠定).

좌의정(左議政) 조문명(趙文命) 숙장(叔章). 숙종 계사년(1713) 34세 문과 급제.
  경신년(1680)생. 경술년(1730) 51세 행 이판(行吏判) 배수.
조상우(趙相愚) 종손(從孫) 53세. 호는 학암(鶴巖) 시호는 문충(文忠).

좌의정(左議政) 이집(李㙫) 노천(老泉). 숙종(肅宗) 정축년(1697) 34세 문과 급제.
  갑진년(1664)생. 기유년(1729) 66세 행 이판(行吏判) 배수.
이기(李芑)의 6대손 70세. 호는 취촌(醉村) 시호는 충헌(忠憲).

좌의정(左議政) 서명균(徐命均) 평보(平甫). 숙종 경인년(1710) 31세 문과 급제.
  경신년(1680)생. 임자년(1732) 53세 판돈(判敦) 배수.
서종태(徐宗泰)의 아들. 66세. 시호는 문익(文翼).

영의정(領議政) 김흥경(金興慶) 숙기(叔起). 숙종 기묘년(1699) 23세 문과 급제.
  정사년(1677)생. 임자년(1732) 56세 겸 공판(工判) 배수.
경주인(慶州人) 치사(致仕). 74세. 시호는 정헌(靖獻).

영의정(領議政) 김재로(金在魯) 중례(仲禮). 숙종 경인년(1710) 29세 문과 급제.
  임술년(1682)생. 을묘년(1735) 54세 행 좌참찬(行左參贊) 배수.
김구(金構)의 아들. 치사(致仕). 78세.
7번 입상(入相) 영의정 4회 배수. 호는 청사(晴沙) 시호는 충정(忠靖).

좌의정(左議政) 송인명(宋寅明) 성빈(聖賓). 숙종 기해년(1719) 31세 문과 급제.
  기사년(1689)생. 을묘년(1735) 47세 행 이판(行吏判) 배수.
여산인(礪山人) 58세. 시호는 충헌(忠憲).

영의정(領議政) 유척기(俞拓基) 전보(展甫). 숙종 갑오년(1714) 24세 문과 급제.
  신미년(1691)생. 기미년(1739) 49세 행 판윤(行判尹) 특배(特拜).

유홍(俞泓)의 재종(再從) 5대손 치사(致仕). 77세. 시호는 문헌(文獻).

영의정(領議政) 조현명(趙顯命) 시회(時晦). 숙종 기해년(1719) 29세 문과 급제.
신미년(1691)생. 경신년(1740) 50세에 겸 병판(兵判) 배수.
조문명(趙文命)의 아우. 62세. 7번 입상(入相) 1회 영의정 배수. 호는 귀록(歸鹿)
시호는 충효(忠孝).

좌의정(左議政) 정석오(鄭錫五) 유호(攸好). 숙종 을미년(1715) 25세 문과 급제.
신미년(1691)생. 병인년(1746) 56세 행 호판(行戶判) 배수.
정태화(鄭太和)의 증손자. 58세. 시호는 정간(貞簡).

우의정(右議政) 민응수(閔應洙) 성보(聲甫). 영종 을사년(1725) 42세 문과 급제.
갑자년(1684)생. 병인년(1746) 63세 행 호판(行戶判) 배수.
민정중(閔鼎重)의 종손(從孫) 67세. 시호는 문헌(文憲).

좌의정(左議政) 김약로(金若魯) 이민(而敏). 영종 정미년(1727) 34세 문과 급제.
갑술년(1694)생. 기사년(1749) 56세 숭록(崇祿) 경감(京監) 배수.
김구(金構)의 조카. 60세. 시호는 충정(忠正).

우의정(右議政) 정우량(鄭羽良) 자휘(子翬). 경종 계묘년(1723) 32세[31] 문과 급제.
임신년(1692)생. 기사년(1749) 58세 행 이판(行吏判) 배수.
연일인(延日人) 63세. 호는 학남(鶴南) 시호는 문충(文忠).

영의정(領議政) 이종성(李宗城) 자고(子固). 영종 정미년(1727) 36세 문과 급제.

---

31 원문에는 '33세'라고 되어있으나, 정우량의 합격 연령은 '32세'이므로 수정하였다.

임신년(1692)생. 임신년(1752) 61세 정헌(正憲) 사직(司直) 배수.
이태좌(李台佐)의 아들. 68세. 호는 오천(梧川) 시호는 효강(孝剛).

영의정(領議政) 이천보(李天輔) 의숙(宜叔). 영종 기미년(1739) 42세 문과 급제.
무인년(1698)생. 임신년(1752) 55세 병판(兵判) 배수.
이정구(李廷龜)의 5대손 66세. 호는 진암(晋庵) 시호는 문간(文簡).

영의정(領議政) 김상로(金尙魯) 경일(景一). 영종 갑인년(1734) 33세 문과 급제.
임오년(1702)생. 임신년(1752) 51세 행 병판(行兵判) 배수.
김약로(金若魯)의 아우. 치사(致仕). 65세. 시호는 익헌(翼獻).

우의정(右議政) 조재호(趙載浩) 경대(景大). 영종 갑자년(1744) 43세 문과 급제.
임오년(1702)생. 갑술년(1754) 53세 행 지추(行知樞) 특배(特拜).
조문명(趙文命)의 아들. 61세 사사(賜死).

영의정(領議政) 신만(申晩) 여성(汝成). 영종(英宗) 병오년(1726) 24세 문과 급제.
계미년(1703)생. 병자년(1756) 54세 겸 병판(兵判) 배수.
평산인(平山人) 63세. 시호는 효정(孝正).

좌의정(左議政) 이후(李珝) 후옥(厚玉). 영종 경오년(1750) 57세 문과 급제.
갑술년(1694)생. 무인년(1758) 65세 이판(吏判) 특배(特拜).
이시백(李時白) 5대손 68세. 시호는 정익(定翼).

좌의정(左議政) 민백상(閔百祥) 이지(履之). 영종 경신년(1740) 30세 문과 급제.
신묘년(1711)생. 기묘년(1759) 49세 호판(戶判) 배수.
민진원(閔鎭遠)의 손자. 51세. 시호는 정헌(正獻).

영의정(領議政) 홍봉한(洪鳳漢) 익여(翼汝). 영종 갑자년(1744) 32세 문과 급제.
　　　　　계사년(1713)생. 신사년(1761) 49세 숭록(崇祿) 사직(司直) 배수.
풍산인(豊山人) 치사(致仕). 66세. 11번 입상(入相) 영의정 5회 배수.

좌의정(左議政) 정휘량(鄭翬良) 사서(士瑞). 영종 정사년(1737) 32세 문과 급제.
　　　　　병술년(1706)생. 신사년(1761) 56세 우참찬(右參贊) 배수.
정우량(鄭羽良)의 아우. 57세. 시호는 문헌(文憲).

영의정(領議政) 윤동도(尹東度) 경중(敬仲). 영종 을축년(1745) 39세 문과 급제.
　　　　　정해년(1707)생. 신사년(1761) 55세 호판(戶判) 특배(特拜).
윤증(尹拯)의 재종손(再從孫) 62세. 시호는 정문(靖文).

영의정(領議政) 김상복(金相福) 중수(仲受). 영종 경신년(1740) 27세 문과 급제.
　　　　　갑오년(1714)생. 계미년(1763) 50세 전(前) 판서(判書) 배수.
김국광(金國光)의 11대손. 69세.

영의정(領議政) 김치인(金致仁) 공서(公恕). 영종 무진년(1748) 33세[32] 문과 장원.
　　　　　병신년(1716)생. 을유년(1765) 50세 자헌(資憲) 사직(司直) 배수.
김재로(金在魯)의 아들. 치사(致仕).

영의정(領議政) 서지수(徐志修) 일지(一之). 영종 경신년(1740) 27세 문과 급제.
　　　　　갑오년(1714)생. 병술년(1766) 53세 행 예판(行禮判) 배수.
김명균(金明均)의 아들. 55세. 호는 송옹(松翁) 시호는 문청(文淸).

---

32 원문에는 '34세'로 되어있으나, 김치인의 합격 연령은 '33세'이므로 수정하였다.

영의정(領議政) **김양택**(金陽澤) 사서(士舒). 영종 계해년(1743) 32세 문과 급제.
　　　　　　임진년(1712)생. 병술년(1766) 55세 숭정(崇政). 사직(司直)[33] 배수.
김상복(金相福)의 삼종숙(三從叔) 66세.

영의정(領議政) **한익모**(韓翼謩) 경부(敬夫). 영종 계축년(1733) 31세 문과 급제.
　　　　　　계미년(1703)생. 병술년(1766) 64세 판돈(判敦) 특배(特拜).
한응인(韓應寅)의 6대손 79세.

영의정(領議政) **김상철**(金尙喆) 사보(士保). 영종 병진년(1736) 25세 문과 급제.
　　　　　　임진년(1712)생. 병술년(1766) 55세 자헌(資憲) 평감(平監) 특배.
강릉인(江陵人).

좌의정(左議政) **이창의**(李昌誼) 성방(聖方). 영종 을묘년[34](1735) 32세 문과 급제.
　　　　　　갑신년(1704)생. 무자년(1768) 65세 겸 호판(戶判) 특배(特拜).
완산인(完山人) 69세. 시호는 익헌(翼獻).

영의정(領議政) **신회**(申晦) 여근(汝根). 영종(英宗) 계해년(1743) 38세 문과 급제.
　　　　　　병술년(1706)생. 임진년(1772) 67세 겸 판윤(判尹) 특배(特拜).
신만(申晩)의 아우. 71세.

좌의정(左議政) **이은**(李溵) 치호(稚浩). 영종(英宗) 기묘년(1759) 38세 문과 급제.
　　　　　　임인년(1722)생. 임진년(1772) 51세 이판(吏判) 특배(特拜).

---

33 임금이 익릉(翼陵)의 기신제(忌辰祭)에 쓸 향(香)을 숭정전(崇政殿) 뜰에서 지영하였
다. 행 사직(行司直) 김양택(金陽澤)을 특별히 우의정으로 제배(除拜)하였다. 『영조실
록』42년(1766) 10월 25일
34 원문에는 '을유'로 되어있으나, 1735년은 '을묘'년이므로 수정하였다.

이후(李珝)의 손자. 60세.

좌의정(左議政) 이사관(李思觀) 숙빈(叔賓). 영종 정사년(1737) 33세 문과 급제.
을유년(1705)생. 임진년(1772) 68세 행 호판(行戸判) 특배(特拜).
한산인(韓山人) 72세.

우의정(右議政) 원인손(元仁孫) 자정(子靜). 영종 계유년(1753) 33세 문과 급제.
신축년(1721)생. 임진년(1772) 52세 행 이판(行吏判) 특배(特拜).
원두표(元斗杓)의 5대손 54세.

좌의정(左議政) 홍인한(洪麟漢) 정여(定汝). 영종 계유년(1753) 32세 문과 급제.
임인년(1722)생. 갑오년(1774) 53세 우참찬(右參贊) 배수.
홍봉한(洪鳳漢)의 아우. 55세 사사(賜死).

금상조(今上朝)[35]

영의정(領議政) 정존겸(鄭存謙) 대수(大受). 영종 신미년(1751) 30세 문과 급제.
임인년(1722)생. 금상(今上) 병신년(1776) 55세 예판(禮判) 배수.
정창연(鄭昌衍)의 7대손. 치사(致仕). 73세.

영의정(領議政) 서명선(徐命善) 계중(繼仲). 영종 계미년(1763) 39세 문과 급제.
을사년(1725)생. 금상(今上) 정유년(1777) 53세 판돈(判敦) 배수.
서지수(徐志修)의 재종숙(再從叔) 66세. 시호는 충문(忠文).

---

35 허균이 기록하기 시작한 『태각지』를 추가 기록했던 정조(正祖) 시대를 가리킨다.

우의정(右議政) 정홍순(鄭弘淳) 의중(毅仲). 영종 을축년(1745) 26세 문과 급제.
　　　　　　경자년(1720)생. 금상(今上) 무술년(1778) 59세 숭정(崇政) 배수.
정석오(鄭錫五)의 질(姪) 65세. 시호는 정민(靖敏).

좌의정(左議政) 홍낙순(洪樂純) 백효(伯孝). 영종(英宗) 정축년[36](1757) 35세[37]
　　　　　　문과 급제.
　　　　　　계묘년(1723)생. 금상(今上) 기해년(1779) 57세 행 강도유수(江都
　　　　　　留守) 배수.
홍봉한(洪鳳漢)의 삼종질(三從姪).

우의정(右議政) 이휘지(李徽之) 미경(美卿). 영종 병술년(1766) 52세 문과 급제.
　　　　　　을미년(1715)생. 금상 경자년(1780) 66세 행 평안감사 배수.
이관명(李觀命)의 아들. 71세.

영의정(領議政) 홍낙성(洪樂性) 자안(子安). 영종 갑자년(1744) 27세 문과 급제.
　　　　　　무술년(1719)생. 금상(今上) 임인년(1782) 64세 숭록(崇祿) 배수.
홍봉한(洪鳳漢)의 종질(從姪) 81세. 시호는 효안(孝安).

좌의정(左議政) 이복원(李福源) 수지(綏之). 영종 갑술년(1754) 36세 문과 급제.
　　　　　　기해년(1719)생. 금상(今上) 임인년(1782) 64세 자헌(資憲) 배수.
이정구(李廷龜)의 6대손 74세. 시호는 문정(文靖).

영의정(領議政) 김익(金熤) 광중(光仲). 영종(英宗) 계미년(1763) 41세 문과 급제.

---

36 원문에는 '병술'로 되어있으나, 홍낙순은 영조 33년(1757)에 정시 문과에 병과로 급제하
　　였다. 1757년은 '정축'년이므로 수정하였다.
37 원문에는 '28세'로 되어있으나, 홍낙순의 합격 연령은 '35세'이므로 수정하였다.

계묘년(1723)생. 금상(今上) 임인년(1782) 60세 병판(兵判) 배수.
김전(金詮)의 8대손. 시호는 문정(文貞).

우의정(右議政) 조경(趙璥) 경서(景瑞). 영종(英宗) 계미년(1763) 37세 문과 급제.
정미년(1727)생. 금상 정미년(1787) 61세 행 호판(行戶判) 배수.
풍양인(豐壤人) 62세. 호는 하서(荷棲) 시호는 충정(忠定).

영의정(領議政) 이재협(李在協) 여고(汝皐). 영종 정축년(1757) 27세 문과 급제.
신해년(1731)생. 금상 정미년(1787) 57세 행 예판(行禮判) 배수.
용인인(龍仁人).

우의정(右議政) 유언호(兪彦鎬) 사경(士京). 영종 신사년(1761) 32세 문과 급제.
경술년(1730)생. 금상(今上) 정미년(1787) 58세 평안감사 배수.
유척기(兪拓基)의 종질(從姪). 시호는 문충(文忠).

좌의정(左議政) 이성원(李性源) 선지(善之). 영종 계미년(1763) 39세 문과 급제.
을사년(1725)생. 금상(今上) 무신년(1788) 64세 사직(司直) 배수.
이정구(李廷龜) 6대손 66세. 시호는 문숙(文肅).

좌의정(左議政) 채제공(蔡濟恭) 백규(伯規). 영종 계해년(1743) 24세 문과 급제.
경자년(1720)생. 금상 무신년(1788) 69세 행 지추(行知樞) 배수.
평강인(平康人) 80세. 시호는 문숙(文肅).

좌의정(左議政) 김종수(金鍾秀) 정부(定夫). 영종 무자년(1768) 41세 문과 급제.
무신년(1728)생. 정종[38] 기유년(1789) 62세 행 이판(行吏判) 배수.
청풍인(淸風人) 70세.

좌의정(左議政) **박종악**(朴宗岳) 여오(汝五). 영종 병술년(1766) 32세 문과 급제.
을묘년(1735)생. 정종 임자년(1792) 58세 행 충감(行忠監) 배수.
반남인(潘南人).

좌의정(左議政) **김이소**(金履素) 백안(伯安). 영종 갑신년(1764) 30세[39] 문과 급제.
을묘년(1735)생. 정종 임자년(1792) 58세 좌참찬(左參贊) 배수.
김창집(金昌集)의 증손자.

우의정(右議政) **김희**(金憙) 선지(善之). 영종(英宗) 계사년(1773) 45세 문과 급제.
기유년(1729)생. 정종 계축년(1793) 65세 행 함감(行咸監) 배수.
김국광(金國光)의 12대손 72세.

영의정(領議政) **이병모**(李秉模) 이칙(彝則). 영종 계사년(1773) 32세 문과 급제.
임술년(1742)생. 정종 갑인년(1794) 53세 행 평감(行平監) 배수.
이단하(李端夏)의 현손(玄孫).

우의정(右議政) **윤시동**(尹蓍東) 백상(伯常). 영종 갑술년(1754) 26세 문과 급제.
기유년(1729)생. 정종 을묘년(1795) 67세 좌참찬(左參贊) 배수.
윤두수(尹斗壽)의 7대손

영의정(領議政) **심환지**(沈煥之) 휘원(輝元). 영종 임진년(1772) 43세 문과 급제.
경술년(1730)생. 정종(正宗) 무오년(1798) 69세 자헌(資憲) 배수.
74세.

---

38 정조(正祖)의 원래 시호는 정종(正宗)이며, 고종 기해년(1899)에 '정종'의 묘호(廟號)를
'정조'로 추존하였다.
39 원문에는 '29세'로 되어있으나, 김이소의 합력 연령은 '30세'이므로 수정하였다.

영의정(領議政) 이시수(李時秀) 치가(稚可). 영종 계사년(1773) 29세 문과 급제. 을축년(1745)생. 정종(淨宗) 기미년(1799) 55세 이판(吏判) 배수. 이복원(李福源)의 아들.

금상조(今上朝)[40]

영의정(領議政) 서용보(徐龍輔) 여중(汝中). 영종 갑오년(1774) 18세 문과 급제. 정축년(1757)생. 정종(正宗) 경신년(1800) 44세 예판(禮判) 배수. 달성인(達城人).

우의정(右議政) 김관주(金觀柱) 경일(景日). 영종 을유년(1765) 23세 문과 급제. 계해년(1743)생. 금상(今上) 임술년(1802) 60세 광주유수 배수. 김흥경(金興慶) 삼종손(三從孫).

영의정(領議政) 서매수(徐邁修) 덕이(德而). 정종 정미년(1787) 57세 문과 급제. 신해년(1731)생. 금상 갑자년(1804) 74세 우참찬(右參贊) 배수. 서경우(徐景雨) 종5대손 89세.

좌의정(左議政) 이경일(李敬一) 원회(元會). 영종 을미년(1775) 42세 문과 급제. 갑인년(1734)생. 금상(今上) 갑자년(1804) 71세 화성유수 배수. 이항복(李恒福) 6대손 87세.

영의정(領議政) 김재찬(金載瓚) 국보(國寶). 영종 갑오년(1774) 29세 문과 급제.

---

40 허균이 기록하기 시작한 『태각지』를 마지막으로 추가 기록했던 순조(順祖) 시대를 가리킨다.

병인년(1746)생. 금상 을축년(1805) 60세 상호군(上護軍) 배수.
김익(金熤)의 아들.

영의정(領議政) 한용구(韓用龜) 계형(季亨). 영종 계사년(1773) 27세 문과 급제.
정묘년(1747)생. 금상 을축년(1805) 59세 겸 예판(禮判) 배수.
한익모(韓翼謩)의 종손(從孫).

우의정(右議政) 김달순(金達淳) 도이(道以). 정종 경술년(1790) 31세 문과 급제.
경진년(1760)생. 금상 을축년(1805) 46세 호조판서 배수.
김수항(金壽恒)의 5대손. 47세 사사(賜死).

의정(議政) 김사목(金思穆) 백심(伯深). 영종 임진년(1772) 33세 문과 급제.
경신년(1740)생. 금상 무진년(1808) 69세 행 지추(行知樞) 배수.
김명원(金命元)의 7대손.[41]

---

41 『태각지』는 원래 2책으로 나뉘어져 있는데, 현재 규장각 소장본은 한 책으로 묶어지면서 상책의 마지막 장과 하권의 첫 장이 없어진 듯하다. 해제에는 '금상조(今上朝 정조) 31인'이라고 했는데, 실제로는 29명의 기록만 실려 있다. 하책도 시작하는 페이지가 없어져서 문장이 부자연스럽게 시작되었다. 실물 열람을 요청하였지만, 담당 직원으로부터 "실물과 공개된 이미지를 대조해본 결과 모든 페이지가 공개되었으니 열람할 필요가 없다"는 답변을 들었다. 2022년 1월 18일 오후 5시.

복상(卜相)¹

만력(萬曆) 21년 계사년(1593). 선조조(宣祖朝) 26년. 10월. 11월로 고쳐야
　　　할 듯하다. **좌의정(左議政) 윤두수(尹斗壽)** 진(進). **영의정(領議
　　　政) 최홍원(崔興源)** 사면으로 체직되어 대신함.

복상(卜相)² **풍원부원군(豐原府院君) 유성룡(柳成龍)** 낙점(落點). 영상(領
　　　相) 하비(下批) 무술년(1598) 8월에 체직을 논함.
행 상호군(行上護軍) 성혼(成渾).

갑오년(1594) 11월 초 6일. **영의정(領議政) 유성룡(柳成龍)** 진(進)³. **우의정(右
　　　議政) 유홍(兪泓)** 진(進). **좌의정(左議政) 윤두수(尹斗壽)** 합계
　　　(合啓) 체대(遞代)⁴.

---

1 '복상(卜相)'은 임의로 붙인 제목이다. 『태각지』의 1책 『국조상신고(國朝相臣考)』가 조
선시대 정승의 명단이라면, 2책은 복상(卜相), 즉 정승 선출의 절차와 내용을 기록한
부분인데, 제목을 기록한 첫 장이 남아 있지 않아 성격에 맞게 제목을 만들어 보았다.
복상은 주로 시임(時任 현직) 의정(議政)이 작성한 복상단자(卜相單子 후보자 명단)에
국왕이 낙점하는 방식으로 운영되었으나, 복상단자에 기록된 인물 이외의 후보자를 추
가하여 낙점하는 가복(加卜)이 행해지기도 하였다.
2 정승(政丞)이 될 사람을 가려 뽑음. 정승은 국가의 중임(重任)을 맡은 사람이므로, 옛날
에는 이 자리에 앉을 사람의 길흉(吉凶)을 점쳐서 뽑았다는 고사(故事)에서 복상(卜相)
이라는 말이 유래하였다.
3 후보자 명단에 대해 자신의 의견을 내는 것이다.

복상(卜相)　　　심수경(沈守慶)

　　　　　　　　최흥원(崔興源)

　　　　　　　　행 평안감사(平安監司) 이원익(李元翼)

　　　　　　　　우참찬(右參贊) 겸 이조판서(吏曹判書) 김응남(金應南).

　　　　　　　낙점(落點)[5]. 우상(右相) 하비(下批)[6] 을미년(1595) 2월 초1일 승

　　　　　　　(陞) 좌상(左相)[7] 무술년(1598) 봄 사면으로 체직.

을미년(1595) 2월 초 1일. 영의정(領議政) 유성룡(柳成龍) 진(進). 우의정(右議

　　　　　　　政) 김응남(金應南) 진(進). 좌의정(左議政) 유홍(俞泓)은 세상을

　　　　　　　떠나[8] 체대하였다.

복상(卜相)　　　심수경(沈守慶)

　　　　　　　　최흥원(崔興源)

　　　　　　　　행 평안감사(平安監司) 이원익(李元翼)

　　　　　　　　좌찬성(左贊成) 정탁(鄭琢). 낙점(落點). 우상(右相) 하비(下

　　　　　　　批) 동년(同年) 여름 체직.

4　관직이 교체(交遞)되거나, 서로 돌려 바꾸어 대신하는 것이다.

5　관원을 선임할 때에 삼망(三望)의 후보자 가운데 한 사람의 이름 위에 임금이 친히 점을
　찍어서 뽑는 것이다.

6　일반적인 하비(下批)는 신하가 올린 상소(上疏)나 전주(銓注)에 대하여 임금이 비답(批
　答)을 내리던 일이다. 복상(卜相)에서의 하비는 임금이 의정부에 비목(批目)을 내려
　주던 법인데, 임금이 재가(裁可)하고 그 의견을 달아 의정부에 내려 주었다. 이조판서
　김응남을 1594년 11월 6일에 우의정에 제수하였다.

7　『선조실록』 1595년 2월 1일 기사에 복상단자가 실려 있지만, 위의 4명 가운데 김응남
　대신에 정탁(鄭琢)의 이름이 실려 있으며, 정탁을 우의정에 제수하였다. 좌의정 복상단
　자도 같았던 듯한데, 2월 8일 기사에 '좌의정 김응남'이라고 하였지만 승진된 날짜는
　확실치 않다.

8　유홍은 이때 해주에서 왕비를 호종하다가 객사하였다.

을미년(1595) 6월 초 1일. **영의정(領議政) 유성룡(柳成龍)** 진(進). **좌의정(左議政) 김응남(金應南)** 진(進). **우의정(右議政) 정탁(鄭琢)** 사면으로 체직되어 대신함.

복상(卜相) **행 평안감사(平安監司) 이원익(李元翼)**. 낙점(落點). 우상(右相) 하비(下批). 동년(同年) 10월 초8일 영상(領相). 기해년(1599) 도중에 체직.

무술년(1598) 3월 초10일. **영의정(領議政) 유성룡(柳成龍)** 진(進). **우의정(右議政) 이원익(李元翼)** 진(進). **좌의정(左議政) 김응남(金應南)** 사면으로 체직되어 대신함.

복상(卜相) **행판중추부사(行判中樞府事) 윤두수(尹斗壽)**. 낙점(落點). 좌상(左相) 하비(下批).

무술년(1598) 7월. 실록(實錄)에는 4월이라 이른다. 22일 **영의정(領議政) 유성룡(柳成龍)** 진(進). **우의정(右議政) 이원익(李元翼)** 진(進). **좌의정(左議政) 윤두수(尹斗壽)** 사면으로 체직되어 대신함.

복상(卜相) **행 이조판서(吏曹判書) 이덕형(李德馨)**. 낙점(落點) 우상(右相) 하비(下批).

무술년(1598) 10월 초 8일. **영의정(領議政) 유성룡(柳成龍)** 체직을 논함. **좌의정(左議政) 이원익(李元翼)** 출강(出疆). **우의정(右議政) 이덕형(李德馨)** 남하(南下).

전교하기를, "대신들을 명초(命招)하여 복상(卜相)하게 하라." 하니 원임(原任) 이산해(李山海), 윤두수(尹斗壽), 정탁(鄭琢) 등이 회계(回啓)하였다.

"대개 복상하는 일은 예로부터 반드시 현재 재상의 지위에 있는 자가

하였습니다. 신들은 모두 산직(散職)에 있는 자들이어서 감히 외람되
게 천거할 수 없습니다. 황공하게 감히 아룁니다."
답하였다. "지금은 평상시와 다르고 우상도 지방에 나갔으니 누가 하
겠는가. 명나라에 사신 보내는 일을 속히 시행하라."

복상(卜相)   **이기(李墍)**
             이헌국(李憲國)
             병조판서(兵曹判書) 이항복(李恒福). 낙점(落點). 출(出) 완
             평일기(完平日記).

기해년(1599) 7월 24일. **좌의정(左議政) 이덕형(李德馨)** 정사(呈辭). **영의정(領**
             議政) 이원익(李元翼) 사면으로 체직. **우의정(右議政) 이항복(李**
             恒福) 사면으로 체직.

전교(傳敎)로 말미암아 정원(政院)이 아뢰었다. "무자년 간에 대신 2인
이 궐원되고 수상(首相) 노수신(盧守愼)이 병으로 사직을 고하였을 때
집에서 복상(卜相)한 규례가 있고, 지난번에 대신이 모두 유고함을 인
하여 또 원임 대신을 불러 복상한 일이 있습니다. 그러나 복상은 중대
한 일이니 아래에서 감히 경솔하게 의논할 수 없고 오직 성상이 재량
하시기에 달려 있습니다."
답하였다. "그렇다면 좌상으로 하여금 집에서 복상하라고 말하는 것
이 좋겠다."
전교하였다. "좌의정(左議政) 이덕형(李德馨)에게 사관(史官)을 보내 복
상(卜相)하게 하라."

복상(卜相)   **영돈녕부사(領敦寧府事) 이산해(李山海)**
             해원부원군(海原府院君) 윤두수(尹斗壽). 낙점(落點) 영상

(領相) 하비(下批).

우참찬(右參贊) 이기(李墍)

완성부원군(完城府院君) 이헌국(李憲國)

지중추부사(知中樞府事) 유근(柳根)

기해년(1599) 8월 10일. **영의정(領議政) 윤두수(尹斗壽)** 피론(被論). **좌의정(左
議政) 이덕형(李德泂)** 정사(呈辭).

전교하였다. "영상(領相)이 먼저 차출(差出)된 뒤에 그로 하여금 우상
(右相)을 차출하는데, 지금 영상이 논박을 받고 좌상(左相)은 병으로
나오지 못한다고 잇달아 아뢰니 상신(相臣)이 없다. 이전의 복상단자
(卜相單子)를 들여서 낙점할 것인지, 아니면 복상단자를 고칠 것인지
승정원에 물으라."

승정원에서 아뢰었다. "복상(卜相)은 중대한 일이니 이전의 복상단자
를 들여서 점수를 받는 것은 타당하지 않은 듯하여 감히 아룁니다."

전교하였다. "알았다."

전교하였다. "좌상에게 사관(史官)을 보내 복상(卜相)하게 하라."

복상(卜相) **영돈녕부사(領敦寧府事) 이산해(李山海)**

영중추부사(領中樞府事) 최흥원(崔興源)

판중추부사(判中樞府事) 정탁(鄭琢)

이원익(李元翼)

오성부원군(鰲城府院君) 이항복(李恒福)

우참찬(右參贊) 이기(李墍)

완성군(完城君) 이헌국(李憲國). 낙점(落點). 우상(右相) 하
비(下批) 경자년(1600) 봄 체직.

지중추부사(知中樞府事) 유근(柳根)

경자년(1600) 정월초 5일. 우의정(右議政) 이헌국(李憲國) 진(進). **영의정(領議
政) 윤두수(尹斗壽)** 체직을 논함. **좌의정(左議政) 이덕형(李德
泂)** 사면으로 체직.

전교하였다. "집에서 복상하는 일을 우상의 거처에 알려라."

우의정의 뜻으로 비변사 낭청이 아뢰었다. "복상하는 일을 속히 하라
고 어제 전교를 받았습니다. 소신이 지금 병중에 있어 비록 작은 일이
더라도 결정하기 어려운데, 하물며 복상하는 큰일은 형편상 하기 어
렵습니다. 감히 아룁니다."

전교하였다. "정원에서 살펴서 조처하라."

정원이 아뢰었다. "전일 이덕형이 정사(呈辭)할 때에 견사관을 복상하
였는데, 지금 전례에 의해 하였습니다."

전교하였다. "아뢴대로 하라."

복상(卜相)　　　**영돈녕부사(領敦寧府事) 이산해(李山海)**

　　　　　　　　영중추부사(領中樞府事) 최흥원(崔興源)

　　　　　　　　해원부원군(海原府院君) 윤두수(尹斗壽)

　　　　　　　　판중추부사(判中樞府事) 정탁(鄭琢)

　　　　　　　　이원익(李元翼)

　　　　　　　　행 지중추부사(行知中樞府事) 이덕형(李德馨)

　　　　　　　　오성부원군(鰲城府院君) 이항복(李恒福). 낙점(落點). 좌
상(左相) 하비(下批) 동년(同年) 2월 20일 강(降) 우상(右相). 동년
(同年) 4월 21일 승(陞) 좌상(左相). 동년 6월 17일 승(陞) 영상(領
相). 임진년(1592) 봄 체직.

　　　　　　　　우찬성(右贊成) 심희수(沈喜壽)

　　　　　　　　이조판서(吏曹判書) 이기(李堅)

경자년(1600) 정월 20일. **좌의정(左議政) 이항복(李恒福)** 진(進).

복상(卜相)　　**영돈녕부사(領敦寧府事) 이산해(李山海)**. 낙점(落點). 영
　　　　　　　상(領相) 하비(下批) 동년(同年) 4월 29일 체직.
　　　　　　　영중추부사(領中樞府事) 최흥원(崔興源)
　　　　　　　해원부원군(海原府院君) 윤두수(尹斗壽)
　　　　　　　판중추부사(判中樞府事) 정탁(鄭琢)
　　　　　　　이원익(李元翼)
　　　　　　　지중추부사(知中樞府事) 이덕형(李德馨)
　　　　　　　완성부원군(完城府院君) 이헌국(李憲國)

경자년(1600) 정월 29일. **영의정(領議政) 이산해(李山海)** 출사(出仕) 숙배(肅
　　　　　　　拜). **좌의정(左議政) 이항복(李恒福)** 도원수(都元帥) 남하(南下)
　　　　　　　인견(引見) 후 복상(卜相). **우의정(右議政) 이헌국(李憲國)** 사면
　　　　　　　으로 체직.

복상(卜相)　　**영중추부사(領中樞府事) 최흥원(崔興源)**
　　　　　　　해원부원군(海原府院君) 윤두수(尹斗壽)
　　　　　　　판중추부사(判中樞府事) 정탁(鄭琢)
　　　　　　　이원익(李元翼)
　　　　　　　완성부원군(完城府院君) 이헌국(李憲國)
　　　　　　　지돈녕부사(知敦寧府事) 이기(李墍)
복상단자(卜相單子)를 올리니, 전교하였다. "이헌국은 이미 체직되었
으니 후임이 될 수 없고, 이덕형은 영상(領相)과 상피(相避)의 관계가
있으며 달리 제수할 만한 사람도 없으니, 합당한 사람이 없다. 우선
비워두라. 이런 내용을 영상에게 이르라"

경자년(1600) 2월 20일. 영의정(領議政) 이산해(李山海) 진(進). 좌의정(左議
政) 이항복(李恒福) 재외(在外). 우의정(右議政) 이헌국(李憲國)
사면으로 체직되어 대신함.

영의정(領議政) 이산해(李山海)가 아뢰었다. "소신은 병들어 쓸모없는
사람으로서 스스로 중임(重任)을 감당할 수 없다는 것을 알면서도 마
침 상신(相臣)이 오래 비어 있었기 때문에 억지로 버티고 있은 지가
이미 반 달이 넘었습니다. 지금 복상(卜相)하라는 명을 받들었는데 이
일은 신도 품하려 했습니다만 좌상이 외방에 가 있으므로 의논을 통할
수가 없었습니다. 신이 혼자서 복상하는 것은 규례(規例)에 어긋나므
로 감히 여쭙니다."

답하였다. "의논을 통해서 해야 할 일이면 의논을 통해서 하고 밖에
있어 의논을 통할 필요가 없다면 헤아려서 하라."

봉인(封人)이 복상하였다.

복상(卜相)　　영중추부사(領中樞府事) 최흥원(崔興源)
　　　　　　해원부원군(海原府院君) 윤두수(尹斗壽)
　　　　　　판중추부사(判中樞府事) 정탁(鄭琢). 낙점(落點). 좌상(左
　　　　　　相) 하비(下批).
　　　　　　이원익(李元翼)
　　　　　　지중추부사(知中樞府事) 이덕형(李德馨)
　　　　　　완성부원군(完城府院君) 이헌국(李憲國)
　　　　　　지돈녕부사(知敦寧府事) 이기(李塈)
　　　　　　우참찬(右參贊) 정창연(鄭昌衍)
　　　　　　이조판서(吏曹判書) 임국로(任國老)

경자년(1600) 4월 초 5일. 영의정(領議政) 이산해(李山海) 진(進). 우의정(右議

政) 이항복(李恒福) 재외(在外). 좌의정(左議政) 정탁(鄭琢) 사면
으로 체직되어 대신함.

영중추부사(領中樞府事) 최흥원(崔興源)

해원부원군(海原府院君) 윤두수(尹斗壽)

판중추부사(判中樞府事) 정탁(鄭琢). 낙점(落點). 좌상(左相) 하비(下批) 동년
(同年) 동월(同月) 체직.

지중추부사(知中樞府事) 이덕형(李德馨)

완성부원군(完城府院君) 이헌국(李憲國)

지돈녕부사(知敦寧府事) 이기(李墍)

우참찬(右參贊) 정창연(鄭昌衍)

이조판서(吏曹判書) 임국로(任國老)

경자년(1600) 4월 21일. **영의정(領議政) 이산해(李山海)** 진(進). **우의정(右議
政) 이항복(李恒福)** 재외(在外). **좌의정(左議政) 이원익(李元翼)**
사면으로 체직되어 대신함.

복상(卜相) 　**영중추부사(領中樞府事) 최흥원(崔興源)**

　　　　　　해원부원군(海原府院君) 윤두수(尹斗壽)

　　　　　　완성부원군(完城府院君) 이헌국(李憲國). 낙점(落點). 우
상(右相) 하비(下批) 동년(同年) 6월 17일 승(陞) 좌상(左相). 신축
년(1601) 월일 체직.

　　　　　　지중추부사(知中樞府事) 정탁(鄭琢)

　　　　　　이덕형(李德馨)

　　　　　　우참찬(右參贊) 정창연(鄭昌衍)

　　　　　　이조판서(吏曹判書) 임국로(任國老)

경자년(1600) 6월 17일.[9] **좌의정(左議政) 이항복(李恒福)** 진(進). **우의정(右議政) 이헌국(李憲國)** 진(進). **영의정(領議政) 이산해(李山海)** 사면으로 체직되어 대신함.

복상(卜相)　　**최흥원(崔興源)**
　　　　　　　윤두수(尹斗壽)
　　　　　　　정탁(鄭琢)
　　　　　　　이원익(李元翼)
　　　　　　　이덕형(李德馨)
개복(改卜)　　**심희수(沈喜壽)**

전교하였다. "상신(相臣)의 직임은 어려운 것이라, 정승의 덕이니 정승의 재주니 정승의 도량이니 하는 말이 있다. 합당한 사람을 쓰지 않으면 성패가 여기에 걸려 있는 것이니, 서관(庶官)에 견줄 수 있는 것이 아니다. 더구나 이런 때이겠는가. 지금 복상한 것을 보건대, 최흥원과 정탁은 늙고 병들었으며 윤두수와 이원익은 물의(物議)가 있고 이덕형은 나이 젊어 아직 수상(首相)에는 적합하지 않으므로 다시 복상하게 한 것인데, 심희수를 천거하였으니 이 사람은 합당할 것 같다. 다만 지난날 그가 전장(銓長)으로 있을 적에 남이공(南以恭) 등의 사주를 받았다는 말이 있다. 재상(宰相)이 젊은 간신과 친교를 맺었다면 이는 매우 불가하다. 나는 그렇지 않은 줄 알지만 아래에서 한 일을 직접 목격하지는 못하였다. 합당한 사람이 없다면 공석으로 두는 편이 낫다. 『서경(書經)』에 '관(官)은 반드시 갖출 필요가 없다. 오직 합당한 사람이어야 한다.'고 하였고, 조종조(祖宗朝) 때에도 간혹 독상(獨相)일

9　허균이 『태각지』 서문을 쓴 1600년 1월을 기준으로 하여 같은 해 6월까지 번역하였다. 허균은 7월에 기주관(記注官)으로 조정에 복귀하였다.

때도 있었다고 하니, 이에 대하여 회계(回啓)하라."

좌의정 이항복과 우의정 이헌국이 회계하였다.

"성교(聖敎)를 받드니 어렵게 여기고 신중히 여기는 뜻이 지극하여 신들이 감히 다시 의논드릴 수가 없습니다. 다만 군국의 일이 많으니 이러한 업무를 위임하여 처리해야 할터인데, 근년 이래 상신(相臣)이 오랫동안 채워지지 않은 것은 국가의 불행일 뿐만 아니라 좌우의 수응(酬應)하는 일이 결코 한두 사람으로서는 감당할 수가 없는 것입니다. 조정에서 의논을 달리하고 시비가 대립되어 여러 공경(公卿)들을 다 거론해 보았지만 완벽한 사람이 거의 없습니다. 완벽한 사람을 기어코 구하려 한다면 그런 사람이 조정엔 없을 듯합니다. 적격자를 구하다가 간혹 사람을 잃는 수가 있으므로 식자(識者)들이 늘 이 때문에 탄식해 왔습니다. 전하께서 그 인품이 어떠한가만을 살피면 됩니다. 물의는 한때 일어나는 것이지만 인품의 현부(賢否)는 만세에 정하여지는 것입니다. 이른바 지난번의 물의란 신들이 두루 진달하지 않더라도 위에서 이미 통찰하셨을 것입니다. 만약 한때 시의(時議)의 곡직(曲直)은 살피지 않고 그저 물의가 있었다는 것만을 지적하는 것은 아마도 사람을 쓰는 도리가 아닌 듯합니다. 또 사람의 재덕은 나이에 따라 다른 것이 아니므로 신들이 삼가 원임 상신(原任相臣) 등을 천거한 것입니다. 성교(聖敎)를 받들고서야 신들은 희수(喜壽)가 지난날 논박 받은 적이 있었던 것을 알았습니다. 연소배들과 교결하였다는 말이 거짓임을 조신(朝臣)들은 다 알고 있고 전에 추천했었음으로 다시 감히 추천하였던 것입니다. 신들의 뜻은 이러하지만 오직 성상의 재가(裁可)에 달려 있습니다."

답하였다. "김명원(金命元)은 감당할 재능이 모자라는 듯하지만 의용(儀容)이 관후하며 늙은 몸으로 왕사(王事)에 수고를 아끼지 않았고, 한응인(韓應寅)은 큰 공훈이 있고, 윤승훈(尹承勳)은 성품이 간명(簡明)

하고 국사(國事)에 마음을 다하였을 뿐 아니라 재능도 있으니, 이들 몇 사람 역시 논의의 대상이 된다. 하지만 과연 합당한지의 여부는 아직 모르겠다. 심희수 이하 네 사람 가운데서 중의(衆議)에 따라 회계하라."

회계하였다. "위에서 분부하신 네 사람은 다 한때의 덕망 있는 사람들입니다. 참으로 신하를 아는 것은 임금만한 이가 없습니다. 신들은 감격스러움을 이기지 못하여 감히 하례드립니다. 삼가 상의 재가를 바랍니다."

답하였다. "이는 그렇지 않다. 나의 의견을 한번 하문하기는 하였으나 갑자기 정할 수는 없다. 『서경(書經)』에 '공신(功臣)을 매복(枚卜)한다'고 하였고, 또 '사람들에게 묻는다.'고 하였다. 오늘은 우선 물러가 널리 물의(物議)를 물어보고 나서 네 사람 가운데 사람들이 아무가 합당하다고 하면 그 말을 따라 다시 와서 아뢰도록 하라."

또 아뢰었다. "신들이 한때의 상의 전교 때문에 감히 경솔히 답한 것이 아닙니다. 명원(命元)·응인(應寅)은 직질(職秩)이 상당할 뿐 아니라 인망(人望) 또한 무겁기 때문에 오늘 회의에서 과연 추천하려 하였습니다. 그러나 원임 대신에게 사람들의 기대가 쏠리는데 새로운 추천이 많으면 미안할 듯하여 전에 추천했던 한 사람만을 같이 의망(擬望)하였던 것입니다. 승훈(承勳)의 재능과 식견으로 말하면 역시 인망이 두터우나 마침 외직에 나가 있으므로 미처 논의하지 못했던 것입니다. 상의 전교가 이러하니 이는 실로 여정(輿情)에 맞을 뿐 아니라 신들이 사사로이 논의한 것과도 우연히 서로 부합되므로 감히 아뢴 것입니다. 뒷날 다시 와서 아뢴다고 해도 이와 다를 바가 없겠기에 감히 아룁니다."

답하였다. "그렇다면 상하의 의견이 서로 부합된 것이니, 매우 기쁘다. 다시 단자(單子)를 써서 들이라."

복상(卜相)　　영중추부사(領中樞府事) **최흥원**(崔興源)

판중추부사(判中樞府事) **윤두수**(尹斗壽)

정탁(鄭琢)

영돈녕부사(領敦寧府事) **이원익**(李元翼)

지중추부사(知中樞府事) **이덕형**(李德馨)

심희수(沈喜壽)

행 이조판서(行吏曹判書) **김명원**(金命元). 낙점(落點). 우상(右相) 하비(下批) 신축년(1601) 5월 일 승(陞) 좌상(左相) 계묘년(1603) 봄 체직.

좌찬성(左贊成) **한응인**(韓應寅)

함경감사(咸鏡監司) **윤승훈**(尹承勳)

해
동
야
언
별
집

海
東
野
言
別
集

해동야언별집(海東野言別集)

○태조대왕(太祖大王)의 휘는 ○[1], 자는 군진(君晉), 고휘(古諱)는 성계(成桂)이니, 고려(高麗) 충숙왕(忠肅王) 4년[2] 을해(1335) 10월 11일 기미에 화령(和寧)【곧 영흥(永興)이다.】에서 탄생하셨다. 태조는 나면서부터 총명하고 우뚝한 콧마루와 임금다운 얼굴[龍顔]로서, 신채(神彩)는 영특하고 준수하며, 지략과 용맹은 남보다 월등하게 뛰어났다.

목조(穆祖)의 휘는 안사(安社)로 처음에 전주(全州)에 있었는데, 그때 나이 20여 세로서 용맹과 지략이 남보다 뛰어나 사방을 경영할 뜻이 있었다. 산성 별감(山城別監)이 객관(客館)에 들어왔을 때 관기(官妓)의 사건으로 인하여 주관(州官)과 틈이 생겼다. 주관이 안렴사(按廉使)와 함께 의논하여 위에 알리고 군사를 내어 도모하려 하므로, 목조가 이 소식을 듣고 삼척현(三陟縣)으로 옮겨 가서 거주하니, 백성들이 자원하여 따라서 이사한 사람이 1백 70여 가(家)나 되었다.

때마침 전일의 산성 별감(山城別監)이 새로 안렴사(按廉使)에 임명되어 장차 이르려고 하니, 목조는 화(禍)가 미칠까 두려워하여 가족을

---

1 이성계가 조선을 건국하고 왕으로 등극한 뒤에 '성계(成桂)'라는 이름을 '단(旦)'으로 고쳤는데, 여기서는 왕의 이름이기에 쓰지 않고 공백으로 남겨두었다.

2 충숙왕은 1313년에 즉위하고, 세자(후의 충혜왕)에게 양위했다가 1332년에 복위(復位)했다. 정확하게 표기하면 '충숙왕 복위 4년'이 맞다.

거느리고 바다로 배를 타고 동북면(東北面)의 의주(宜州)【곧 덕원(德原)이다.】에 이르러 살았다. 이에 고려(高麗)에서는 목조를 의주 병마사(宜州兵馬使)로 삼아 고원(高原)을 지켜 원(元)나라 군사를 방어하게 하였다. 이때 쌍성(雙城) 이북 지방이 개원로(開元路)에 소속되었고, (원나라) 산길대왕(散吉大王)이 와서 쌍성(雙城)에 주둔하고 있으면서 철령(鐵嶺) 이북 지방을 취하려고 하여, 사람을 두 번이나 보내어 목조에게 원(元)나라에 항복하기를 청하니, 목조는 어쩔 수 없이 김보노(金甫奴) 등 1천여 호(戶)를 거느리고 항복하였다.

이듬해 을묘년(1255)에 산길이 이 사실을 원(元)나라 황제에게 알리니, 원나라에서 (목조를 위해) 알동 천호소(斡東千戶所)를 세우고 남경등처(南京等處) 오천호소(五千戶所)의 수천호(首千戶)로 삼고, 다루가치(達魯花赤)를 겸하게 하였다. 알동(斡東)은 지금의 경흥부(慶興府) 동쪽 30리에 떨어져 있다. 목조는 비록 알동에 거처하였으나, 여러 성(城)에 왕래하여 그 거처가 일정하지 않았다.

목조가 (1274년 12월에) 훙(薨)하니, 공주(孔州)【곧 경흥부(慶興府)이다.】 성(城) 남쪽에 장사하였다. 후일에 함흥부(咸興府)의 달단동(韃靼洞)에 옮겨 장사하였으니, 곧 덕릉(德陵)이다.

익조(翼祖)의 휘는 행리(行里)인데, (1275년 3월에) 아버지의 관직을 이어받았다.
원나라의 여러 천호(千戶)와 다루가치(達魯花赤)들이 (익조를) 꺼려 모해하였다.[3]

---

3 익조의 위엄과 덕망이 점차 강성해지니, 여러 천호(千戶)의 수하들이 진심으로 사모하여 좇는 사람이 많았다. 여러 천호들이 꺼려서 모해(謀害)하였다. "이행리(李行里)는

지원(至元) 27년(1290)에 해로(海路)를 거쳐 예전에 살던 의주(宜州)로 돌아와 적전(赤田)이라 했는데, 적도(赤島)에서 왔기 때문이다.

손부인(孫夫人)이 두 아들⁴을 낳고 졸(卒)하니, 두 번째로 장가든 배위(配位) 정비(貞妃) 최씨(崔氏)는 등주(登州)【곧 안변(安邊)이다.】호장(戶長) 최기열(崔基烈)의 딸이다.

(이곳에 거주한 지 여러 해가 되어도) 아들이 없으므로 최씨(崔氏)와 함께 낙산(洛山)의 관음굴(觀音窟)에 기도했더니, 밤의 꿈에 한 승복(僧服)을 입은 중이 와서 고(告)하기를,

"반드시 귀한 아들을 낳을 것이니 마땅히 이름은 선래(善來)라고 하시오."

하였다. 얼마 안 가서 아이를 배어 과연 아들을 낳았으므로, 마침내 이름을 선래(善來)라고 했다.⁵

익조가 훙(薨)하자 안변부(安邊府)의 서곡현(瑞谷縣) 봉룡동(奉龍洞)에 장사지냈으니, 곧 지릉(智陵)이다.

도조(度祖)의 휘(諱)는 이춘(椿)이고, 자는 선래(善來)이다. 아버지의 관직을 이어받고, 함흥부(咸興府)로 이주했다.

도조의 꿈에 백룡(白龍)이 나타나 말했다.

"흑룡(黑龍)이 나의 거처를 빼앗으려고 하니, 공(公)은 구원해 주십시오."

<hr>

본디 우리의 동류(同類)가 아니며, 지금 그 형세를 보건대 마침내 반드시 우리에게 이롭지 못할 것이니, 깊은 곳의 사람에게 군사를 청해 이를 제거하고, 또 그 재산을 분배하는 것이 좋지 않겠는가?"『태조실록』「총서(總序)」
4 맏아들은 규수(嬀水)이고, 다음 아들은 복(福)이다.
5 도조(度祖)이다.

이튿날 과연 백룡과 흑룡이 못 가운데서 싸우고 있었다. 도조가 흑
룡을 쏘니, 화살 한 대에 맞아 죽었다. 뒤에 꿈을 꾸니, 백룡이 와서
사례하였다.

"공의 큰 경사(慶事)가 장차 자손에 있을 것입니다."

도조가 고려(高麗) 충숙왕(忠肅王)에게 와서 조회하니, 왕이 상으로
내려 준 물품이 매우 많았다.

지정(至正) 임오년(1342) 7월에 도조가 훙(薨)하였다. 함흥부(咸興府)
의 예안부(禮安部) 운천동(雲天洞)에 장사지내니, 곧 의릉(義陵)이다.

환조(桓祖)의 휘(諱)는 자춘(子春)이다. 환조가 (지정 을미년(1355)에)
와서 공민왕을 뵈오니, 왕이 위유(慰諭)했다.

함주(咸州) 이북(以北)이 고려 고종(高宗) 때 원(元)나라에 점령당한
때로부터 99년 만에 환조가 모두 수복하였다. 왕이 환조를 승진시켜
사복 경(司僕卿)으로 삼고, 서울에 제택(第宅) 1구(區)를 내리고 이내 머
물러 거주하게 하였다.

(지정 신축년(1361) 봄에) 환조가 나가서 삭방도 만호(朔方道萬戶)가
되었다. 환조의 배위(配位)는 의비(懿妃) 최씨(崔氏)이니, 증 문하시중
(贈門下侍中) 영흥부원군(永興府院君) 최한기(崔閑奇)의 딸이다.

환조가 춘추 46세에 훙(薨)하자, 함흥부(咸興府)의 신평부(信平府) 귀
주동(歸州洞)에 장사지냈으니, 곧 정릉(定陵)이다.

동북면 도순문사(東北面都巡問使) 이달충(李達衷)이 고을을 순시(巡
視)하다가 안변부(安邊府)에 이르렀는데, 달충(達衷)의 진무(鎭撫) 한 사

람이 어떤 사건으로 태조를 불쾌하게 여겨 달충에게 말하였다. 달충이 태조를 불러 보고는 자기도 모르게 뜰에 내려와 영접해 앉으면서 술자리를 베풀었다.

달충이 서울로 돌아갈 적에 환조가 들에서 전송하니, 태조는 환조의 뒤에 서 있었다. 환조가 잔에 술을 부어 돌리니, 달충이 서서 마셨다. 태조가 술잔을 돌리니 달충이 꿇어앉아서 마시고는 말했다.

"귀랑(貴郞)은 참으로 비범한 사람입니다. 공(公)께서도 아마 미치지 못할 것이며, 공의 가업(家業)을 번창(繁昌)하게 할 사람은 반드시 이 아드님일 것입니다."

그리고는 이내 그 자손을 부탁하였다. 공민왕 5년 병신년(1356)에 태조가 처음 고려에 벼슬했으니, 당시 춘추가 22세였다.

○임신년(1392) 8월 (23일)에 손흥종(孫興宗)·김노(金輅) 등은 조정에 돌아왔으나, 경상도에 귀양간 이종학(李種學)·최을의(崔乙義)와 전라도에 귀양간 우홍수(禹洪壽)·이숭인(李崇仁)·김진양(金震陽)·우홍명(禹洪命)과 양광도(楊廣道)에 귀양간 이확(李擴)과 강원도에 귀양간 우홍득(禹洪得) 등은 죽었다. 정도전 등이 몰래 험담하여 죽음에 이르게 한 것이다.

홍수(洪壽) 등 3인은 단양백(丹陽伯) 우현보(禹玄寶)의 아들이다. 처음에 현보(玄寶)의 족인(族人)인 김진(金戩)이란 사람이 일찍이 중이 되어, 그의 종[奴] 수이(樹伊)의 아내를 몰래 간통하여 딸 하나를 낳았는데, 그 딸을 사인(士人) 우연(禹延)에게 시집보냈다. 이 딸이 정도전(鄭道傳)의 어미를 낳았다.

도전이 처음 벼슬하매 현보(玄寶)의 자제(子弟)인 홍수 등이 모두 그를 경멸하므로, 매양 관직을 옮기고 임명할 때마다 대성(臺省)에서 고신(告身)에 서경(署經)하지 않으니, 도전은 현보의 자제들이 시켜서 그렇게 했을 것이라고 여겨, 일찍부터 분개하고 원망하였다.

홍수(洪壽) 등이 종학(種學)·숭인 등의 죽음을 유감스럽게 여기자, 도전(道傳)이 남은(南誾) 등과 몰래 흥종 등에게 말하기를,

"곤장 1백 대를 맞은 사람은 마땅히 살지 못할 것이다."

하니, 흥종 등이 (우홍수 형제 3인과 이숭인 등 5인을 곤장으로 때려 죽여서 모두 죽음에 이르게 하고는, 황거정 등이 돌아와서 곤장을 맞아 병들어 죽었다고 아뢰었다. 도전이 임금의 총명을 속이고서 사감(私憾)을 갚았다. 임금이 처음에는 알지 못했으나, 뒤에)[6] 그들이 죽은 것을 듣고는 크게 슬퍼하고 탄식하였다. 태종(太宗)이 신묘년(1411)에 손흥종 등이 임금을 속이고 제 마음대로 죽인 죄를 소급해 다스려서 그들의 원통함을 풀어주었다.

○8월 (20일)에 왕이 막내아들 방석(芳碩)을 세워서 왕세자로 삼았다. 처음에 공신(功臣) 배극렴(裵克廉)·조준(趙浚)·정도전(鄭道傳) 등이 세자를 세울 것을 청하자, 임금이 강씨(康氏)를 존중하여 뜻이 방번(芳蕃)에 있었으나, 방번은 광망(狂妄)하고 경솔하여 볼품이 없으므로, 공신들이 이를 어렵게 여겼다. (왕이 물으니) 극렴이 말하기를,

"막내아들이 좋습니다."

하니, 임금이 드디어 뜻을 결정하여 세자로 세웠다. 아쉽게도 당시에 공(功)이 많은 아들을 세자로 세우자거나 나이가 많은 아들을 세우자고 말하는 자가 없었다.

---

6 괄호 안의 글은 이해를 돕기 위해 『태조실록』 1년(1392) 8월 23일 기사에서 보완하였다.

전조(前朝 고려)의 사은사(謝恩使)였던 영복군(永福君) 왕격(王鬲)과 정당 문학(政堂文學) 권중화(權仲和)가 중국 서울로부터 돌아왔다.[7] 영복군(永福君) 왕격(王鬲)을 화령부(和寧府)에 안치(安置)하였다. 영복군은 우리 선조 정자공(正字公)의 장인이다.

계유년(1393) 봄에 왕의 맏아들 진안군(鎭安君) 방우(芳雨)[8]가 졸(卒)하였다. 방우(芳雨)는 술을 좋아하는 성격이어서 소주(燒酒)를 마시고 (병이 나서) 졸한 것이다. 아들은 복근(福根)으로, 원윤(元尹)에 봉했다.

다음은 공정대왕(恭靖大王)으로, 정비(正妃) 김씨(金氏)는 후손이 없다.

다음은 익안군(益安君) 방의(芳毅)로, 성품이 순정 공근하여 다른 마음이 없었다. 아들 석근(石根)을 낳았다.

다음은 회안군(懷安君) 방간(芳幹)이니, 아들 맹종(孟宗)을 낳았는데 활을 잘 쏘았다.

다음은 태종대왕(太宗大王)이다.

다음은 방연(芳衍)으로, 전조(前朝 고려) 과거에 급제하였으나 일찍 죽었다.

강비(康妃)의 아들 무안군(撫安君) 방번(芳蕃)은 귀의군(歸義君) 왕우(王瑀)의 딸에게 장가들었는데, 왕우는 공양왕(恭讓王) 요(瑤)의 아우이다.

다음은 소도공(昭悼公) 방석(芳碩)으로, 심효생(沈孝生)의 딸에게 장

---

7 이들이 복명한 내용이 『태조실록』 8월 26일 기사에 실려 있다. "황태자가 4월 25일에 세상을 떠나니, 황제가 황태자의 아들 윤문(允炆)을 세워 황태손(皇太孫)으로 삼았습니다."

8 방우(芳雨, 1354~1394)는 태조와 신의왕후(神懿王后) 안변 한씨(安邊韓氏) 사이의 장남으로 함경도 화령군 영흥면 흑석리에서 태어났다. 사호(祠號)는 청덕(淸德), 시호(諡號)는 경효(敬孝)·정의(靖懿)이다.

가들었다. 흥안군(興安君) 이제(李濟)는 경순옹주(慶順翁主)에게 장가들
었는데, 무인년(1407) 8월에 함께 피살되었다.

왕의 서형(庶兄) 원계(元桂)의 아들 양우(良祐)를 영안군(寧安君)에 봉
하였다.

○갑술년(1394) 여름에[9] 대간과 형조에서 여러 차례 아뢰어, (형조
전서) 윤방경(尹邦慶)을 강화(江華)에, (형조전서) 손흥종(孫興宗)을 거
제(巨濟)에, 심효생(沈孝生)과 여러 왕씨(王氏)들을 바다 섬으로, (중추
원부사) 정남진(鄭南晉)을 삼척(三陟)으로 나누어 유배보냈으며, 공양
왕(恭讓王)에게 사사(賜死)하고 전지(傳旨)를 내렸다.[10]

"동래 현령(東萊縣令) 김가행(金可行)과 염장관(鹽場官) 박중질(朴仲
質) 등이 반역을 도모하고자 하여, 군(君)과 친속(親屬)의 명운(命運)을
장님 이흥무(李興茂)에게 점쳤다가, (일이 발각되어 복죄(伏罪)하였는
데,) 군(君)은 비록 알지 못하지만, 대간(臺諫)과 법관(法官)이 장소(章
疏)에 연명(連名)하여 굳이 다투[固爭]니, 내가 마지못하여 억지로 그
청을 따르게 되니, 군(君)은 이 사실을 잘 아시오."

마침내 그의 두 아들까지 함께 교살하였다. 그리고는 중외의 여러
왕씨 자손들을 대대적으로 찾아내어 모두 죽이라고 명했다.

(원주) 세상에 전하기를 (삼척에 장사했던) 공양왕의 시신을 고양(高陽) 땅
으로 이장했다고 한다. 그 묘가 있는 산을 지금 간성재궁(杆城齋宮)이라고 한
다. 아마도 간성에서 이장한 묘인 듯하다.[11]

---

9 『태조실록』 3년 4월 14일 기사에 관련 내용이 실려 있다.
10 정남진(鄭南晋)이 삼척에 가서 전한 교지는 『태조실록』 3년 4월 14일 기사에 실려 있다.
11 공양왕의 능은 강원도 삼척시 근덕면 궁촌리와 경기도 고양시 덕양구 원당동 두 곳에

○병자년(1396)에 권근(權近)을 명나라에 파견했는데, 정축년(1397)
에 권근은 돌아오고 정총(鄭摠) 등은 명나라에 있다가 피살되었다. 이
보다 앞서 정총 등이 고명(誥命)을 청하러[12] 북경(北京)에 갔다. 황제가
'조선에서 보내온 표문(表文)에 회피하는 문자가 있다'고 해 붙잡아 두
었다. 정총 등이 사람을 보내어 가족들을 데려 왔는데, 황제가 노해
'실제 가족이 아니다'라고 하면서 모두 돌려보냈다.

이때 황제가 하정표(賀正表)를 보고 '희롱하고 업신여기는 문자가
있다'고 하여 사신 유구(柳珣)를 붙잡아 두고, 또 그의 가족들과 표문
(表文)을 지은 정도전(鄭道傳)을 불러들였다. 도전이 병들었다고 핑계
를 대자, 권근이 스스로 가기를 청했다.

"표문을 짓는 일에는 신도 실제로 관여했는데, 신은 지금 잡혀 가는
것이 아니므로 이제 가면 용서받을 수 있고, 원래 잡혀 갔다가 돌아오
지 않은 자들도 또한 의심을 면할 수 있습니다. 신이 만일 후일에 잡혀
가게 되면 신의 죄는 도리어 중하여질 것입니다."

임금이 결국 표문을 지은 정탁(鄭擢), 표문을 교정한 권근, 교정한
표문을 아뢴 노인(盧仁)을 보내자, 황제가 권근을 보고 노여움이 조금
풀렸다.

변중량(卞仲良)이 상소하였다.

"전후에 사신으로 보냈던 송희정(宋希靖)·오진(吳珍)·양우(楊愚)·오
세겸(吳世謙)·권을송(權乙松)·유호(柳灝)·정안지(鄭安止)·조서(曹庶 사
자관)·곽해룡(郭海龍 통사) 및 정총(鄭摠)·김약항(金若恒)·노인도(盧仁

있다.

12 정총(1358~1397)은 아버지 정추(鄭樞)의 대를 이어 정당문학(政堂文學)이 되어 국가의
   문장을 대부분 작성했는데, 이때 태조 이성계의 고명(誥命) 및 인신(印信)을 줄 것을
   청하러 명나라에 사신으로 파견되었다.

度) 등이 모두 붙잡혀 있으니, 약한 형세를 보이지 말기를 청합니다."

왕이 듣지 않고, 더욱 공순하게 (명나라를) 대하였다.

정축년(1397) 3월에 정총과 권근이 하직할 때에 근(近)은 황제가 내려 준 옷을 입었는데, 총(摠)은 현비(顯妃)의 상사를 방금 듣고 상복으로 흰옷을 입었었다. 황제가 노하여 말하였다.

"너는 무슨 마음으로 내려 준 옷을 입지 않고 흰옷을 입었는가?"

근(近)만 돌려보내고 금의위(錦衣衛)에 명하여 총(摠) 등을 국문하게 하였다. 총은 두려워하여 도망하다가 잡히게 되어 형(刑)을 당했다.

(원주) 김약항(金若恒)·노인도(盧仁度)는 총(摠) 때문에 아울러 형을 당하였다.

○7월에 현비(顯妃) 강씨(康氏)가 훙(薨)하자, 공신(功臣)인 문하좌정승(門下左政丞) 조준(趙浚)과 우정승(右政丞) 김사형(金士衡) 등이 상언(上言)하였다.

"공신 1인으로 3년 동안 능을 지키게 하고, 이로부터 영구히 전례가 되게 하기를 청합니다."

임금이 그대로 따라 공신(功臣) 안평군(安平君) 이서(李舒)로 능을 지키게 하였다.

처음 안암동(安巖洞)에 터를 정했는데 물이 나서 쓰지 않고, 드디어 정릉(貞陵)에 장사지냈다가, 후에 사아리(沙阿里)로 이장하였다.

○을유년(1405)에 한양(漢陽)으로 환도(還都)하였다.[13] 태조가 건국

---

13 1398년 왕자의 난이 일어나고, 정종이 즉위하면서 2년 동안 수도를 개성으로 옮긴 일이 있었으나, 태종(太宗)이 즉위하자 곧 한성으로 다시 환도하였다.

한 초기에 계룡산(鷄龍山) 아래에 도읍을 정하고 백성들을 징발하여 역사(役事)를 시작하자, 하륜(河崙)이 말했다.

"(계룡산의 땅은) 산은 건방(乾方)에서 오고 물은 손방(巽方)에서 흘러가니, 호순신(胡舜臣) 법으로는 '물이 장생(長生)을 파(破)하여 (쇠패(衰敗)가 곧 닥치는) 땅'입니다."

드디어 그 터를 버리고, 한양으로 옮겨 터를 잡았다.

공정대왕(恭靖大王)이 즉위하여 송도(松都)로 도읍을 옮겼는데, 어느 날 왕이 태상왕(太上王)에게 한양으로 천도할 뜻을 아뢰자 태상왕이 좋아하면서 말했다.

"참서(讖書)에 이르기를 '왕씨 오백년에 이씨가 한양에 건국한다' 했으니, 이는 하늘의 뜻이다."

갑술년(1394)에 태종이 말했다.

"한양은 태상왕이 건국한 뒤에 좋은 일이 없었다."

하진산(河晉山 하륜)도 말했다.

"좋지 않지만, 내 어찌 이미 이루어진 한도(漢都)를 버리고 무악(毋岳)의 풀이 우거진 곳에 가겠는가?"

드디어 무악에 올라가 백기(白旗)를 한강에 세우고 도읍을 세우려 하자, 여러 사람이 한도(漢都)가 낫다면서 말했다.

"한도(漢都)가 명당이지만 물이 끊겼다고 하는데, 광통교(廣通橋) 위쪽에는 물이 있다."

임금이 동전(銅錢)을 던져서 점을 쳤는데, 종묘(宗廟)와 한양(漢陽)은 2길(吉) 1흉(凶)이고, 송악(松岳)과 무악(毋岳)은 2흉 1길이었다. 결국 한양에 도읍을 정하고 이궁(離宮)을 세워 옮겼으니 이곳이 창덕궁(昌德宮)이다. 태조가 한양에 도읍을 정할 때에 조운(漕運)이 편하다는 점을 들었는데, 지금까지도 공사(公私) 간에 그 이익을 보고 있다.

○목인해(睦仁海)가 처형당하자 대사헌(大司憲) 맹사성(孟思誠) 등에게 곤장을 쳐서 먼 곳으로 유배보냈다. 부마(駙馬) 조대림(趙大臨)[14]이 목인해와 몹시 친했는데, 인해의 사람됨이 교활하여 대림이 나이 어리고 우둔한 것을 보고는 무함하여 큰 공을 이루려고 대림을 꾀어 말했다.

"경복궁(景福宮) 북쪽에 적도(賊徒)가 출몰하니, 어찌 군사를 풀어서 그들을 잡지 않습니까?"

대림이 그 말을 믿고 군사를 풀어 가서 잡으려 하자, 인해가 이숙번(李叔蕃)에게 밀고(密告)했다. 숙번이 왕에게 아뢰니, 왕이 미리 숙번에게 명하여 '대림이 군사를 이끌고 나오기를 기다렸다가 조천화(照天火)를 터뜨리라'고 하였다. 조천화가 터지자 대궐 안에서 각(角)을 불어 군사를 모았다. 대림이 각 소리를 듣고 깜짝 놀라 머뭇거리다가 결국 대궐로 나아가자, 왕이 곧바로 국문(鞫問)하여 장(杖) (20대를) 한 차례 때리고 (모반한 정상을 물었으나), 승복하지 않았다. 또 국문하자 인해가 (장 10여 대를 맞고) 곧바로 실상을 자복했다. 대림을 석방하라 명하고, 인해를 환형(轘刑)에 처하라고 하였다.

이 달에 재상 조박(趙璞)이 죽자, 대간(臺諫)이 형벌을 잠시 시행하지 말기를 청하였다.

대림을 인해와 대면시켜 주범과 종범을 분간하려 하였으므로, 왕이 크게 노해 대사헌(大司憲) 맹사성(孟思誠) 등이 인해를 비호하였다는 뜻으로 장형(杖刑)을 가해 심문하였다. 승복을 받기 위해 죽음을 아끼지 말라고 하였다. 사성 등이 아픈 매를 견디지 못해 모두 자복하고,

---

14 조대림(1387~1430)은 개국공신 조준(趙浚)의 아들로, 태종의 둘째 딸 경정공주(慶貞公主)와 혼인하여 부마가 되었다. 1408년 11월 겸좌군도총제(兼左軍都摠制)가 되고, 12월 반란자 목인해(睦仁海)의 꾐에 빠져 도성에서 군사를 일으키다가 순군사(巡君司)에 감금되었으나, 혐의가 없어 석방되었다.

장차 극형(極刑)에 처해지게 되었다. 하륜, 권근 등이 모두 힘써 맹사성을 구제하였다.

순금사(巡禁司 의금부)의 관원 한 사람이 재상에게 나아가 말하였다.[15]

"공들이 이 사람들을 힘써 구제하지 않아 죽게 되면, 나는 머리를 풀어 헤치고 산으로 들어가겠다."

왕이 재상들의 말을 받아들이고 너그럽게 처분하여, 모두 곤장을 때려서 먼 지방으로 유배보냈다.

아아! 대림이 비록 인해에게 속아서 군사를 마음대로 일으킨 죄는 비록 면하기 어렵지만, 대간이 중범과 종범을 분간해 형율(刑律)을 제대로 적용하려 한 뜻은 왕이 (사위) 대림을 살리려는 뜻을 제대로 헤아리지 못한 것이니 극형을 받게 된 것도 또한 원통하지 않은가?

○병술년(1406)에 왕이 세자에게 전위(傳位)하려고 어보(御寶)를 동궁(東宮)으로 보내자, 대신과 대간과 백관들이 대궐을 지키며 힘써 아뢰기를 며칠 동안 하였다. 왕이 그 뜻을 따르자, 여러 신하들이 절하고 치하하며 물러났다.[16]

왕이 전위하겠다는 말을 민무구(閔無咎)에게 하자, 민무구가 '대신 가운데 상(上)의 뜻을 따르려는 자가 있습니다'라고 아뢰었다. 이튿날 왕이 이 말을 가지고 전교(傳敎)하자, 대신들이 힘껏 다투어 만류하였다. 왕이 무구에게 말하였다.

"네가 '대신 가운데 나의 뜻에 따르려는 자가 있다'고 했는데, 지금

15 『태종실록』 8년(1408) 12월 11일 기사에는 이숙번(李叔蕃)이 순금사 사직(司直) 김이공(金理恭)에게 말한 것으로 기록되었으며, 피발(被髮)이 삭발(削髮)로 되어 있다.
16 『태종실록』 6년(1406) 8월 기사에 며칠 동안 이어져 기록되었다.

어찌 그렇지 않느냐?"

무구가 밀계(密啓)를 밖에 드러낸 것을 미안하게 여기는 빛이 많이 드러났다. 왕이 교지를 내렸다

"무구가 무리들과 교우를 맺어 대권(大權)을 제멋대로 흔들려고 했다. 지난번에 내가 몸이 좋지 않았을 때에 행여 일어나지 못할까 했다가, 내가 전위하지 않은 뒤에는 기뻐하지 않는 빛이 있었다. 무질(無疾)의 죄가 무구보다는 덜하지만, 역시 '상(上)이 반드시 우리들을 보전하지 않을 것이다.' 하였다."

대신과 대간(臺諫)이 교장(交章)하여 법으로 다스리기를 청하니, 왕이 외방에 유배보내라고 명하였다. 무휼(無恤)과 무회(無悔)가 문을 닫아걸고 출입하지 않자, 왕이 명하여 불러들이고 말하였다.

"어찌하여 나오지 않느냐?"

무휼 등이 대답하였다.

"같은 민씨이므로[17] 황공하여 감히 나가지 못했습니다."

왕이 말했다.

"너희들이 형을 사랑하는 것만 알았지, 군부(君父)를 사랑하는 것은 알지 못하는구나."

하루는 왕이 행차했을 때에 원경왕후가 무구의 아내를 대궐 안으로 몰래 불렀다. 왕이 듣고서 크게 노하여 수문장(守門將)과 내관(內官)들을 국문하고, 경중을 분간하여 죄를 주라고 명하였다. 이 뒤부터 일체 바깥사람과 통하지 못하게 하고, 의식만 끊어지지 않게 하였다.

민제(閔霽)의 병이 깊어지자 왕이 무구를 석방하여 와서 보게 하였

---

17 민무휼 민무회 형제는 여흥부원군(驪興府院君) 민제(閔霽)의 아들이자 태종비(太宗妃) 원경왕후(元敬王后)의 동생으로, 민무구 민무질 형제의 동생이기도 하다.

다.[18] 재상과 대간들이 힘껏 다투어 간하자, 왕이 즉시 유배지로 돌려보내라 명하였다.

왕이 즉위 초에 왕후와 함께 민제(閔霽)의 집을 방문해 잔치를 베풀고 몹시 즐거웠는데, 민제가 왕을 선달(先達)이라고 칭하였다. (술자리가 끝나) 왕이 나가자 민제가 왕이 말에 오르도록 도우며 국궁(鞠躬)하여 서 있었다. 무구가 "아버님께서 이렇게까지 하시는 것은 부당합니다."라고 말하자, 민제가 "네가 알 바가 아니다."라고 했다.

○을미년(1415)에 민무휼 민무회 형제를 나누어 유배보낼 때에 세자(양녕)가 아뢰었다.

"지난 계사년(1413)에 중궁(中宮)이 편찮았을 때에 무회와 무휼이 같이 문안을 왔습니다. 두 아우가 탕약(湯藥)을 받들고 안으로 들어갔을 때에, 무휼이 '무구는 모반(謀叛)한 정상이 아니다'라고 말했습니다. 신이 '민씨들이 잘못했다'고 책망했더니, 무휼이 '세자는 우리 집에서 자라지 않으셨습니까?' 하였습니다. 무회가 '형이 망녕된 말을 하였으니 세자께서는 마음에 두지 마십시오' 하였습니다."[19]

대간이 곧바로 함께 논핵하여 모두 유배보냈다. 병신년(1416) 봄에도 대간이 논핵하기를 마지않으므로, 모두 자진(自盡)하게 하였다. 무구의 4형제는 은총을 많이 받고도 함께 극형을 받았으니 슬프다.

---

18 1407년 11월 21일에 태종이 민무구를 여흥(여주)에, 민무질을 대구에 유배보내면서 "여강군(驪江君)·여성군(驪城君)을 외방(外方)에 둔 것은 양친(兩親)을 위한 것이요, 저들을 위한 것이 아니다. 저들이 양친이 있어 나이 많고 또 병들었으므로, 내가 민무구를 가까운 땅에 두어서, 만일 그 양친이 병이 있으면 하루 안에 불러서 시약(侍藥)할 수 있게 한 것이다."라고 설명하였다.
19 『태종실록』 15년(1415) 6월 6일 기사에는 무구와 무질의 이름이 바뀌어 실려 있다.

○양녕대군(讓寧大君)이 동궁(東宮)에 있다가 죄를 지어 폐세자되어 광주(廣州)에 거처하였다. 양녕은 동궁에 있을 때에 군소배(群小輩)들과 놀기를 좋아하였으며, 음주와 도박을 즐기고 응견(鷹犬)[20]을 좋아하였다.

왕이 명나라 사신에게 연회를 베풀 때에 양녕도 연회에 모시고 있었는데, 기생 봉지(鳳池)와 연심(蓮心)을 보고 마음속으로 좋아하여 불러들여 사통하였다. 또 초궁장(楚宮粧)과 간통하였는데, 일찍이 상왕을 모시던 자였다. 또 곽선(郭璇)의 첩 어리(於里)가 아름답다는 소문을 듣고 담장을 넘어 들어가 간통하였다. 또 구종수(具宗秀)의 집에 몰래 가서 술잔치를 벌였다. 종수의 형인 종지(宗之), 종유(宗猷)도 또한 모시고 술을 마시며 즐겁게 놀았는데 못할 말이 없었다.

왕이 듣고서 크게 노하여 양녕을 김한로(金漢老)[21]의 집으로 내보내 가두고, 공궤(供饋)를 끊어버렸다.[22] 왕이 이오방(李五方)과 구종수를 죽였으니, 모두 따라 놀면서 감춰준 자들이었다. 종지와 종유도 또한 죽였는데, 종유의 벼슬은 참판이었다고 한다. 권보(權堡)와 이법화(李法華) 등도 모두 죄를 입었으며, 이승(李昇)은 유배되었는데, 어리(於里)의 일을 알고 있었기 때문이다.

---

20 응견은 사냥할 때에 쓰는 매와 개인데, 사냥이라는 뜻으로도 썼다.

21 김한로(1358~?)는 1404년에 이조전서(吏曹典書)가 되어 이듬해 성절사(聖節使)로 명나라에 다녀왔으며, 1407년에 세자 양녕대군을 사위로 맞이하면서 좌군동지총제(左軍同知摠制)에 올랐다. 예문관 대제학, 예조판서 등을 지냈지만, 1418년 세자궁에 여자를 출입시킨 문제로 대간의 탄핵을 받아 의금부에 하옥된 후 직첩을 몰수당하면서 세자와의 인연이 끊겼다.

22 1402년 5월에 세자전(世子殿)을 공궤(供饋)하기 위하여 특별히 경승부(敬承府)를 설치했는데, 1418년 6월에 양녕대군(讓寧大君)이 폐세자가 되자, 순승부(順承府)로 바뀌었다.

양녕이 잘못을 뉘우치고 자책하여 8조의 서문(誓文)을 지어 종묘(宗
廟)에 고하였는데, 왕의 뜻이었다. 자책하는 서문(誓文)과 상서(上書)는
모두 변계량(卞季良)이 지은 것이다. 왕이 개경(開京)에 거둥할 때에
양녕이 한도에 있으면서 또 어리를 사통하는 등, 불의한 짓을 많이
행하였다. 왕이 편지를 보내어 책망하자 양녕도 또한 편지를 써 올렸
는데, 자기 심정을 진술한 말 가운데 '상(上)께서도 역시 후궁이 많다'
는 식의 패륜적인 말이 많았다. 상이 크게 노해 말했다.

"이는 '아버지의 행실도 바른 데서 나오지 않았다[夫子未出於正]'[23]는
격이다."

드디어 사람을 보내 지(禔)를 폐세자하여 광주로 내보게 살게 하였
다. 여종 3명만 데려가고[24], 동궁의 살림살이들은 가져가지 못하게 하
였다. 세종을 고쳐 세자로 삼았다. 당시 신하들 가운데 양녕의 아들을
봉하자는 말도 있었지만, 상이 안 된다고 하였다. 효령(孝寧)은 기질이
유약하므로 세종을 택해 책봉한 것이다. 김한로도 죽였으니, 빈(嬪)의
아버지로서 좋은 길로 이끌지 않고 바르지 못한 여인들을 많이 끌어들
였기 때문이다.

○산릉고증사(山陵考證使) 하륜(河崙)이 정평(定平)에서 졸하자, 상
이 몹시 슬퍼하며 눈물을 흘렸다. 처음에 하륜이 떠날 때에 상이 동교

---

23 원문의 '夫子未出於正'은 『맹자』「이루 상(離婁上)」에 보인다. "아버지께서 나를 바른
   길로 가르치시지만, 아버지 행실도 바른 데서 나오지 않았다'고 생각한다면, 이는 부자
   간에 서로 의를 상하는 것이니, 부자가 서로 상하게 되면 나쁜 것이다.[夫子敎我以正
   夫子未出於正也 則是父子相夷也 父子相夷則惡矣]"
24 폐세자의 전지(傳旨)가 실려 있는 『태종실록』 18년(1418) 6월 3일 기사에는 "근수비(根
   隨婢) 13명, 종[奴] 6명, 화자(火者) 4명"을 딸려 보냈다고 하였다.

(東郊)에 거둥하여 전송하였다. 하륜이 서자 장(長)을 상에게 보이면서 아뢰었다.

"바라건대, 전하는 저의 집안을 불쌍히 여기소서."

또 그의 아우도 있었다. 하륜이 함흥에 이르러 턱에 종기가 나서 죽었다. 아들 구(久)와 서자 장(長), 연(延), 영(永) 세 명이 있다.

하륜은 진주(晉州) 사람으로, 호는 호정(浩亭)이다. 기량이 깊고도 두터워 즐거움과 노여움이 얼굴빛에 드러나지 않았다. 이 해에 나이 칠십이 되어 벼슬에서 물러나기를 청했지만 윤허를 받지 못했다가 결국 북방에서 객사하였다.

하륜이 일찍이 밀계(密啓)를 올려

"황희(黃喜)와 심온(沈溫)은 소인이니, 바라건대 쓰지 마십시오."
하였지만, 상은 그렇게 여기지 않았다. 승지를 시켜 그들을 소인이라고 한 정상을 물어보게 하였다.[25]

(원주) 세상 사람들이 전하기를, "하륜이 함흥에 도착하자 꿈에 태조가 나타나 몹시 노했으며, 깨고 난 뒤에 병이 들어 죽었다"고 한다.

○태종이 선위(禪位)한 뒤에 한 궁주(宮主)가 가장 사랑을 많이 받았다. 그의 아버지가 평안감사가 되었는데, 북경에 가는 통사(通事)의 짐에 금지 물품이 있는 것을 적발하여 뇌물을 받고 사사롭게 사용했

---

25 이 밀계는 『태종실록』 16년(1416) 6월 22일 기사에 실려 있고, 태종이 지신사(승지) 조말생(趙末生)을 하륜에게 몰래 보내어 그 뜻을 물어보게 하였다.
"정치를 하는 도리는 사람을 쓰는 것보다 큰 것이 없으니, 한 사람의 군자를 쓰면 다스려지고, 한 사람의 소인을 쓰면 어지러워지는 것을 성상께서는 깊이 알고 있을 것입니다. 그러나, 대간(大姦)이 겉으로 꾸미면 아무리 밝다 하더라도 이를 알기 어렵습니다. 심온(沈溫)과 황희(黃喜)는 매우 간악한 소인(小人)이니, 정부·육조(六曹)와 이조(吏曹)에 있는 것도 마땅하지 못하고, 직책이 전선(銓選)을 맡는 것은 더욱 불가합니다."

다. 대간에서 논핵하여 옥에 가두고 사실을 밝혀내어 법률에 따라 죄를 주었으며, 궁주도 함께 파출되었다. 하륜이 아뢰기를

"궁주가 내궐 깊은 곳에 거처하면서 그 아비의 악행을 어찌 알았겠습니까? 파출시키지 말기를 청합니다."

하니, 상이 답하였다.

"경은 나를 와주(窩主)로 만들려는가?

그 말을 따르지 않았다. 태종이 승하하자 조정에서 '궁주를 대궐에 들어와 상복을 입게 하자'고 청하였는데, 세종이 '선왕이 파출시켰다'고 하며 따르지 않았다.

(원주) 홍무(洪武) 정축년(1397)에 (명나라 태조의) 부마(駙馬) 구양륜(歐陽倫)이 죄를 지어 사사(賜死)되었다. 이때 섬서(陝西) 사천(四川) 등에 다마사(茶馬司)를 설치해 서번(西藩)이 말을 가져와서 차[茶]로 바꿔 가는 것을 관리했는데, 사사롭게 차를 국경 밖으로 내보내는 자는 목을 베었다. 구양륜이 황제의 명을 받고 서쪽에 사신으로 가서 파촉(巴蜀)의 차를 사사롭게 국경 밖으로 내보내다가 난하교(蘭河橋)의 순검(巡檢)이 법에 따라 아뢰어, 황제가 듣고 크게 노하여 구양륜에게 죽음을 내렸다. 내 생각으로는 태종이 궁주의 아비를 살려주지 않은 것이나 고황제가 부마의 죄를 논단한 것이 같은 규례에서 나온 것이니, 성인들은 나라를 다스리고 법을 지키는 데에 조금도 사사로움이 없었다.

○세종(世宗) 때에 김종서(金宗瑞)가 북병사(北兵使)로 있다가 9년 만에 문상(問喪)하러 오자, 세종이 기복(起復)하여 평안병사(平安兵使, 종2품)에 임명하고, 8년 만에 오자 찬성(贊成, 종1품)으로 승진하여 임명했다.

성종(成宗) 때에 당상(堂上) 이상 3백여 명이 사족(士族)의 개가자(改嫁子) 금고(禁錮)에 관해 의논하라고 명하자, 조정에서 의논한 자 가운

데 많은 사람이 금고(禁錮)를 풀지 말자고 하였다. 상이 특별히 명하여 자손들을 벼슬길에 오르지 못하게 하였다.

○왕이 전하였다.

"연변(沿邊)의 고을들은 장수들이 집을 떠나 오래 변방을 지키므로 여기(女妓)를 설치해 그들을 위로했다. 내지(內地)의 여기들은 혁파해도 좋다."

그러자 의논하는 자들이 "천사(天使)가 올 때에 여악(女樂)을 써야 하니, 내지의 여기를 혁파하면 경기(京妓)가 비게 되어 선발할 길이 없으니, 성교(聖敎)를 과연 행할 수 없습니다."라고 말했다.

중종(中宗) 기묘년(1519)에 여러 명현들이 "경기(京妓)를 파하시라"고 청하였다. 그때 장악원(掌樂院) 제조(提調)가 진풍정(進豊呈)[26]을 거행하기 어렵다고 하자, 여러 명현들이 혹은 '담장 밖에서 음악을 연주시키자', 혹은 '맹인들에게 음악을 연주시키자', 혹은 '늙은 기생들에게 연주시키자'고 말했지만, 끝내 혁파되었다. 여러 명현들이 실패한 뒤에야 다시 여악(女樂)이 설치되었다.

○임숭재(任崇載)가 죽었다. 숭재는 임사홍(任士洪)의 아들로서 성종(成宗)의 딸(혜신옹주)에게 장가들어 풍원위(豐原尉)에 봉해졌다. 간흉하고 교활하기가 그 아비보다 심하여, 위를 섬기어 사랑을 받으려고 상(上)이 마음먹고 있는 것을 다 알았다.

그가 죽게 되자 왕이 중사(中使)를 보내서 할 말이 무엇인가를 물으

---

26 임금 내외와 자전의 경사를 경축할 때 올리는 잔치이다. 진연(進宴)보다 의식이 정중하며, 기생·광대들에게 가무(歌舞)와 잡희(雜戱)를 시킨다.

니, 대답하기를, '미인을 바치지 못한 것이 죽어서도 한스럽습니다.' 하였다. 그가 죽자 (왕은 몹시 슬퍼하여, 승지 윤순(尹珣)을 보내 조문하게 하고 부의를 특별히 후하게 주었다. 빈소를 차린 후에 왕은 그 처를 간통한 일이 빌미가 될까 염려하여 중사(中使)를 보내어)[27] 관(棺)을 열고 무쇠 조각을 시체의 입에 물려 진압(鎭壓)시켰다. 왕이 일찍이 (자신의 누이동생인) 옹주를 사통했으므로, 숭재의 귀신이 빌미가 될까 두려워 푸닥거리를 했다.

○생원 황윤헌(黃允獻)을 죽였다. 윤헌의 첩 보비(寶非)의 얼굴이 예쁘고 가야금을 잘 타니, 구수영(具壽永)이 빼앗아 왕에게 바쳤다. 왕이 매우 사랑했으나 보비의 성질이 사납고 괴팍하여 말하고 웃는 것을 좋아하지 않았으므로, 왕은 그전 남편을 생각해서 그런 것이라 여기고 드디어 윤헌을 죽였다. 구수영은 영응대군(永膺大君)의 사위인데, 재산이 많으면서도 음난해 왕의 뜻을 잘 맞췄다.

○왕이 박숭질(朴崇質)의 아내와 사통하고, 항상 숭질에게 죄를 주려고 계획했다. 숭질이 알지 못하자. 당시 사람들이 비웃었다.[28]

○갑자년(1504)에 왕이 조정의 사대부들을 크게 죽였다. 폐비(廢妃)

를 의논한 재상 윤필상(尹弼商), 이파(李坡), 폐비에게 사약을 전달한 승지 이세좌(李世佐), 폐비를 논한 옥당(玉堂) 관원들 및 교지를 작성한 양사(兩司)의 관원들까지 무려 백여 명이 모두 지극히 참혹한 형벌을 받아, 심지어는 뼈를 부수어 바람에 날렸다.

이보다 앞서 임사홍과 박효원(朴孝元) 등이 서로 결탁하여 간악한 짓을 하므로 성종(成宗)은 그들이 소인인 것을 알고 쓰지 않았다. 사홍의 아들 광재(光載)는 예종(睿宗)의 딸에게 장가를 들고, 숭재(崇載)는 성종의 딸에게 장가들었다.

폐조(廢朝 연산군) 때에 숭재가 남의 첩을 빼앗아 왕에게 바치니 왕이 그를 매우 총애하여 그의 집에 자주 미행(微行)하였다. 이에 사홍이 나와 임금을 뵙고 울면서, "폐비(廢妃 연산군의 어머니)가 엄숙의·정숙의 두 사람의 참소로 사약을 받게 되었습니다." 하니, 폐주(廢主)가 드디어 두 숙의(淑儀)를 죽이고 무도한 짓을 마음대로 행하였다.

이때 조정에 있는 사대부를 크게 죽였으니, 지위가 높고 행동이 점잖은 사람과 명분과 절의를 지키는 선비 중에 죽음을 면한 이가 드물었다. 이 일은 모두 사홍 등이 사적인 감정을 품고 임금을 유도한 것이다.

사홍(士洪)이 일찍이 채홍사(採紅使)가 되어 백성들에게 심한 해독을 끼치니, 길 가는 사람도 그를 흘겨보았다. 신수근(愼守勤), 수영(守英), 수겸(守謙)은 신비(愼妃)의 형제들인데, 안팎을 다 차지하였다. 구수영은 재물을 모으는 재주가 있어 총애를 받았다. 그의 아들이 폐주의 사위였으므로, 몇 사람이 표리(表裏)가 되어 악을 저질렀다. 도승지 강혼(姜渾)은 폐주가 하려는 것을 먼저 알아내어 비위를 맞췄다. 영의정 유순(柳洵)도 그들 사이에 의탁해 간신히 자기 목숨을 보전했다.

○장순손(張順孫)·박은(朴誾)을 국문하여, 박은을 군기시(軍器寺) 앞
에서 목을 베었다. 폐주(廢主)가 지난날 밤까지 사냥함을 논계(論啓)한
자를 뒤늦게 캐어물어 처음 논의를 꺼낸 자를 죽이려 하였다. 당시[29]에
순손은 부제학(副提學)이고 박은은 수찬(修撰)이었기에 엄히 고략(拷掠)
하니 순손과 은이 서로 죄를 미루었다. 취조하던 신하들은 순손을 많
이 편들었다. 폐주도 또한 은이 일찍이 비분강개하여 논의하던 자라
고 하여 드디어 목을 베고, 연좌(緣坐)[30] 적몰(籍沒)[31]하였다. 박은의 나
이가 이때 26세였다. 친구 이행(李荇) 등도 또한 죄를 입었다.

윤필상(尹弼商)·이극균(李克均)·이파(李坡)·이세좌(李世佐)·나인(內
人) 1명과 박은을 6죄인이라 하여 집을 헐어 못을 만들고[32], 비석을
세워 그 죄악을 썼다. 극균은 죽을 때에 '절대로 죄가 없다'고 말했
다.[33] 세좌는 승지로서 폐비에게 사약을 내린 죄와 왕의 옷에 술을 쏟

---

29 박은은 1500년 3월 11일에 홍문관 부수찬에 임명되고, 장순손은 9월 28일에 부제학에 임명되었다. 『연산군일기』 6년(1500) 10월 11일에 홍문관 상소가 삭제되고, 10월 27일에도 홍문관 상소가 삭제되었다.

30 범죄자와 일정한 친족관계가 있는 자에게 연대적으로 그 범죄의 형사책임을 지우는 제도로, 친족관계가 아닌 일정한 관계가 있는 자에게 연대책임을 지우는 연좌(連坐)와는 다르다. 조선시대에는 『대명률』을 형법의 일반법으로 적용하였으므로, 가장 중대한 범죄인 모반대역죄인은 능지처사하고 아버지와 16세 이상의 아들은 교형, 16세 이하의 아들과 모·처첩·조손·형제자매 및 아들의 처첩은 공신가(功臣家)의 종으로 삼고, 모든 재산을 몰수하며, 백숙부·조카는 동거여부를 불문하고 유3천리안치형에 처하였다.

31 적록(籍錄)하여 몰수(沒收)한다는 뜻이니, 중죄인의 재산 또는 부정한 방법으로 얻은 재산을 관가의 문적(文籍)에 적고 모두 거둬들이는 것이다.

32 원문의 파가저택(破家瀦澤)은 대역 죄인이나 강상(綱常)에 관계되는 중죄인을 처형하고 아울러 과하는 처분의 하나로, 그 집을 헐고 그 자리에 못을 파는 것을 말한다.

33 『연산군일기』 10년(1504) 윤4월 18일 기사에 목매어 죽은 이극균의 마지막 말이 기록되어 있다. "신의 나이 70이 다 되고, 몸에 병이 쌓여 있으니, 죽어도 다른 생각이 없겠습니다만, 신이 소시부터 변방에서 일하였으며, 나라 일에는 크고 작은 것 없이 모두 진심 갈력하였습니다. 신이 반복하여 생각해 보아도, 한 가지 죄도 없습니다. 이 말을 주상께

은 죄를 아울러 적용하여 참혹하게 죽었으니, 예전 시대에 비할 바가
없었다.

○폐주가 일찍이 조정의 신하들에게 충(忠)·성(誠) 두 글자를 새겨
사모(紗帽)의 앞뒤에 붙이게 하였는데, 이때[34] 이르러 사람들이 노래를
불렀다.

忠誠是詐謀	충성이란 사모요
擧動卽喬桐	거동은 교동일세
一萬興淸何處置	일만 홍청 어디에 두고
夕陽天來去誰從	석양 하늘에 누구를 쫓아가나
己哉此亦娘婦家	두어라 예 또한 각시의 집이니
無妨達曙且從容	날 새우기에 무방하고 또 조용하다네

사모(紗帽)와 사모(詐謀), 거동(擧動)과 교동(喬桐)은 음이 서로 가깝
고, 방언에 각시[婦]와 가시(荊棘)[35]는 말이 서로 비슷하기 때문에 뜻을
빌려 노래한 것이다.

(원주) 이런 전설이 있다. 강혼(姜渾)이 승지(承旨)라서 대궐에 가는데, 시간
을 잘못 알아 삼경(三更)에 관아에 너무 일찍 도착했다가 길에서 유순(柳洵)을
만나 반정(反正) 모의에 참여하게 되었다. 구수영(具壽永)은 종이 일이 있어서
밤중에 나갔다가 훈련원(訓鍊院)에 불이 비치는 것을 보고 변(變)이 생긴 것을

전달하기 바랍니다."

34 『연산군일기』 12년(1506) 9월 2일 기사에 "금상(今上)이 경복궁에서 즉위하고 왕을 폐
(廢)하여 교동현(喬桐縣)으로 옮겼다."고 기록한 뒤에 오언 칠언의 민요가 실렸다.
35 연산군이 폐위된 뒤에 교동도에 위리안치(圍籬安置)되었으니, 가시로 둘려진 집에 살
게 되었다.

알고는 곧바로 주인에게 가서 말해, 수영이 가서 참여하였다. 세 대장(大將)이 강혼에게 교서를 쓰게 했는데, 겁이 몹시 나서 글자가 제대로 이루어지지 않았다고 한다. 유순이 비록 수상으로 이 모임에 참여했지만 두려워서 어쩔 줄을 몰랐기에, "성대감이 하려는가? 유대감이 하려는가?" 물었다. 성희안이나 유순정이 찬탈하여 스스로 왕이 되려는 것으로 의심했던 것이다. 그가 마음먹은 바를 더듬어 본다면 몸을 보존하고 나라를 팔아먹으려 하는 것뿐이니 장차 저런 정승을 무엇에 쓰랴.

○전씨(田氏)와 장씨(張氏)[36]를 군기시에서 목 베었다. 전씨와 장씨 두 사람은 후궁(後宮)에서 가장 총애를 받았는데, 이때 군기시에서 처형당하자 사람들이 다투어 몽둥이로 그 시신을 두들기며 꾸짖었다.

"이 구멍으로 몇 사람이나 잡아먹었느냐?"

이보다 며칠 전에 폐주가 여러 후궁들과 함께 후원에서 연회를 베풀었는데, 폐주가 스스로 초금(草笒 풀피리)을 불고 나서 탄식하며 눈물을 흘리고 말했다.

"지금은 태평스러우니 비록 걱정할 일이야 없겠지만, 인생은 풀 위의 이슬 같으니 어찌 슬프지 않겠느냐?"

여러 계집들이 모두 몰래 비웃었는데, 유독 전비와 장녹수 두 사람만은 슬피 눈물을 흘렸다. 얼마 되지 않아 반정이 일어났다.

○이보다 앞서 여러 신하들이 소릉(昭陵)[37]을 추복(追復)하기를 청하

---

36 전씨와 장씨는 민폐를 끼친 연산군의 후궁 숙원(淑媛)인데, 전씨는 전비(田非), 장씨는 장녹수(張綠水)를 가리킨다.

37 문종(文宗)의 왕비이고 단종(端宗)의 어머니인 현덕왕후 권씨(顯德王后權氏, 1418~1441)를 안산에 장사하고 소릉(昭陵)이라 했는데, 세조(世祖)가 발굴하여 없애버리고

였는데, 몇 달 되도록 따르지 않았다. 계유년(1513) 3월에 태묘(太廟
종묘)의 나무들이 벼락을 맞자[38] 언관들이 더욱 분발하였으며, 김응기
(金應箕) 등도 또한 천변(天變)이라고 하였다. 이에 이르러 중의(衆議)를
따라 상이 윤허하였다.

안산(安山)에서 영구를 옮겨 왕후(王后)의 예로 현릉(顯陵)에 부장(祔
葬)하였다. 이때 노공필(盧公弼)이 처음부터 끝까지 불가하다고 하였
다. 공필은 노사신(盧思愼)의 아들인데, 그 아비가 소릉을 옮기자고 한
논의에 참여하였으므로 만세의 공론을 사사로운 뜻으로 한사코 저지
하려 한 것이다. 아아! 슬프다.

○공신 신윤무(辛允武)와 박영문(朴永文)을 목 베었다.[39] 두 사람은
모두 벼슬이 숭품(崇品)[40]에 이르렀다. 신윤무는 사납고 교만해, 일찍
이 문신들이 탄핵하자 분개하였다.

어느 날 신용개(申用漑), 이장곤(李長坤)과 함께 사냥할 곳을 보고
돌아왔다. 이장곤이 연구(聯句)를 읊기를, "사람의 일백 년에 떨어지는
해를 보도다[人事百年看落日]"하니, 신용개가 이어서 "산과 강은 만년
에 티끌뿐일세[山河萬古只行塵]"라고 읊었다. 장곤이 또 영문에게 이어
서 지으라 하니, 영문의 마음이 분하고 한스러웠다.[41]

바닷가로 이장하였다. 중종 때에 추복하여 현릉(顯陵 문종의 능)으로 다시 이장하였다.
38 『중종실록』 8년(1513) 2월 28일 기사에 "크게 뇌성 번개가 일어 태묘(太廟)의 소나무
　두 그루에 벼락이 떨어졌다."고 하였다.
39 『해동야언별집초』에는 이 구절이 소릉(昭陵) 추복(追復) 기사에 이어져 있지만, 전혀
　다른 사건이므로 ○ 표시를 하여 구분하였다.
40 종1품 이상을 뜻하는 말로써, 품계 이름에 모두 '숭(崇)' 자가 있기 때문에 생겨난 말이다.
41 『연려실기술』 권7「중종조 고사본말. 박영문(朴永文)과 신윤무(辛允武)의 옥사」 조에
　"박영문이 그날 저녁에 신윤무의 집에 가서 마주하고 말한 것을 정막개가 엿듣고 말을

○정축년(1517)에 대사헌 김당(金璫)·대사간 유운(柳雲) 등이 상소하였다.

"중궁의 시어소(時御所)는 궁금(宮禁)과 일체인 법인데, 들건대 '정미수(鄭眉壽)의 첩이 입시한다' 합니다. 그 여인은 폐조(廢朝) 때에 권세에 의지하여 폐단을 부렸으므로 반정할 때 전비(田非)·장녹수(張綠水)와 동등하게 죄주려다가 그만두었는데, 마음이 진실로 간사하여 더럽고 몸 또한 여러 남자를 거쳤습니다. 지금 내전(內殿)에서 시초를 바르게 해야 할 계제인데 어찌 부정한 사람을 섞여 있게 할 수 있겠습니까? 참으로 마땅히 통엄하게 배척하여 합니다."

전교하였다.

"(정미수의 첩은) 배척하는 것이 옳다."

선조(宣祖) 초에 심이겸(沈義謙)이 경연(經筵)에 입시했을 때에 말이 기묘사화(己卯士禍)에 미치자, 이렇게 말하였다.

"정미수의 첩이 그때 통곡하고 가니 문정왕후도 크게 부끄러워하고 한스럽게 여겼기 때문에, 조광조가 화를 입을 때에 안에서 참소한 힘이 많은 피해를 끼쳤습니다."

○무인년(1518) 5월 15일에 상이 친정(親政)하면서, 이조 판서 안당(安瑭)을 우의정으로 삼았다. 이날 지진이 세 차례 일어나 전각이 흔들리자, 대신들을 불러들여 의견을 구하였다. 예조 참판 조계상(曹繼商)이 아뢰었다.

"이 (소인) 무리들은 인화(人禍)가 없으면 반드시 천형(天刑)이 있습

보태 얽어서 (역모를) 고하였다."는 구절이 이어진다.

니다."

그러자 대간(臺諫)이 논박하여 계상의 죄를 청하고, 또 병조 판서 장순손(張順孫)이 탐욕스럽고 더럽다고 죄를 논하였다. 이때 부제학 조광조(趙光祖)도 말미를 얻어 지방에 있다가 조정에 돌아와, 역시 조계상의 비리에 대해 극언하였다.

하루는 이계맹(李繼孟)이 (지진에) 무너진 담장을 보고 우스갯소리로 "이것도 장순손의 죄이다."라고 하였다. 이는 대간의 논박이 너무 지나치다고 기롱한 것이다. 당시 대간이 차자를 올려 "장순손 때문에 지진이 일어났다"고 논핵하였으므로, 계맹이 이같이 우스갯소리를 한 것이다.

○어떤 사람이 밤에 조정을 비방하는 글을 붙였다. 이때 여러 현인들이 격탁양청(激濁揚淸)[42] 만회세도(挽回世道)를 일삼는데 범인(凡人)들은 방향을 모르고 물정을 몰랐으며, 탄핵하는 글이 벌떼처럼 일어나 온전한 사람이 얼마 없었다. 이조는 서관(庶官) 10여인의 성적을 심사하면서 논핵하고, 대간은 또 별좌(別坐) 10여인을 태거(汰去)했으며, 또 이희옹(李希雍) 등의 훈적을 삭제하라고 청하였다. 이로 인하여 일시의 불만을 품은 무리들의 원한이 골수에 들었다.

(밤에) 어떤 사람이 정부의 대문과 간원(諫院)의 대문에 화살을 쏘았다. 또 조광조(趙光祖) 등 30여 명의 죄를 나열하여 쓰고, 대신들이 말하지 않는 죄를 들어서 배척하였다. 이때 무인(武人) 김우증(金友曾)

---

42 탁류(濁流)를 밀어 내보내고 청류(淸流)를 끌어올린다는 뜻으로, 악을 제거하고 선을 장려하는 것을 말한다. 전국 시대 초(楚)나라 시교(尸佼)가 '수유사덕(水有四德)'을 처음 말하였다.

이 조광조 등에게 원한이 있었으므로, 대간(臺諫)에서 우중이 옥사(獄事)를 일으키려 했다고 논죄하였다.

○광조(光祖) 등이 옥에 갇힐 때에 죄를 얻은 이유를 알지 못했으므로, 간신들이 왕의 이목을 가려서 그런 것이라고 생각했다. 이미 유배된 뒤에 신상(申鐺)과 유운(柳雲) 등이 상의하기를 '효직(孝直 조광조의 자)이 모르고 떠났으니 일러 주지 않을 수 없다.' 하여, 마을의 믿을만한 유생을 시켜 과천(果川)까지 쫓아가서 말해 주었다.

"남곤(南袞)·홍경주(洪景舟)·심정(沈貞) 등이 남곤의 집에서 모여 의논하기를, '먼저 참설(讖說)로 임금의 마음을 요동하고, 거사하는 날 저녁에는 신무문(神武門)으로 들어가 임금을 추자정(楸子亭)에 모시어 의논하고, 의논이 끝나면 도로 나와 연추문(延秋門)으로 들어가 합문(閤門) 밖에서 대신들을 불러 그 이름을 열서(列書)하여 마치 조정에서 죄주기를 청해서 죄를 준 양으로 하자.' 하였다."

광조가 듣고 말하였다.

"임금께서 어찌 그렇게까지 하려 하셨겠는가. 조금도 의심할 것이 없다."

남곤이 늘 '광조 등이 총애를 받기는 하나 임금의 마음은 쉽게 바꿀 수 있다.' 하더니, 이제 참설로 두렵게 하였으니 그 술수가 또한 높다. 광조가 교화를 힘쓰니 소민(小民)들이 모두 그 인자함에 감복하였으나 간교한 무리는 인심을 모으는 것이라고 하였다. 그러므로 죄를 받던 날 사류(士類)들이 모두 상소하여 구제하였고 대궐 뜰에 들어가 곡하는 자까지 있었으나, 임금은 그 참소를 더욱 믿었었다.

이보다 앞서, 황효헌(黃孝獻)이 홍문관 박사로 있을 때에 사적으로 말하기를 '임금이 선(善)을 좋아하시기는 하나 곧은 말에 대해서 반드시 자세를 고치고 용색(容色)을 바꾸시니, 나는 매우 의심스럽게 여긴 다.' 하였는데, 이제 보니 그 말이 과연 옳았다.

광조의 학문은 김굉필(金宏弼)에게서 나왔으며 외모가 단정하고 말이 분명하며 풍채가 남들을 감동시키므로 선비들이 사모하여 문하에 가득히 모여들었다. 김정(金淨)은 시(詩)에 능하다고 세상에 이름났으며, 나이 34세에 형조 판서가 되어 향약(鄕約)을 시행하기에 힘썼다. 김식(金湜)은 구재(口才)가 있으며, 경전(經傳)에 자세히 통하지는 못하나 성리설(性理說)을 잘 이해하여 현량과(賢良科)에 으뜸으로 뽑혀 대사성이 되었으니, 통독(通讀)하는 날이면 학자들이 명륜당(明倫堂)에 가득히 모여 종일 귀를 기울였는데 지겨워하는 기색이 없었다.

이 세 사람은 다 사림(士林)의 영수(領袖)이고 닦고 갈아서 선한 일을 한 것도 많으니, 그 과격한 것을 제재하여 그 덕기(德器)를 성취하면, 인재가 풍성하게 되는 것을 날을 꼽아 기대할 수 있었을 것이다. 그런데 점점 신조(新條)를 세워서 구신(舊臣)을 많이 배척하였으므로, 기뻐하지 않는 자가 많아서 음모하고 모함하게 되었다. 처음에는 발탁하여 신임하였으나, 마침내 그 붕당이 성하고 권세가 중한 것으로 의심하여 밀모(密謀)하여 제거하기에 이르렀다. 그 화가 당고(黨錮)보다 참혹하였으니, 아깝다.

(원주) 어떤 사람이 방유령(方有寧)에게 광조에 대해서 묻기를 '광조는 어떤 사람인가?' 하니, 답하기를 '광조는 선인(善人)이니, 그 일생에 어찌 악한 일을 하였으랴마는 그 병폐는 자전(自專)에서 생겼다.' 하였다. 벼슬을 내리는 것도 다 그 무리가 추앙하고 칭찬함에서 나왔으니, 임금일지라도 벼슬을 내릴 때에는 유사(有司)와 같이해야 하고 반드시 자전하려 하면 오래 갈 수 없는 것인데, 하물며 신하이겠는가![43]

○대간(臺諫)이 아뢰었다.

"수사(水使) 한충(韓忠)이 길에서 어떤 사람을 만나고는 선인(善人)이라고 생각하여, 드디어 그 사람의 소장(疏章)을 가지고 와서 아뢰고, 물색하여 찾기까지 하였습니다. 그 사람은 권탁인데 교활한 사람일 뿐 아니라 예전에 장녹수(張綠水)의 서제(書題)[44] 노릇을 하던 자입니다. 그 상소는 한충이 스스로 윤색하여 올린 것이니 천총(天聰)을 속인 죄가 심합니다. 나추(拿推)하여 율문(律文)에 따라 죄를 주소서."

한충이 (옥중에서) 상소하였다.

"대간·시종은 임금의 이목(耳目)이 되므로 조야(朝野)에 드나들며 듣고 본 모든 것은 작은 일이라도 반드시 다 아뢰어야, 임금의 은택이 내리고 백성의 고통이 아뢰어지며 언로(言路)가 환히 열려서 상하에 막히는 것이 없게 되어, 아마도 성명(聖明)이 부지런히 대우하시는 기대에 보답할 수 있을 것입니다."

대간이 또 아뢰었다.

"한림(翰林) 이구(李構)는 '외방에서 지금 향약(鄕約)을 시행하므로 길에 떨어진 물건이 있어도 줍지 않습니다.' 하고 아뢰었으나, 요즘 전라도·경상도에서는 도둑이 성행하여 남의 재물을 빼앗습니다. (풍속이 이처럼 각박한데도 길에 떨어진 물건을 줍지 않는다 하였으니) 어찌 이처럼 아첨하는 풍습이 있겠습니까?"

(대간이) 또 아뢰었다.

---

43 이 부분을 원주(原註)처럼 작은 글씨로 썼는데, 『중종실록』 14년(1519) 11월 18일 기사에는 사평(史評)으로 덧붙어 있다.

44 조선시대에 중앙 관아에 속하여 문서의 기록과 관리를 맡아보던 하급 관리인 서리(書吏)를 가리킨다. 여염집에서 글씨 같은 것을 써주며 일을 맡아보아주는 사람도 서제라 하였으니, 청지기와 비슷하다.

"금부에서 광조에게 공초를 받을 때에 이장곤(李長坤)의 자(字)를 부르며 희롱하기를 '못난이여, 못난이여, 섭섭하구나.' 하였습니다. 또 홍숙(洪淑)의 이름을 부르며 '네가 어찌 감히 우리를 추고(推考)하느냐!' 하고는, 공지(供紙)를 무릎 위에 놓고 손으로 치면서 서명하지 않으려 하였습니다. 조옥(詔獄)은 다른 옥사(獄事)와 견줄 바가 아닌데, 당상(堂上)이 법대로 국문(鞫問)하였다면 죄인이 어찌 감히 그랬겠습니까?"

상이 금부당상 김전(金詮)을 돌아보며 물으니, 김전이 대답하였다.

"저들은 반드시 죽게 되리라는 것을 스스로 알고 밤새 술을 마셔 취해서 깬 사람이 하나도 없었는데, 광조가 더욱 심하여 아이가 울부짖는 것 같았습니다. 인사불성이 되어 이장곤의 자를 부르며 대청에 오르려는 것을 신 등이 사람을 시켜 붙들어 말렸습니다. 또 홍숙의 이름을 부르며 공초를 바치지 않으려고 한참 동안 서명하지 않았으니, 매우 부도(不道)합니다."

집의(執義) 유관(柳灌)이 아뢰었다.

"조옥(詔獄)은 지극히 엄숙해야 하는데 죄인을 추국(推鞫)할 때에 부도한 말을 내게 하였으니, 기강이 있었다면 죄인이 어찌 감히 그럴 수 있겠습니까? 저들은 임금께서 총애하여 차서를 뛰어넘어 벼슬을 주셨으므로 이같이 교만하고 방종하였습니다. 광조가 대사헌(大司憲)으로서 예궐(詣闕)할 때에 호조 판서 고형산(高莉山)이 길에서 앞서 갔는데, 광조가 자기보다 앞서 가는 것을 노여워하여 서리(胥吏)를 시켜 형산에게 가서 말하기를 '내 전도인(前導人)을 말 뒤에 세우고 가니 몹시 매몰차다. 배리(陪吏)를 가두고 판서를 함문(緘問)해야 할 것이나, 지금은 이 정도로 넘어가겠으니 앞으로는 그러지 말라.' 하였습니다. 사람들이 다 성인으로 여기는 광조가 남에게 저렇게 교만하였으니, 하물며 그 아래 무리이겠습니까!"

○11월 갑술일[45]에 생원(生員) 황이옥(黃李沃)·유학(幼學) 윤세정(尹世貞)·이내(李來) 등이 상소하여, 조광조 등 4인을 죽이라고 청하였다.

"(형세로 서로 의지하고 안팎으로 서로 도우면서) 날마다 폐지하는 것은 조종(祖宗)의 구법(舊法)이요, 날마다 끌어들이는 것은 일 만들기 좋아하는 신진(新進)이며, 날마다 배척하는 것은 자기들과 배치되는 정인(正人)이었습니다. 무리를 나누고 당을 합하여 궤습(詭習)을 격렬히 양성하여, 아비를 비평하는 아들을 곧다 하고 형을 비평하는 아우를 공정하다 하였습니다. 위로는 조종의 법을 고치고 가운데로는 전하의 조정을 흐리게 하고 아래로는 우리나라의 윤리를 무너뜨렸으니 신하로서 이런 큰 죄를 졌는데 목 베지 않고서 무엇을 기다리겠습니까?"

또 말하였다.

"조야(朝野)가 다만 조광조·김식(金湜)·김정(金淨)이 있는 것만 알고, 전하(殿下)가 계시는 것은 알지 못합니다."

(원주) 광조가 귀양간 지 한 달 남짓 되어도 임금의 노여움은 아직 풀리지 않았으나, 죽이자고 청하는 사람이 없으므로 쾌하게 결단하지 못하고 있었다. 생원 황이옥이 이를 알아차리고 망령된 윤세정·이내 두 사람과 함께 상소하여, 광조를 극심하게 헐뜯고 사류(士類)를 많이 끌어내어 조아(爪牙)·우익(羽翼)이라 지칭하니, 임금이 소(疏)를 보고 곧 (광조 등에게 사사(賜死)하고) 이옥 등을 칭찬하여 술을 공궤(供饋)하라고 명하였다. 이옥이 처음에는 광조 등이 하옥되었다는 소식을 듣고서 곧 신구(伸救)하는 소를 기초하여 벗들에게 보였으나 (끝내 올리지 못하였는데), 이때에 이르러서는 고쳐 기초하여 헐뜯어 임금의 뜻을 맞추었다.

45 이 상소문은 『중종실록』 14년(1519) 12월 14일(갑술) 기사에 실려 있다.

○전교(傳敎)하였다.

"지난번 조광조·김정·김식·김구·윤자임·기준·박세희·박훈 등이 서로 붕비(朋比)가 되어 자기에게 붙는 자는 천거하고 자기와 뜻이 다른 자는 배척하여 성세(聲勢)로 서로 의지하고 권세 있고 중요한 자리를 차지하고서 후진을 이끌어 궤격(詭激)이 버릇되게 하여 국론이 전도되고 조정(朝政)이 날로 글러가게 하였다. 그러나 조정에 있는 신하들이 그 세력이 치열한 것을 두려워하여 감히 입을 열지 못하였으니, 그 죄가 크다. 본디 안율(按律)하여 죄를 다스려야 하겠으나, 특별히 말감(末減)하며 (안치(安置)하거나 부처(付處)한다.) 죄는 크고 작은 차이가 있는데 벌은 경중이 없이 한 과조(科條)로 죄주는 것은 법에 어그러지므로 대신들과 경중을 상의하였다. 광조는 사사(賜死)하고, 김정·김식·김구는 절도(絶島)에 안치하며, 윤자임·기준·박세희·박훈은 극변(極邊)에 안치하라."

(원주) 대간이 광조의 무리를 논하되 마치 물이 더욱 깊어가듯이 아직 드러나지 않았던 일을 날마다 드러내어 사사(賜死)하기에 이르렀다.

○광조가 죽자 정광필이 상심하였으며, 남곤도 몹시 슬퍼하였다. 성세창(成世昌)의 꿈에 광조가 살아 있을 때처럼 나타나서 시를 지어 세창에게 주었다.

日落天如墨　해가 져서 하늘은 먹 같고,
山深谷似雲　산이 깊어 골짜기는 구름 같구나,
君臣千載義　군신의 의리는 천년토록 변치 않으니
怊悵一孤墳　슬프구나 이 외로운 무덤이여!

이 말을 들은 사람들은 다 가엾이 여겼고, 눈물을 흘리는 사람까지

있었다. 그러나 당시의 논의는 세창이 경솔하게 퍼뜨린 것을 옳지 않
다고도 하였다. 광조는 온아(溫雅)하고 조용하였으므로 적소(謫所)에
있을 때 하인들까지도 모두 정성으로 대접하였으며, 분개하는 말을
한 적이 없었으므로 사람들이 다 공경하고 아꼈다. 의금부 도사(義禁府
都事) 유엄(柳渰)이 사사(賜死)의 명을 가지고 이르니, 광조가 유엄에게
가서 땅에 앉아 묻기를

"사사(賜死)의 명만 있고 사사의 글은 없소?"
하였다. 유엄이 글을 적은 쪽지를 보이니, 광조가 말했다.

"내가 전에 대부(大夫)의 반열에 있다가 이제 사사받게 되었는데 어
찌 다만 쪽지 하나를 만들어 도사에게 부쳐서 (신표로 삼아) 죽이게
하겠소? 도사의 말이 아니었다면 믿을 수 없을 뻔하였소."

광조의 뜻은, 임금이 모르는 일인데 광조를 미워하는 자가 중간에
서 마음대로 만든 일이 아닌가 의심한 것이다. 따라서 누가 정승이
되었고 심정(沈貞)이 지금 어느 벼슬에 있는가를 물어 유엄이 사실대
로 말하니, 조광조가 '그렇다면 내 죽음은 틀림없소.' 하였다. 아마도
자기를 미워하는 사람이 다 요직에 있으므로 틀림없이 죽일 것이라는
뜻이다. 또 물었다.

"조정에서 우리들을 어떻게 말하오?"
유엄이 말하였다.

"왕망(王莽)의 일에 비해서 말하는 것 같습니다."
광조가 웃으며 말했다.

"왕망은 사사로운 일을 위해서 한 자요. 죽으라는 명이 왔는데도
한참 동안 지체하는 것은 옳지 않은 일이 아니겠소? 그러나 오늘 안으
로만 죽으면 되지 않겠소? 내가 글을 써서 집에 보내려 하며 분부해서
조처할 일도 있으니, 처치가 끝나고 나서 죽는 것이 어떻겠소?"

유엄이 허락하자 광조가 곧 들어가 조용히 편지 쓰기를 마치고, 또
회포를 썼다.

愛君如愛父	임금을 어버이처럼 사랑하였고,
憂國如憂家	나라를 내집처럼 근심하였네.
白日臨下土	해가 아래 땅을 굽어 보니,
昭昭照丹衷	붉은 충정을 밝게 비추리.

또 거느린 사람들에게 이르기를
"내가 죽거든 관을 얇게 만들고, 두껍게 하지 말아라. 먼 길을 가기
어렵다."
하였다. 자주 창문 틈으로 밖을 엿보았는데, 아마도 형편을 살폈을
것이다. 드디어 거듭 내려서 독하게 만든 술을 가져다가 많이 마시고
죽으니, 이 말을 들은 사람 치고 눈물을 흘리지 않는 자가 없었다.
당초에 능성현(綾城縣)에 가자 고을 원이 관동(官僮) 몇 사람을 보내서
쇄소(灑掃)의 일을 하게 하였는데, 광조가 죽을 때에 이들에게 각각
은근한 뜻을 보였다. 또 주인을 불러 말하였다.
"내가 네 집에 묵었으므로 마침내 보답하려 했으나, 보답은 못하고
도리어 너에게 흉변(凶變)을 보이고 네 집을 더럽히니 죽어도 한이 남
는다."
관동과 주인은 스스로 슬픔을 이기지 못하여 눈물이 흘러내려 옷깃
을 적셨고, 오래도록 고기를 먹지 않았으며, 광조의 말을 할 때마다
문득 목이 메인다고 한다.
(원주) 내가 고찰하건대, 당시의 일은 궤이하고 비밀스럽고 황홀한 데에서
나왔다. 사관은 또한 모두 죄직(罪職)이어서 귀역(鬼蜮)의 상황을 상세하게 기
록할 수 없었으며, 중묘실록(『중종실록』)을 찬수할 때, 을사 간신이 정국을 담

당하여 일이 사실을 잃은 것이 많았고, 혹은 기묘 제현을 그릇되다고 여긴 것
도 있었으니, 이루 통탄할 수가 없다. 조광조는 배운 바의 올바름을 가지고 또
군주의 전적인 은총을 얻었건만, 하루아침에 베어버리고 파헤쳐 없어져 조금
도 고석(顧惜)함이 없으니 어째서인가? 무릇 세주(世主)는 신하에 대해서 그
탐예(貪濊)와 사독(邪毒)은 모두 그리 깊이 혐오하지 않고, 유독 형세가 핍박
하고 모책이 위태로움을 두고 말을 하니, 비록 명철한 군주라고 하여도 그 요
술 속에 빠지지 않는 경우가 드물어 간사한 적이 일망타진할 수가 있다. 조광
조 등의 죽음은 바로 여기서 생겨났을 따름이다. 그 후 경인(庚寅 1530)의 해에
심정(沈貞)은 강서(江西)에 유배되어 끝내 사사(賜死)되고 심정의 아들 사순
(思順) 또한 옥중에서 죽으니, 사람들이 모두 김안로(金安老)가 모의하여 죽였
다고 여겼다. 김안로가 과연 여기에 힘을 쓴 것은 사실이다. 하지만 심정 당시
에 죄를 입은 자가 정말 많았다. 유독 심정에게 그러했던 것은 중묘(중종)가
그를 죽이고 또 그 아들을 옥중에서 장살한 것이니, 어찌 유독 김안로가 능히
할 수 있는 바였겠는가? 앞서 그 장인 윤여필(尹汝弼)이 울면서 심정에게 말하
길, "동궁(東宮 인종)의 작서지변(雀鼠之變)이 심했다."라고 하자 심정이 마침
내 그 말을 경연에서 아뢰었다. 박씨의 화가 마침내 여기에서 비롯되었다. 박
씨가 죄를 받기 전에 어찌 심정을 참소하여 반드시 죽이려 하지 않았겠는가?
김안로의 세력이 이루어진 이후 박씨 모자를 죽일 것을 논하였으므로, 세상
사람은 그저 박씨의 화가 안로에게서 극에 달한 것만을 알지 심정이 실로 그것
을 창도한 것을 알지 못한다. 이는 필시 중묘(중종)이 심정을 죽일 마음을 늘
쌓아두었다가 특별히 그것을 기회로 발휘한 것일 따름이다. 심정과 두 아들은
모두 올바른 죽음을 얻지 못했다, 남곤(南袞)은 후사가 없다. 홍경주(洪景舟)
의 외손은 왕자 때문에 참화를 만났으니, 하늘의 보시(報施)는 역시 공정하다
고 말할 수 있다.

○을사년(1545) 7월에 상이 위독해지자[46] 현량과(賢良科)를 복구하라고 명하였다.

(원주) 내가 생각하건대, 인묘(仁廟 인종)는 하늘이 내신 성인으로, 도(道)는 정일(精一)을 전했다. 춘궁(세자궁)에 있을 때부터 이미 기묘 제현이 소인의 앙화에 뜻하지 않게 걸린 것을 알아서, 즉조(등극)한 처음에 우선 복과(復科)하여 그 도를 추숭하고, 삼년무개(三年無改)의 의리를 잘 깨달아서, 은인불발(隱忍不發)하여 시일을 기다렸다. 불행히도 질병에 걸려 거의 장차 일어나지 못하게 되니, 또 품은 뜻을 펼치지 못할까 두려워 마침내 숨이 넘어가려는 때에 특별히 복과(復科)하도록 명하시니, 대성인의 처치가 비록 천년의 아래에서도 역시 가히 어읍(於悒)하게 한다. 적신(賊臣) 무리가 도리어 지적하기를 윤임(尹任) 등이 인심을 얻으려 한 일이라고 하니, 하늘을 속이고 사람을 속임이 무엇이 이보다 심하겠는가? 우리 선왕 선묘(선조)가 인묘(인종)를 멀리 추숭하려는 뜻에서 특별히 현량지과를 복설하니 40년 기천영명(祈天永命)이 반드시 여기에서 나오지 않은 것이 없다. 아아, 성대하도다.

○7월 1일에 인묘(仁廟)가 빈천(賓天)하고, 6일 병인에 명묘(明廟)가 즉위하였다. 7일에 영의정 윤인경(尹仁鏡), 좌의정 유관(柳灌)이 삼전(三殿)[47]에 문안하자, 대왕대비가 답하였다.

"미망인이 박덕하고 박복하여 거듭 큰 변고를 당하니 다만 통곡할 따름이다. 이제 주상이 어린 나이로 보위(寶位)를 계승하였으니 국가의 대사를 오로지 대신만 믿는다. 또 지난날 근거 없는 낭설을 유포하

---

46 원문의 대점(大漸)은 병이 위독하다는 뜻이다. 『서경(書經)』「고명편(顧命篇)」에, "병이 크게 더쳐서 위태롭게 되었다.[疾大漸惟幾]"하였다.

47 대전(大殿)·대왕 대비전(大王大妃殿)·왕대비전(王大妃殿)이다.

는 무리들이 사특한 말을 조작하여 나라를 어지럽히려 하였으므로 지금까지도 인심이 의구심에서 벗어나지 못하고 있다. 다시 이런 사특한 말을 하는 자가 있으면 마땅히 엄히 다스릴 것이다. 그러나 이왕의 낭설에 대해서는 위에서 털끝만 한 사심(私心)도 없으므로 이를 다 씻어내고 힘써 인심을 안정시켜 조정을 편안하게 하려고 하니, 대신들도 의당 이 뜻을 알아서 인심을 진정시키고 충성을 다하여 나라를 돕도록 하라."

이때 영중추(領中樞) 홍언필(洪彦弼), 영상 윤인경, 좌상 유관, 우상 성세창[48], 좌찬성 권벌(權橃), 우찬성 이언적(李彦迪)[49], 이조 판서 유인숙(柳仁淑), 병조 판서 이기(李芑), 형조 판서 윤임(尹任), 대사헌 민제인(閔齊仁), 대사간 김광준(金光準), 부제학 최숙(崔淑), 도승지 송기수(宋麒壽), 검열 윤결(尹潔), 안명세(安名世)가 직에 있었다.

(원주) 하늘이 인종을 오래 살게 하였다면 비록 대소윤(大小尹)[50]이란 설(說)이 있다 하더라도 절로 봄눈 녹듯 했을 것이고, 하늘이 명종에게 어진 보필을 주었다면 대소윤 사이에 틈이 있다고 하더라도 또한 화단(禍端)이 해소되어 난이 그치게 되었을 것이다. 모후(母后)가 어린 임금을 옹립하여 국가의 형세가 매우 위태로운 때에 유관(柳灌)이 대신으로서 국권을 담당하였는데, 그는 충직함은 남음이 있지만 지식이 부족하였다. 그래서 대소윤을 모두 파출하여 국난(國難)을 풀게 할 줄은 모르고 유독 원로를 다스리는 데만 급급하였으므로 그 자취가 마치 대윤을 방조하고 소윤을 공격하는 것 같이 되었다. 그래서 대비가

---

48 (원주) 사은사(謝恩使)로 북경에 갔다.

49 (원주) 이상은 원상(院相)이다.

50 대윤(大尹)은 윤임(尹任)을 가리키고, 소윤(小尹)은 윤원로(尹元老) 윤원형(尹元衡) 형제를 가리킨다. 윤임은 장경왕후(章敬王后)의 아우이고, 윤원로 형제는 대왕대비의 아우이다.

더욱 진노(震怒)하게 되었고, 원형의 무리도 구실을 얻게 되어 공적인 명분을 가탁하여 사적인 원한을 갚기 위해 살륙과 찬적(竄謫)을 마구 자행하여 하늘이 행할 직분을 더럽혔으므로 그 재앙이 수십 년에 이르도록 그치지 않았다. 예로부터 외척들이 권세를 다투어 서로 도모할 경우 국사를 크게 그르치는데 이르지 않은 적이 없었다.

　○윤인경과 유관이 아뢰었다.

"대행왕(大行王)[51]께서 6월 초부터 미령(未寧)하시어 20여 일 동안 어선(御膳)을 들지 않았는데, 위중한 지경에 이른 뒤에야 신하들이 알았다고 합니다. 당시의 승전색(承傳色)과 도설리(都薛里)[52] 등은 어선의 진어 여부를 알고 있었을 것인데, 신들이 누차 물었는데도 진어하신다고 대답하였으니, 죄 주시기를 청합니다."

(대왕대비가) 답하였다.

"중국 사신이 돌아간 뒤 6월 3일부터 대행왕이 전혀 음식을 진어하지 않아 중전(中殿)이 친히 진어를 권하려고 대내에서 수라를 만들어 올렸으니, 밖에 있는 내관(內官)들이 어떻게 알 수 있었겠는가."

　○인경 등이 아뢰었다.

"하교를 받드니 '인심을 진정시키고 조정을 안정시키려고 힘쓴다'는 그 말씀의 뜻이 더없이 간절하여 감격스런 눈물을 금할 수 없습니다. 이제 어리신 임금이 새로 서고 국가에 어려운 일이 많으므로 신들

---

51 임금이 승하한 뒤 아직 시호(諡號)를 올리기 전에 붙이는 칭호로, 여기서는 인종(仁宗)을 가리킨다.

52 우두머리 설리. 설리는 몽고어(蒙古語)로 '도움' '돕는 자'라는 뜻인데, 내시부(內侍府)에 속한 환관(宦官)의 직명이다. 어선(御膳)을 맡아보았다.

이 밤낮으로 애통해 하면서 보필과 보호의 책임을 다하려고 생각하고
있습니다만 어찌할 바를 모르겠습니다. 『역경(易經)』에 이르기를 '국
가를 창립하여 계승해 가려면 소인(小人)을 쓰지 말라.' 하였고, 또 '소
인을 쓰지 말라는 것은 그가 반드시 나라를 어지럽히기 때문이다.'
하였습니다. 지금은 조정이 모두 '인심을 진정시키고 종사(宗社)를 편
케 하려면 무엇보다도 먼저 간사한 자를 제거하는데 주저하지 말아야
한다.'고 합니다. 신들이 보기로는 하늘이 우리나라에 상화(喪禍)를 내
리심이 지금보다 심한 적이 없었습니다. 선왕께서 승하하신지 겨우
8개월 만에 지금 대행왕께서 또 이런 망극한 지경에 이르셨습니다.
이것이 하늘이 내린 상화라고 하더라도 재앙을 초치(招致)한 원인은
실상 사람에게 연유된 것입니다.

　군기시 첨정(軍器寺僉正) 윤원로는 그 성품이 흉악하고 마음이 간사
스러워 폐부(肺腑)를 믿고 날로 말 만들기만을 일삼아 천친(天親)을 이
간질했습니다. 대행왕의 효우(孝友)는 타고난 천성이어서 형제간의 우
애에 털끝만 한 어색함도 없었는데, 이 사람이 '동궁(東宮)이 대군(大
君)을 해치려 한다'고 하면서 궁액(宮掖)을 공동(恐動)하여 양쪽의 흔단
을 빚어내었습니다. 그리하여 선왕의 총명(聰明)함으로도 의혹하지 않
을 수 없어, 밤낮으로 어린 아들을 보전하지 못할까 우려하신 나머지
드디어 심열(心熱)을 이루어 끝내 승하하기에 이르셨습니다. 대행왕께
서도 어버이의 마음을 편치 못하게 하고 형제간에 우애 있게 지내지
못할까 항상 근심과 두려움을 품고 지내다가, 이어 대변(大變)을 당하
셨습니다. 엎친 데 덮친 격으로 극도로 수척해지시더니 얼마 안 되어
또 승하하시었으므로. 여론이 통분하게 여긴 나머지 그의 살점을 먹
으려고 하니, 이 사람은 종사(宗社)의 큰 역적이고 국가의 화근입니다.
이 사람이 비록 자전(慈殿)의 지친이긴 하지만 대의로 말한다면 실상

자전의 원수입니다.

빨리 먼 곳으로 귀양을 보내어 한편으로는 하늘에 계신 양조(兩朝)의 영혼을 위로하고 또 한편으로는 신민(臣民)들의 쌓인 울분을 위로하게 해주시면 종사에 매우 다행스럽겠습니다."

대왕대비가 답하였다.

"작년 겨울 중종께서 경연(經筵)을 파하고 내전으로 들어와 이르시기를 '대사간 구수담(具壽聃)이 대윤·소윤의 일을 말하기에 그 언근(言根)을 추문하려다가 인심이 흉흉해질까 저어하여 추문하지 않았다.' 하셨고, 그 뒤 경연에서 대사헌 정순붕(鄭順朋)도 말한 바 있으나 중종께서 끝내 언근을 추문하지 않은 것은 곧 인심을 진정시키려는 뜻이었다. 실제로 이와 같은 일이 있었다면 궁중에서 어찌 듣지 못하였겠는가.

대내(大內)의 상하간에는 이와 같은 말이 전혀 없었는데 이제 겨우 7일이 지나자마자 조정에서 이같이 아뢰니 어찌 할 바를 모르겠다. 원로는 인물이 비록 볼 만한 데가 없기는 하나 언근도 캐 보지 않고 죄를 준다는 것은 부실한 일이 아니겠는가. 만약 언근을 추문하여 그것이 적실함을 알게 된다면 (원로를) 아낄 게 뭐 있겠는가."

세 번째 아뢰자, (대왕대비가) 답하였다.

"정승은 기필코 이와 같이 하려고 하지 말라. '어찌 범연히 헤아려 계달하였겠느냐'고 하지만, 나 또한 어찌 범연히 헤아려서 안 따르는 것이겠는가. 정승이 어찌 직접 들었겠는가. 필시 전해 들은 것일 것이다. 반드시 언근을 캔 연후에야 죄를 정할 수 있다."

인경 등이 대행왕이 동궁으로 있을 때 빈료(賓僚)들에게 내린 글을 가지고 서계(書啓)하니, 답하였다.

"위에서 이를 보시면 조정의 뜻을 아실 것입니다."

(원주) 이때 대신들이 이 일을 계달하기 위해 여러 날 회의하였는데, 이기(李

芑)는 그때마다 '몸이 불편하다'고 핑계하고 다른 곳으로 나가 누워 있었으므로, 권벌(權橃)이 '왜 보는 사람들로 하여금 불쾌하게 하는가?' 하였다. 바야흐로 둘러앉아 은밀히 상의할 즈음에 정옥형(丁玉亨)도 물러나 참석하지 않자, 권벌이 힐책하였다. '화(禍)를 입게 되면 어찌 물러 앉아 있었다 하여 홀로 모면할 수 있겠는가. 영공은 바짝 다가와서 참여하시오.' 인경이 당초 윤개(尹漑)로 하여금 계초(啓草)를 만들게 하였는데 윤개가 다음날 와서 '어제 회의 결과를 상세히 듣지 못하여 지어오지 못하였다.' 하니, 좌우의 사람들이 잠자코 말이 없었다. 이날 문안한 뒤에 계달하려 하였는데 자전의 비망기(備忘記)가 먼저 내려왔다. 유관이 놀라서 '위에서 이미 그 기미를 아셨구나.' 하였다.

그 계사(啓辭)를 처음에는 '빨리 현륙(顯戮)을 가할 것을 청한다.'는 내용으로 의논을 정하였는데, 이준경(李浚慶)이 유독 불가하다고 하면서 '이같이 아뢰는 것 역시 너무 빠른데 더구나 죽이자고 할 수 있겠는가?' 하여, 드디어 '먼 곳으로 귀양보내자'는 내용으로 고친 것이다. 이때 대신이 원로의 주살(誅殺)을 계청하는데 대해 재신(宰臣)들에게 물었는데 이준경이 불가하다고 하였다. 유관이 경악하면서 '이는 참정(參政)이 앞날을 걱정해서 하는 말인가?' 하자, 준경이 '지금 원로의 주살을 계청한다면 대비의 마음이 편하겠는가. 갑자기 그렇게 할 수는 없다.' 하였다. 준경이 나오자, 송인수(宋麟壽)가 책망하기를 '원길(原吉)[53]도 또한 이런 말을 하는가?' 하니, 준경이 '일을 이렇게 해서는 안된다.'고 하였다.

○윤인경과 유관 등이 대왕대비전에 아뢰었다.

"옛날에도 제왕이 어리면 태황후(太皇后)가 청정(聽政)한 전례가 있기 때문에 요즘 공사(公事)를 윗전[上殿]에 출납했습니다. 정희왕후(貞

---

53 원길은 당시 형조 참판이던 이준경의 자이다.

熹王后) 때의 일기(日記)를 상고하여 보니 '아무날 아무 궁전에 나아가 셨다'는 사례가 있는데, 정희왕후께서 성종(成宗)과 같이 앉아 청정하 였습니다. 지금도 역시 크게 관계되는 일이 아닌 경우에는 원상(院相) 이 승전 내관(承傳內官)을 시켜 출납하게 하고, 큰 일일 경우에는 대왕 대비와 대전께서 함께 임어한 다음, 승지가 입계하는 것이 합당합니 다. 정희왕후 때의 일기에는 수렴(垂簾)한 사실이 보이지 않습니다. 그러나 수렴하는 것은 예로부터 있어 온 일이니 지금도 설치하지 않을 수 없습니다. 정원에게 그에 대한 의절(儀節)을 갖추게 하는 것이 어떻 겠습니까?"

정부·육조(六曹)가 윤원로를 죄줄 것을 청하니,[54] 대왕대비가 답하 였다.

"내 어찌 원로를 아껴 조정의 공론을 따르지 않는 것이겠는가. 원한 이 있는 사람[55]의 소행이기 때문이다."

(정부와 육조가) 다시 아뢰었다.

"(이런 말은 전일 경연에서도 재차 발론되었던 것으로 오늘에야 비 로소 거론된 것이 아닙니다.) 중종대왕 때 논계하려다가 하지 않은 이유는 중종께서도 사설(邪說)에 미혹됨이 없을 수 없으므로 혹 일이 난처하게 되지 않을까 하여 그랬던 것입니다. 대행왕 때에 계달하지 않은 것은 혹 모후의 마음을 아프게 하지나 않을까 해서였습니다. 지 금은 이와 같은 혐의가 없으니 바로 극론하여 죄를 정할 때입니다."

부제학 나숙, 대사헌 민제인(閔齊仁), 대사간 김광준(金光準) 등이 교 장(交章)[56]하여 원로의 죄를 청하였다.

---

54 『명종실록』 즉위년(1545) 7월 8일 기사에 보인다.
55 윤임(尹任)을 가리킨다.

"신들이 경사(經史)를 상고하여 보니 주나라 성왕(成王)은 13세에 즉위하였고 한나라 소제(昭帝)는 8세에 즉위하였는데도, 성왕은 그 숙부 관숙(管叔)·채숙(蔡叔)의 죄를 알았고, 소제는 그 황후의 조부인 상관걸(上官桀)의 거짓을 분별하였습니다. 이들은 다 나이 어린 군주였으나 지친(至親)의 죄를 결단할 수 있었으니, 어찌 스스로 나이 어림을 핑계하여 지체시킬 수가 있겠습니까. 삼가 전하께서는 위로 이 두 군주가 어린 나이에 즉위하였어도 왕실에 죄가 있으면 지친이라도 용서하지 않았던 대의를 본받으시어 빨리 공론을 따름으로써 종사를 편안하게 하소서."

이때 대신들은 자전(慈殿)에 아뢰고, 삼사(三司)는 대전(大殿)에 아뢰었다. 영부사(領府事) 홍언필(洪彦弼) 등은 원로에게 죄를 주라고 청하고, 도승지 송인수(宋麟壽) 등은 원로를 빨리 공론에 따라 처리하라고 청하였다. 지중추부사 정사룡(鄭士龍), 임권(任權), 첨지중추부사 김순고(金舜皐), 대사성 조사수(趙士秀) 등도 원로에게 죄를 주라고 청하였다.

(원주) 이때 온 조정이 원로에게 죄를 주라고 청하자, 대왕대비가 답하였다.

"온 조정의 신하가 논집(論執)하는 것이 이에 이르렀으므로 애써 따르니, 자원 부처(自願付處)하게 하도록 하라."

윤원로를 해남(海南)에 부처하였는데, 자원에 따른 것이다. 이때 (윤원로의 죄가 이미 정해졌으므로 의금부가 윤원로에게 자원하는 곳을 묻게 되었다.) 그런데 판의금(判義禁) 정옥형(丁玉亨)이 입을 다물고 한 마디도 묻지 못하므로 동지사(同知事) 심연원(沈連源)이 마침내 해남으로 정하였다. 원로가 나와서

---

56 중대한 일이 있을 때 사헌부(司憲府)와 사간원(司諫院)에서 합동으로 연명하여 상소하던 글이다.

방자하게 말하기를 '명년에 중국 사신이 나와 사명(赦命)이 있게 되면 내가 어찌 그곳에 오래 머물겠는가.' 하였다.

이때 조정이 원로의 일을 누차 아뢰었어도 윤허하지 않자, 유인숙이 분연히 말했다.

"일찍부터 이렇게 될 줄 알았다. 정부에서 처치한 것만 못하지 않은가?"

대개 조정의 논의는 왕위를 계승하기 전에 원로는 의정부에 가두고 신수경(申秀涇)은 형조에 가둔 다음 총재(冢宰)가 죄를 정하게 하려 하였으나 끝내 이 의논이 시행되지 못하고 말았다. 수경은 영천위(靈川尉) 신의(申檥)의 아비로서 윤원로와 심지가 같아서, 대행 왕조 때 대행왕이 몹시 수척하여 질병이 많은 것을 보고는 서로 복술인[卜人]을 청하여 대행왕의 수명의 장단에 대해 묻기도 하였다. 원로가 일찍이 나숙의 형 식(湜)에게 '네 아우는 어찌하여 나를 죽이려는 의논을 좋아하는가?' 하였고, '주상도 단명하다고 하더라.' 하였다. 나숙이 집을 짓자 원로가 말하기를, '새 집이 이루어졌으나 살 주인이 적다고 한다.' 하였다. 대행왕의 병이 위독해지자 원로는 윤임이 곁에 모시고 있는 것이 못마땅해서 '장차 화변이 있을 것'이라고 하면서 대군을 공동시키고, 건장한 종을 모아 대군의 집을 지키게 하였다. 대행왕이 말명(末命)으로 기묘 천거과(己卯薦擧科)의 복과(復科)를 명하자, 원로가 사람들에게 '주상이 바야흐로 혼미한 상태에 있는데 어떻게 이런 하교가 있을 수 있겠는가. 이는 윤임이 인심을 수합하려는 계책일 것이다.' 하였다.

어떤 사람이 말했다.[57]

"심하도다. 소인이 국가에 해를 끼침이여! 자기와 뜻을 달리하는 사람을 해치려고 하는데 조정이 따르지 않을 듯하자 자전을 현혹시켜 밀지(密旨)를 빙자

---

57 원문은 "或曰"인데, 『명종실록』 즉위년(1545) 8월 23일 기사에 "史臣曰"이라는 사평(史評)으로 실려 있다.

하여 협박함으로써 광명정대해야 할 임금의 거조를 암매(暗昧)한 지경으로 빠지게 하고, 당시의 공론을 봉쇄하여 일망타진할 계략을 폈으니 하늘까지 닿을 그 죄를 이루 다 주벌할 수 있겠는가. 백인걸(白仁傑)은 분발하여 자기 자신의 안전을 돌보지 않고 낯빛을 바로하고 직언하였으니, 비록 그의 말이 조금도 시행되지 않고 곧바로 죄를 받아 배척되기는 하였으나 여러 간신들의 간담을 서늘하게 하고 올바른 사람들의 기상을 씩씩하게 하기에는 넉넉했으니 우주간에 이러한 행동이 없어서는 안 된다. 옛날 장남헌(張南軒)이 호전(胡銓)의 봉사(封事)를 일컬어 '일월과 광명(光明)을 다툴 만하다'고 하였는데, 신은 백인걸의 이 계문도 또한 그렇다고 하겠다.

○병조 판서 권벌(權橃)이 상소하여 유관(柳灌)을 구하려고 논하였다. (원주) 이날 새벽에 관띠를 하고 대청에 나가 수레를 재촉하여 대궐에 나가려 하는데, 처자식이 그 이유를 물었다. 권벌이 사실을 고하자, 아내가 극히 간했으나, 듣지 않았다. 장차 나가려고 할 때 그 딸이 옷을 붙들고 통곡하였으나 소매를 떨치고 갔다. 그 계사(啓辭)에, "대비는 한 부인이고 주상은 육척의 고아입니다. 선조(先朝)의 대신을 찬축하였으나 그 죄가 분명하지 않으니, 천의(天意)의 진노가 반드시 여기에서 말미암지 않음이 없을 것입니다. 또한 윤임이 만약 두 마음을 품었다면 어찌 입시한 5, 6일의 때에 하지 않고 이렇게 천위(天位)가 이미 정해진 이후에 당하여 감히 다른 계획을 내었겠습니까?"라는 등의 말이 있었다. 원상(院相) 이언적(李彦迪)이 계초(啓草)를 보고서 말하길, "그대는 어찌 시세를 헤아리지 않는가? 윤임은 구할 수 있는 바이나 이로움은 없고 하고 해악이 있을 뿐이다."라고 하고는 붓을 들어 문대 지워버렸다. 웅크리고 앉아 벽에 기대어 말하길 "만약 그렇게 말한다면 무슨 이로움이 있는가?"라고 하니, 그 뜻은 만약 윤임이 죄가 없다고 말할 수 없다면 계를 올린들 무슨 이로움이 있겠냐는 것이다. 혹은 말하길, "이때 유관(柳灌), 유인숙(柳仁淑)을

찬축하고 장차 난역(亂逆)의 죄를 더하려고 했다. 사람들이 그 억울함을 알고도 감히 구하지 못했는데, 권벌이 오직 항사(抗辭)하고 역진(力陳)하여 그 무고함을 밝혔다. 충심이 마음에서 격분하고 의리는 안색에서 드러나, 비록 뭇 간신들이 숲처럼 서 있으면서 으르렁거리며 곁에서 엿보더라도 궁하지 않으면 돌아보지 않아서, 올곧은 기가 늠름하여 가을 서리와 더불어 엄중함을 다툴 만하니, 곧바로 열장부(烈丈夫)라고 할 만하다."라고 하였다. 김안국은 권벌을 사절(死節)로 평가하여 늘 말하길, "권벌은 박실(樸實)하고 충직(忠直)하니 육척의 고아를 부식(扶植)할 수 있는 것은 이 사람이 바로 그 사람이다."라고 하니, 그 말이 과연 증험되었다.

○자전(慈殿)과 상(上)이 충순당(忠順堂)[58]에 임어하고, 홍언필, 윤인경, 우의정 이기, 권벌, 이언적, 형조 판서 정옥형(丁玉亨), 우참찬 신광한(申光漢), 대사헌 허자(許磁), 이조 판서 임백령(林百齡), 판윤(判尹) 윤사익(尹思翼), 예조 판서 윤개(尹漑), 호조 판서 민제인(閔齊仁), 대사간 나세찬(羅世纘), 도승지 송기수(宋麒壽), 가주서(假注書) 유경심(柳景深), 기사관(記事官) 안명세(安名世)가 입시(入侍)하자 정순붕(鄭順朋)의 상소를 여러 재신(宰臣)들에게 보였다. 그 상소는 권벌이 유관 등을 구원하려는 말을 힘써 배격하고, 유관 등이 반역한 죄를 깊이 배척하였는데, 이런 말까지 있었다.

"인종께서 위독하시던 때에 유관 등이 '누구를 세워야 하는지를 취

품(取稟)하려 한다.' 하였습니다. 중종의 적자로는 전하 한 분뿐이고, 형이 죽으면 아우가 계승하는 것이 의심스러울 게 없는데, 유관 등이 택하여 세우려고 했던 자가 있으니 그 뜻이 끝내 무엇이겠습니까?"

홍언필 이하 사람들이 다투어 일찍이 중묘(中廟)에게 은총 받았음을 아뢰며, 아첨하는 말을 하여 장차 화를 면하려 하였다. 모두들 '살리는 것을 좋아하는 것이 임금의 덕[好生之德]'이라는 말로 마무리하였다. 허자와 임백령은 거짓 옹호하는 체하면서 임금의 감정을 촉발시켜 은근히 세 사람의 죄를 얽으려 하였고, 권벌은 순붕에게 배척을 당하여 먼저 물러나오면서도 오히려 '유관 등이 원통하다'는 사정을 말하였다. 자전(慈殿)이 말하였다.

"윤임이 일찍이 왕대비(인종의 비 仁聖)에게 편지를 내통하였는데, 내용이 자못 긴박하여 화를 예측할 수 없었다."

이언적이 말하였다.

"인종(仁宗)께서 위중하실 적에 왕대비께서 유교(遺敎)를 찬성하셨고, 또한 왕대비로 말씀하면 임금님에게는 모자의 도리가 있으니, 만일 미안스러운 사태가 있게 된다면 성덕에 누가 될까 두렵습니다."

말이 몹시 간절하고 측은하였는데, 눈물을 흘리면서 계속 말하였다.

윤사익의 말이 많이 기휘에 저촉되었는데, 노망났다고 하여 깊이 책망받지는 않았다.

이에 유관·유인숙·윤임 등은 사사(賜死)하고, 이임(李霖)은 먼 변방에 안치하였다.

중종이 일찍이 친정할 때에 이기(李芑)를 병조 판서에 특별히 제수하였는데, 유관이 이조 판서로 입시했다가 '그가 장리(贓吏)의 사위이므로 현직(顯職)에 서용하는 것은 마땅치 않다'고 논하였다. 상이 그 말을 따르자, 이기가 유관을 몹시 원망했다.

유인숙은 윤임과 가까운 집안이었으며, 이기(李芑)와는 외종형제였다. 이기의 누님의 외손자인 한경록(韓景祿)이 의혜공주(懿惠公主)에게 장가들자, 이기가 한경록에게 의탁하여 내전(內殿)과 내왕하며, (언문으로 된 편지를 내전에서 이기에게 내렸는데) 한경록의 하인이 잘못 유인숙에게 전하여 드디어 그 소문이 조정 관원들 사이에 전파되었다. 이기는 이러한 까닭으로 유인숙에게 원한이 맺혔다. 이기가 우의정에 제수되고 윤원형이 참판에 제수되자 모두 논박을 당했다.

최보한(崔輔漢)은 중종(中宗) 수릉관(守陵官)으로 차정(差定)되었는데 병을 핑계대고 사피(辭避)했으므로, 사류(士流)들에게 탄핵받아 청의(淸議)를 질시 원망하고 있었으므로 이때 함께 음모하였다.

정순붕은 이미 상소하여 죄를 꾸며 세 사람을 멸족의 지경으로 빠뜨리고는, 짐짓 구원하는 체하며 또 상소하였으니 참으로 병 주고 약 주는 자라고 하겠다. 순붕의 아들 정염(鄭磏)이 울면서 순붕에게 구원하기를 힘써 권하였고, 이 상소 내용도 정염으로부터 나온 것이라고 한다. 정염은 성품이 명민하고 선을 좋아하여, 마음속으로 자기 아비가 하는 짓을 그르게 여겨 일찍이 간하여 그치도록 했으나 순붕이 따르지 않았다. 그의 아우 정현(鄭礥)이 결국 이간질을 하여 온 집안에 변이 일어나려 하자 정염은 아비에게 뜻을 얻지 못하고 양주(楊州)의 촌사(村舍)로 나가거나 혹은 산사(山寺)에 가서 산 것이 여러 해였다. 권현은 밀지가 내려오자 재상 집들을 바삐 돌아다니며 논의하고, 조정에 있는 사류들을 손꼽아서 자기 아비에게 죽이도록 권하였다.

○정순붕(鄭順朋)으로 복상(卜相)[59]하였다.[60]

(원주) 어떤 사람이 말하였다.[61] "순붕이 기묘년의 화를 입어 오랫동안 폐척(廢斥)되어 있을 적에 집은 가난하고 자녀는 많아서 제 스스로 살아갈 도리가

없었다. 소싯적에 유인숙(柳仁淑)과 교분이 두터워서 유인숙이 그의 굶주림을 가엾게 여긴 나머지 식구 수를 세어 쌀을 보냈는데, 오래 되도록 게을리하지 않았으므로 사람들이 대개 그를 의롭게 여겼다. 순붕이 굶어 죽는 것을 면할 수 있었던 것도 다 인숙의 은혜였다. 김안국(金安國)이 언젠가 말하기를 '순붕이 당초 기묘의 무리가 아닌데도 잘못되어 폐척당하였으니, 훗날 만약 길을 얻어 그의 계모(計謀)가 행해진다면 사림(士林)이 반드시 돌아갈 곳이 없게 될 것이다.' 하였다. 순붕이 뜻을 얻고 나서 곧바로 유인숙을 죽였으므로, 안국의 말이 부절(符節)같이 들어맞았으니 선견지명이 있다고 하겠다."

어떤 사람이 말하였다. "정유년 이후부터 조정에 '대소윤(大小尹)'이라는 설이 생겨, 일 만들기 좋아하는 여러 소인들이 그럴 듯하게 꾸며대어 많은 말을 만들어내고, 이기(李芑), 임백령(林百齡), 정순붕(鄭順朋), 최보한(崔輔漢)의 무리들이 윤원형이 형제와 몰래 결탁하고 중종을 동요시켜, 태자를 바꾸려는 뜻이 많았다. 당시 유관이 유악(帷幄)의 중신(重臣)으로서 큰 소리로 그 뜻을 꺾어버리자, 윤원형의 무리들이 그 흉계를 시행하지 못한 것을 분하게 여겨 마침내 틈이 벌어져 원수가 되었다. 임백령은 윤임과 같은 동네 사람으로 대윤·소윤 사이를 이간시켜 불측한 일을 모의한 것이 많았다.

인묘(仁廟)가 승하한 뒤에 윤원형이 기회를 얻었음을 기뻐하여 비밀리에 보복할 생각을 품고 위험한 말을 꾸며 다른 사람들을 두렵게 하니 소문이 위에까지 들리고 자전은 밀지(密旨)를 윤원형에게 내렸다. 이에 이기·임백령·정순붕·허자가 이로 인해 변을 고하여 큰 화를 만들어냈다. 세 사람을 외방에 유배보

---

59 복상은 정승이 될 사람을 가려 뽑는 일로, 그 후보자의 이름을 적어 봉함하여 임금에게 올리는 것을 말한다.

60 『명종실록』 즉위년(1545) 10월 8일 기사에 보인다.

61 같은 날 실록 기사에 "사신이 말하였다.[史臣曰]"로 되어 있다.

내고, 정순붕이 상소하여 유관 등이 종묘 사직을 위태롭게 한 죄와 권벌이 그들을 구하려던 죄를 극론하였다.

드디어 충순당(忠順堂)에서 수렴청정(垂簾聽政)을 하게 되자 이언적이 눈물을 흘리며 말하였다. '살리기를 좋아하고 죽이기를 싫어하는 것은 임금의 아름다운 덕입니다. 성명(成命)이 일단 내려지면 감히 다시 청할 수 없으니 짐작하여 처벌하소서.' 하고, 나머지 사람들도 모두 각각 의견을 진달하였다. 대내에서 유관·유인숙·윤임은 사사(賜死)하라는 명이 내렸다. 이때 홍언필이 (전임 의정(議政)으로서) 반차의 서열이 수반이었는데 머리를 숙이고 눈을 감은 채 한참 있다가 '애석하구나, 애석해.' 하고서는, 마침내 큰 소리로 '죄가 참으로 그러하니 어찌할 수 없다.' 하고서 '세 사람을 사사(賜死)하라'는 교서를 썼다. 그리고 중외에 반사(頒赦)하도록 명하고, 신광한(申光漢)에게 반사하는 글을 짓게 하였는데, '밤이 삼고(三鼓)라서 정신이 흐리다'는 핑계로 한 자도 쓰지 않으니, 최연(崔演)이 도승지로서 대신 지었다. 이후부터 그의 손에서 많은 교서가 지어졌다.

○원상(院相) 이언적(李彥迪)이 밀봉 단자(密封單子)로 입계하였는데, 그 글은 이렇다.[62]

"의원 박세거(朴世擧)가 신에게 찾아와서 말하기를, '인종의 병환이 위독하던 날 손수 종이에 글을 써서 윤흥의(尹興義)에게 보이며 "알아보겠는가?" 하시니, 윤흥의가 보고 나서 "알아보겠습니다." 하였다.

---

62 『명종실록』 즉위년(1545) 10월 26일 기사에 실렸으며, 비답도 실려 있다. "인종의 병환이 위독할 때 윤임 부자가 입시하여 국가의 일을 제 집안 일같이 보았다. 이덕응(李德應)의 초사로 보건대 무슨 일인들 드러나지 않겠는가. 이 전교를 윤임 부자가 유중(留中)하고 내려보내지 않은 것은 의심할 것이 없다. 정상이 드러나서 벌써 복죄(伏罪)하였으니 추고할 근거가 없다. 그러나 이는 참으로 놀랍다."

또 대군에게 "세자의 의장을 갖추고 들어오라"는 것으로 인종이 전교한 것을 의원 (홍침)도 들었다.' 하였습니다. 그러나 이 전교가 그날 정원에 내려오지 않았으니, 이는 반드시 윤임 부자의 소행일 것입니다. 지극히 놀랍기 때문에 감히 아룁니다."

○경기 감사 김명윤(金明胤)이 봉성군(鳳城君) 완(岏)의 변고를 아뢰자, 큰 옥사(獄事)가 다시 일어났다. 경회루 남문에서 추국(推鞫)하고, 잇달아 체포하여 수십 명이나 가두었는데, 모두 (윤임의 사위인) 이덕응(李德應)의 공초에서 나왔다.

이덕응이 처음 잡혔을 때에 송세형(宋世珩)이 승지로서 추관이 되어 (거짓으로 애석해 하는 체) 이덕응에게 눈물을 흘리면서 말했다. '그대는 본디 죄가 없으니 다만 윤임의 흉모만 말하면 살아날 수 있다. 함께 죽는다고 무엇이 이롭겠는가?'고 하자, 덕응은 죽음이 두려운데다 그 말을 믿어, 드디어 큰 옥사가 이루어졌다.

이기는 뛰어난 흉물이고, 임백령은 뛰어난 간인인데, 여기에다 정순붕의 잔혹스러움과 윤원형의 험독스러움이 합쳐져서 한 동아리가 되어 큰 화를 빚어 내어 당시의 명사(名士)들을 일망타진한 것이니 어찌 천운(天運)이 아니겠는가.

(원주) 어떤 사람이 말하였다.[63]

"변고가 처음 발생할 때에, 이덕응의 형 문응(文應)이 자기 아우가 죽음을 면할 수 있는 방도를 임백령에게 물으니, 백령이 이문응에게 계책을 말해주었다. '흉측한 모의와 비밀스런 계획을 자세히 다 공초하면 너의 아우는 죽음을

---

63 『명종실록』 즉위년(1545) 9월 7일 기사에 "사신이 말하였다.[史臣曰]"로 되어 있다.

면할 수 있을 것이다.' 문응은 본시 어리석은 사람이라 백령의 거짓말을 덕응에
게 자세히 말하니, 덕응이 그 말을 믿고 거짓 공초를 교묘히 꾸며냈다. 덕응이
승복하고 공초를 받아 한 마디 말도 없이 서명하여 돌려 주었으니, 살아날 길이
있다고 생각했던 것이다. 그러다가 결안(決案)을 보고 비로소 크게 놀랐다.

백령과 원형은 10년 전부터 서로 찾아오면 손님을 물리고서 낮이 다하고 밤
이 새도록 서로 비밀스럽게 의논하였는데, 이때에야 드러났다."

안세우·신수경·윤돈인·최언호·보성수·정현 등도 간사한 소인으로서 천하
고 용렬하여 평소에 사람들이 모두 그들을 쥐새끼처럼 보았는데, 이때에 이르
러 때를 만나 스스로 방자하여 사림(士林)들을 모함하여 살륙(殺戮)과 보복을
일삼으니, 길가는 사람들이 서로 흘겨보았다. 이때는 대궐 뜰에서 추국을 했는
데, 인종의 재궁(梓宮)이 바로 빈전에 있어 최질(衰絰)을 입고 슬픔에 얼굴이
수척해 있어야 할 때였다. 그런데도 추관 허자 등이 임백령과 서로 웃으면서
농지거리를 하였다. 윤임의 첩 옥매향도 국문 중에 있었는데 그는 과거에 임백
령과 간음한 여인이었다. 이에 허자 등이 임백령에게 '이 여인을 살려서 영감에
게 보내 주고자 한다.' 하였는데, 그 말을 듣는 사람들이 통분하게 여겼다.

이 옥사에 죽은 사람이 몹시 많았는데, 성을 표(表)라고 하는 사람도 있었다.
표가가 말하였다. 수찬 이휘(李輝)가 이덕응과 가장 가까웠으므로, 휘와 부제
학 나숙(羅淑), 참봉 나식(羅湜)이 먼저 고문을 받았다. 덕응이 박광우·정희등
을 불러 중학(中學)에서 한번 모이고 곧바로 유관의 집으로 갔으므로, 이들도
아울러 고문하였다. 광우가 통곡하며 말하였다. '이런 일이 생기다니, 원통하구
나!' 희등은 길게 탄식하면서, '덕응[64]이 나와 혐의가 있는 것을 누가 모르겠느
냐. 그날 족숙(族叔)인 승지 정원(鄭源)을 가서 본 것이지 유관의 집에는 가지

---

64 『연려실기술』 권10 「명종조 고사본말 을사사화(乙巳士禍)」에는 '덕응'이 아니라 '유관
(柳灌)'으로 되어 있다.

아니하였다.'고 하였다.

장원서(掌苑署)의 노예 박성번(朴成蕃)이 일찍이 윤임의 집에 드나들었다고 여덟 번이나 고문을 받았으나, 말 한마디도 없이 죽었다. 곽순(郭恂)도 잡혀와서 또한 매를 맞고 죽었다. 문정왕후가 금부(禁府) 나장(羅將)에게 물래 뇌물을 주어 무겁게 때리게 하였다.

그러므로 심문당한 사람 가운데 죽지 않은 사람이 없었다. 유관(柳灌) 등은 함께 부관참시(剖棺斬屍) 되었으며, 윤임의 아들 흥의(興義)는 매맞아 죽었다. 흥인(興仁)과 흥례(興禮)의 처자, 금이(金伊)도 모두 연좌(緣坐)되었다. 유관의 양자 광찬(光纘), 유인숙의 아들 희민(希閔)·희안(希顔)·희립(希立)도 함께 연좌되었다. 흥인 등의 시신이 길가에 널려져 있었는데, 어떤 사람이 한밤중에 낙산(駱山)에서 내려와 시신을 어루만지며 울고는 수의감을 놓고 갔다.

유관은 자신이 죽게 되자 양자를 파하여 광찬을 살리려 하였지만, 이루어지지 않았다. 광찬이 죽게 되자 시를 지었다.

平生不欲作非心　평생에 나쁜 마음 가지지 않으려 했었는데
縲絏如今冤已深　지금 옥에 갇혔으니 너무나 원통하구나
日望蒼天天默默　날마다 하늘을 바라보건만 하늘은 말이 없으니
始知天意竟難諶　하늘의 뜻 믿기 어려움을 이제야 알았네

이 시를 들은 사람들이 슬퍼하였다.

안성(安珹)이란 사람이 있었는데, 기묘년(1459) 생으로 나이 84세였다. 항상 친분이 있어 유관 부자의 죽음을 목도하였는데, 유관은 사사(賜死)의 명을 받고 북향하여 네 번 절한 뒤에 무릎을 꿇고 독주(毒酒)를 마셨다. 한참 되어도 죽지 않자, 옷끈으로 스스로 목을 매어 죽었다. 죽을 때에 하늘을 우러러보며 부르짖었다.

"내가 중종의 아드님에게 어찌 두 마음을 품겠습니까? 황천(皇天) 후토(后土)는 이 마음을 알려 주소서."

안성이 이 말을 할 때마다 얼굴을 가리고 울지 않은 적이 없었다.

○원상(院相) 이언적(李彦迪)이 선유(先儒)들의 격언과 지론을 뽑아 내어 경잠(警箴)의 뜻을 붙여 서계하였다.

(원주) 나는 이렇게 생각한다. 이때 뭇 흉인들이 날마다 선량한 인사를 참벌(斬伐)하는 것을 일삼았는데, 이언적은 어찌하여 모친의 병을 가탁하지 않고서 호연히 장왕(長往)하여 돌아보지 않아, 뭇 적들 사이에서 지회(遲徊)하여 마침내 명철지보(明哲[哲]之保)에 어둡게 된 것인가? 이는 두 성군의 불세(不世)의 조우를 얻어, 이를 어린 군주에게 보답하고자 하여 차마 영결(永訣)하지 못한 것인가? 아니면 형세가 호랑이 등에 올라타 같아서 급히 물러나는 데 어려움이 있었던 것인가? 매번 글을 읽다가 여기에 이르면 나도 모르게 책을 덮게 된다.

○총호사(摠護使) 이기가 인종대왕 발인을 10월 15일로 당겨서 정하니, 이것은 갈장(渴葬)[65]이 이유였다. 이기가 일찍이 말하기를, "인종은 1년을 넘기지 못한 임금이니 대왕의 예를 쓰는 것이 옳지 않다." 하여 인종의 장례를 박하게 지내는 것으로 대비에게 좋게 보일 계교를 꾸민 것이다.

이기를 따르는 자들이 옳다고 찬성하니, 나라 사람들이 분하게 여겨 그 고기를 씹어 먹으려 하였다. 발인하는 날 새벽에 늙은 백성 30여 명이 통곡하고 길에 나와 절하며 전송하였다. 이때 적들의 기세가 대

---

65 사람이 죽어서부터 장사 지내기까지 일정한 기간이 있는데도 불구하고 그 기간을 당겨 장사 지내는 것을 이른다.

단하여 사람들이 감히 소리를 내어 울지도 못했다. 그러므로 사신이 늙은 백성들의 울음을 보고 슬피 여겨 기록하였다.

(원주) 나는 이렇게 고찰한다. 적 이기(李芑)는 인묘(인종)를 폄장(貶葬)하여 장례를 예론(禮論)으로써 하지 않았으니, 왕법으로 보면 죄가 시역(弑逆)과 같다. 무인(戊寅)의 해에 인성왕비(仁聖王妃)를 효릉(孝陵)에 부장(祔葬)함에 이르러 비로소 당시 능침의 뒤가 전혀 견고하지 않음을 알아, 봉심(奉審)하던 자가 깜짝 놀라 눈물을 흘렸다. 소재(蘇齋) 노공(盧公 노수신)이 역소(役所)에서 총호(摠護)를 맡았으니, 마땅히 조정에서 밝혀내고 그가 적임을 분명히 하여 이기(李芑) 등의 관을 쪼개어 그 시신을 크게 드러내어 도륙하였으면 국인의 분노를 없애고 하늘에 있는 혼령을 위로하기에 거의 족했을 것이다. 스스로 을사사화 때 죄를 받은 사람임을 혐의하여 지론이 어물쩍하여, 다만 그 당시 제조(提調) 등 관직을 삭탈하는데 그쳤으니, 애석하지 않을 수 있겠는가! 옛날 당나라 숙종이 이임보(李林甫)를 추참(追斬)하고자 하여 이필(李泌)에게 묻자, 이필은 태평성세의 일이 아니라고 답했다. 뒷날의 논자는 이필(李泌)을 작게 여겼다. 나 또한 이로써 노수신을 작게 여긴다.

○(정미년 1547) 9월 18일에 부제학 정언각(鄭彦慤)이 선전관 이로(李櫓)와 함께 양재역(良才驛) 벽서(壁書)를 아뢰었다. 그 글은 붉은 글씨로 써 있었다.

"여주(女主)가 위에서 국명(國命)을 잡고 간신 이기 등이 아래에서 권세를 농간하니, 나라가 장차 망할 것은 서서 기다릴 수 있을 정도이다. 중추월(仲秋月) 그믐날[晦]"

여러 재신들을 불러들여 회의하고 죄를 더하여, 이언적(李彦迪)·정자(鄭滋)는 먼 변방에 안치하고, 노수신(盧守愼)·정황(丁熿)·유희춘(柳希春)·김난상(金鸞祥)은 절도(絶島)에 안치하였으며, 권응정(權應挺)·

권응창(權應昌)·정유침(鄭惟沈)·이천계(李天啓)·권물(權勿)·이담(李湛)·임형수(林亨秀)·한주(韓澍)·안경우(安景祐) 등은 먼 지방에 부처(付處)하고, 송희규(宋希奎)·백인걸(白仁傑)·이언침(李彦沈)·민기문(閔起文)·황박(黃博)·이진(李震)·이홍남(李洪男)·김진종(金振宗)·윤강원(尹剛元)·안세형(安世亨)·안함(安馠) 등은 부처(付處)하였다.

정언각이 또 독계(獨啓)하여 봉성군 완을 처치하고, 임형수를 중죄로 처단하였다. 이때 삼사(三司)와 대신들이 드디어 논집하여 (봉성군) 완을 자진(自盡)하게 하고, 형수에게 사사(賜死)하였다.

언각과 진복창(陳復昌) 등이 정언 심영(沈苓)의 난언(亂言)을 고하여, "(전하를 가리켜) 애기가 무슨 일을 할 수 있겠는가?" 하고, "(자전을 가리켜) 고보살(孤菩薩)에게 어찌 섭정(攝政)을 맡기겠는가?" 했다고 하였다. 심영은 옥중에서 맞아 죽었다.

(원주) 처음 (봉성군) 완이 중묘(中廟)의 상을 당해 서러워하는 곡읍(哭泣)을 본 사람들이 많이 탄복했는데, 적신(賊臣) 심통원(沈通源)은 마음속으로 몹시 꺼려 '(상을 당하여 슬퍼한 것은 그의 본심이 아니라) 반드시 누군가 가르친 것이니, 마치 바둑을 둘 적에 훈수하는 것과 같은 것이다.' 하였다. 봉성군이 무함을 받은 실상은 이에서 시작되었다.

울진에 유배되자 밭을 사서 산업을 경영하여 자급하려는 계책을 세웠는데, 자처(自處)하라는 명이 내리자 읍인들이 차마 고하지 못하고 치상(治喪) 후에 비로소 말하여 목욕하고 옷을 갈아입은 뒤에 죽었다. 고을 사람들 가운데 눈물 흘리지 않는 이가 없었다. 후에 신(神)이 되어 삼척(三陟)에 내려왔다가, 곧 횡성(橫城)으로 옮겼다.

아아! 동평왕(東平王)[66] 창(蒼)이 "선을 행하는 것이 가장 즐겁다[爲善最樂]"고 말하여 아름다운 칭찬을 받았건만, 봉성군 완은 여러 왕자 가운데 가장 어질면서도 그 몸을 보전하지 못하였다. 옛사람은 얼굴빛을 슬프게 하고 애처롭게

울자 사람들이 크게 흡족해 했는데⁶⁷, 지금사람은 부친상의 곡소리가 애통한
것을 보고 속으로 꺼리는 마음이 일어났으니 고금의 인심이 어찌 이리도 같지
않은가.

언각(彦慤)의 무리들이야 굳이 말할 게 없지만, 이때 응교(應敎)였던 대유
(大儒)도 부제학 언각의 이름 아래에 한번 연명(聯名)하기를 벗어날 수 없었으
니, 당시의 형세를 짐작할 수 있다. 임형수는 일찍이 진복창(陳復昌)에게 미움
을 받았는데, 언각이 진복창과 결탁하여 함께 원형의 사냥개[鷹犬]가 되어 옥당
(玉堂)에서 사람이 많은 가운데 말하였다.

"임형수가 늘 윤원형을 죽여야 한다고 하였으니, 이는 딴 마음이 있는 자다."

그러나 좌우에 있던 사람들이 잠자코 있자, 윤결(尹潔)이 나서서 "그렇다면
죄주어야 한다."고 말하고 '그를 죽이자'고 논박하였다. 윤결이 평시에는 말할
때마다 임형수를 추켜세우고는 속으로 진복창과 정언각 두 적(賊)에게 붙었으
니, 생각에 주관이 없음을 알 수 있다.

임형수는 그때 파직되어 나주 시골 집에 있었는데, 어명을 듣고는 죽을 적에
양친(兩親)에게 배사(拜辭)하고 나와 그 아들을 돌아보며 말하기를, "내가 나쁜
짓을 한 일이 없는데 마침내 이 지경에 이르렀다. 너희들은 문과(文科)에 응시
하지 말라." 하였다. 죽음을 맞으며 조금도 동요하는 표정이 없었으며, 약을
들고 마시려고 하다가 의금부 서리를 보고 웃으며 말하기를 "그대도 한 잔 마시

---

66 동평왕(東平王)은 후한(後漢) 광무제(光武帝)의 아들 유창(劉蒼)의 봉호이다. 유창은
사려가 깊고 경사(經史)에 조예가 깊어 명제(明帝)의 사랑을 많이 받았는데, 명제가
그에게 가정생활에서 무엇이 가장 즐거운지에 대해 물었을 때, "선을 행하는 것이 가장
즐겁다[爲善最樂]"고 대답하였다. 훌륭한 왕자를 표현할 때에 흔히 '동평왕 같다'고 하
였다.

67 (등나라 정공이 죽자 세자가) 얼굴빛이 슬프고 곡소리가 애통한 것을 보고는, 조문하던
사람들이 (세자의 효성을) 매우 기뻐하였다.[顏色之戚, 哭泣之哀, 弔者大悅.] 『맹자』
「등문공(滕文公) 상」

겠는가?"하였다. 어떤 이가 집안에 들어가서 죽는 것이 좋겠다고 권하였지만,
형수는 "나는 마땅히 천지(天地)의 신기(神祇)가 둘러서서 환히 보는 데서 죽을
것이다."하였다.

형수의 재주와 기백이 이같이 호매하여, 그가 죽자 소식을 듣고 슬퍼하지
않는 사람이 없었다.

중묘조(中廟朝)에 홍섬(洪暹)이 형벌을 받고 남도로 유배되었는데[68], 형수가
과거시험에 응시하러 서울로 올라오는 길에 상공(홍섬)을 한강진(漢江津)에서
만나 그 이유를 묻고 정황을 알게 되자, 한숨을 쉬며 탄식하고 말하였다.

"홍섬은 유신(儒臣)인데 죄를 입어 이 지경이 되었으니, 시사(時事)를 알 만
하다."

그리고는 한강을 건너지 않고 고향으로 돌아갔다. 그가 끝내 소인의 기아(機
牙)[69]에서 스스로 벗어나지 못하였으니, 참으로 슬프구나.

(좌의정) 이기(李芑) 등이 회계(回啓)하여, 임형수(林亨秀)는 일죄(一罪)[70]
에 처하고, 이휘(李煇)의 종형(從兄) 이염(李爛)은 극변(極邊)에 안치(安置)하
였다. 이때에 곽순(郭珣)·정희등(鄭希登)·박광우(朴光佑)·정원노(鄭源奴)[71]·
성번(成蕃)·정욱(鄭郁)·나식(羅湜)·나숙(羅淑)·이임(李霖)·이약해(李若海)·
이약빙(李若氷)·이중열(李中悅)·김저(金䃶)·성여택(成予澤)·송인수(宋麟

---

68 중종 을미년(1535)에 김안로의 추종자들이 그의 아들 김기(金祺)를 이조 낭관으로 추천
하려 하자 이조좌랑 홍섬이 반대하다가 대궐 뜰에서 죽을 정도로 곤장을 맞고 전라도
흥양으로 유배되었다.
69 쇠뇌의 시위를 잡아당겨 살[矢]을 놓는 기관인데, 여기서는 새와 짐승을 잡는 덫을 가리
킨다.
70 『명종실록』 2년(1547) 9월 18일에 '일죄(一罪)'에 관한 질문과 답변이 보인다. "조언수가
아뢰기를, '이른바 일죄라는 것은 사사(賜死)하는 것입니까, 율(律)에 의해서 처리하는
것입니까? 감히 묻습니다.'하니, 사사라고 전교하였다."
71 원문에 '鄭奴'로 되어 있는데, 『명종실록』을 참조하여 정원노(鄭源奴)로 번역하였다.

壽)·임형수(林亨秀)·이문호(李文瑚)·이학령(李鶴齡), 윤임(尹任)의 아들 윤
흥인(尹興仁)·윤흥의(尹興義)·윤흥례(尹興禮), 유관(柳灌)의 아들 유광찬(柳
光纘), 유인숙(柳仁淑)의 아들 유희안(柳希顔)·유희증(柳希曾)·유희민(柳希
閔)·유희맹(柳希孟), 계림군(桂林君) 이유(李瑠)의 아들 이시(李諟)·이형(李
詗)·이후(李詡) 등은 모두 처자(妻子)를 종으로 삼고, 가산(家産)을 적몰(籍沒)
하였다.

　곽순(郭珣) 이하 여러 사람들이 애초에 모두 승복하지 않고 죽었으므로 적신
(賊臣)들이 마음에 통쾌하지 않아, 이어서 잔혹하게 논죄하여 이러한 극한 상황
에까지 이르렀다.

　이기 등이 또 입계(入啓)하였다.

　"생원 허충길(許忠吉)이 성균관 안에서 '이덕응(李德應)은 (곤장을 참을 수
가 없어서) 무복(誣服)한 것이다. (그것이 어찌 사실이겠는가. 거짓이다.)' 하였
습니다."

　허충길(許忠吉)을 나포하여 네 차례나 국문하였는데도 불복하고 옥중에서
상소하여, 사형을 면하고 멀리 유배되었다. 대사헌 안현(安玹), 대사간 이미(李
薇)가 제멋대로 논박하여 먼 곳에 부처(付處)하고, 김희년(金禧年)의 난언(亂
言)을 국문하기를 청하였다.

　승문원(承文院) 정자(正字) 임복(林復)이 유언비어를 만들어 내어 '희년이
난언을 하였다'고 했는데, 희년이 국문받으며 거의 죽을 뻔하다가 살아났다.
얼마 안되어 임복도 논박을 당하게 되자, 사람들이 모두 통쾌하게 여겼다.

　대간(臺諫)이 논하여 정자(正字) 김충갑(金忠甲)·한호(韓灝)를 삭탈관직하
고, 정랑 박승임(朴承任)과 좌랑 유경심(柳景深)을 파직하였다. 한호는 이휘의
사촌이고, 승임은 권벌과 친하며, 경심은 덕응이 천거하였기 때문이다.

　또 성주 목사 이윤경(李潤慶)이 승지로 있을 때에 이휘의 공초를 알고 자기
아들 중열(中悅)에게 몰래 알려서 스스로 아뢰게 한 것을 논하고, 또 이는 역적

의 아비이니 훈적(勳籍)과 가선대부(嘉善大夫)를 삭탈하게 하였다.

특진관 윤원형이 입시하여 극언하였다.

"중종께서 조광조의 간악함과 도관에서 소학(小學)을 숭상하고 호생(好生) 논의 숭상함을 아셨는데, 지금까지도 또한 그러한 습속이 남아 있으니 제 지위에 따른 말이 아니면 다스리지 않을 수 없습니다."

○10월에 영사(領事) 이기가 입시하여 극론하였다.

"선비들의 습속이 그릇되어 '임금이 약하고 신하가 강하여 기강이 서지 않는다'고 말하고, 이미 흉역이 제거되었는데도 인심이 안정되지 않습니다. 김안로가 처형당한 후에는 사람들이 모두 그의 이름을 부르며 매도(罵倒)했는데, 지금 난역(亂逆) 죄인들은 모두 '모야(某爺)'라고 부르니, 더욱 통탄할 일입니다.

인종께서 병이 크게 악화되었을 때 신이 병조 판서로서 입직하였다가 (듣고 보아서 압니다.) 자전(慈殿)께서 문안하러 보내는 내관들이 잇달아 끊임이 없었는데도 모두 들어가지 못하였고, 내관들은 (다른 곳에다 말을 하지 못하고) 반드시 신에게 와서 말했습니다. 김저(金儲)는 대간(臺諫)으로서 궐내(闕內)에 금란군(禁亂軍)을 보내어 자전의 문안비(問安婢)를 기찰(譏察)하였으니, 어찌 이런 일이 있을 수 있겠습니까. 지금 유생들이 모두 책을 내버리고 읽지 않으며, 성균관에 머무는 자가 겨우 몇 사람 밖에 되지 않습니다."

(원주) 내 생각은 이렇다. 푸른 하늘의 밝은 해는 가려도 그 청명함을 알 수 있으니, 적신(賊臣) 원형(元衡)이 감히 정암(靜庵)의 학문을 배척하고 헐뜯기까지 한단 말인가. 유관(柳灌) 등은 모두 당시의 명신들인데, 아무런 이유 없이 피살되었으니 사람들이 '야(爺)'라고 칭하는 것을 적신 기(芑)가 어찌 막을 수 있겠는가.

○대간이 논하였다.

"인종께서 병환이 위독할 때에 손수 쪽지를 써서 대군을 불렀는데, '세자의 의장(儀仗)을 차리고 들어오라' 하였습니다. 이 쪽지를 윤홍의에게 보이면서 '알아보겠느냐?' 물으니 '알아보겠습니다.'라고 답했습니다. 그 뒤에 이 전교를 승정원에 전하지 않았으니, 내관 김승보(金承寶)와 이승호(李承豪)를 국문하기를 청합니다."

승보는 끝내 죄를 인정하지 않고 죽었으며, 승호는 매를 치며 심문한 끝에 다시 귀양보냈다.

인종께서 위독하였을 때에 윤임 부자는 외척(外戚)으로써 감히 금중(禁中)에 입시하였으니, 윤임이야 무지한 무부(武夫)라서 굳이 말할 게 없지만, 당시의 여러 현인들이 아직도 이 일을 알지 못하니, 안타깝지 않은가.

○기유년(1549)에 사인(舍人) 정유길(鄭惟吉)이 이홍남(李洪男)이 이홍윤(李洪胤)을 고변(告變)하는 편지를 바쳤다.[72] 홍윤은 이약빙(李若氷)[73]의 아들로 역시 죄를 받았다. 홍남은 본디 재주가 많지만 경박했으며, 울울한 생각을 스스로 떨치지 못하였다. 그의 아우 홍윤은 미쳐서 제 정신을 잃어, 늘 아비의 원통함을 분하게 여기고 팔을 휘두르며 욕했으니, 당시 사람들이 때려죽이지 못함을 한스럽게 여겼다.

---

72 정유길이 교리 원호변(元虎變)과 함께 이홍남(李洪男)의 고변서를 제출하였는데, 이홍남은 원호변의 매부이고, 정유길의 동서이며, 이홍윤의 형이다.

73 이약빙(1489~1547)은 1519년 조광조가 유배될 때에 형 이약수가 옥에 갇히자 조광조와 이약수의 사면을 주청하다가 파직되었다. 1547년 사복시(司僕寺) 정(正 정3품)으로 재직하던 중, 양재역 벽서고발사건이 일어나자 윤임의 친척이라 하여 처형당하고 가산이 적몰되었다.

이때 홍남과 홍윤은 충주에서 부친상을 지내고 있었는데,[74] 홍윤이
광기를 보이는 바람에 위험한 말이 누설되어 화가 자신에게 미칠 것이
두려웠다. 게다가 문서를 만들어 변고를 아뢰면 공을 세울 수 있다고
생각하여, 모반 문서를 날조하였다. 조문객의 명단을 몰래 만들고 동
서 유길에게 급히 편지를 보내어, 그로 하여금 상에게 아뢰게 하였다.
이렇게 하여 큰 옥사가 다시 일어나고, 수많은 무리가 연루되었으며,
충주 북면의 사람들은 모두 어육(魚肉)이 되었다. 귀하고 천하고를 가
릴 것 없이, 벗어난 남정(男丁)이 드물었다. 홍윤의 무리들은 통분함을
견디지 못해 간흉(姦凶)을 많이 꾸며 자복하였다.

옥사가 이뤄지자 홍남은 공을 논하여 벼슬에 제수되었으니[75], 글을
아는 사람들이 그에게 침을 뱉으며 경멸하였다.

이 옥사에서 선비 강유선(康惟善)[76]은 명문의 상소를 지어[77] 중망이

---

74 이홍남은 을사사화에 영월(寧越)로 귀양가 있었다.

75 『명종실록』 4년(1549) 5월 23일 기사에는 "이홍남(李洪男)은 3년 후에 서용(敍用)하도
록 하고, 노비·논밭 및 가옥 1좌를 포상한다"고 하였다. 삼년상을 지내고 있었기에 벼슬
할 수 없었다. 『명종실록』 8년(1553) 2월 19일 기사에 사간원에서 "이천 부사(利川府使)
이홍남(李洪男)은 날마다 술 마시는 것만을 일삼아 백성에게 폐를 끼친다"고 아뢰어
체직된 기사가 보인다.

76 강유선이 심문받다가 1549년 5월 4일 옥중에서 죽었는데, 이날 『명종실록』에 졸기(卒
記)가 실렸다. "유선은 성품이 강개하고 악을 미워하였으며 가정에서도 효도와 우애가
남달랐다. 인종 때의 유생들의 상소도 유선이 기초한 것인데 이기(李芑)의 나쁜 점을
지적하였으므로 이기가 원망하였다. 유선은 이연경(李延慶)의 사위요, 이홍윤은 연경
의 재종질(再從姪)이다. 홍윤이 아버지의 상중(喪中)에 기생을 가까이하였으므로 유선
이 그의 조행(操行) 없음을 미워하여, 홍윤이 이따금 찾아와도 문을 닫고 만나주지 않았
다. 화가 닥치게 되자 홍윤이 또 유선을 만나보려 하였으나 거절하고 만나주지 않으니,
홍윤이 '평소 나를 더럽게 여겨서 거절한 것은 당연하다. 그러나 지금은 사람이 다급한
일이 있어서 살아날 수 있는 길을 묻고자 하는데도 공이 오히려 만나주지 않으니, 나는
죽을 것이다. 그러나 공도 면하지는 못할 것이다.'고 외쳤다. 드디어 공사(供辭)에 끌어
대어 유선을 연루시키니, 이기는 구감(舊感)을 품고 기회를 타고 모함하여 마침내 매맞

높았는데, 고문받다가 죽으니 사림에서 가슴 아파하였다. 옥사를 엄하게 다스리지 않았다고 하여 충청 감사 이해(李瀣)가 매맞아 죽고, (청홍도[78]) 도사 유섭(柳涉)은 매맞은 뒤에 멀리 유배되었다.

○사관(史官) 안명세(安名世)를 죽였다. 명세는 재주가 넉넉하고 자태가 준정하여, 한번 보아도 금옥같이 훌륭한 선비임을 알 수 있었다. 그가 사국(史局)에 있을 때에 을사사화 이후의 일을 조금도 숨기지 않고 그대로 썼다. (동료) 한지원(韓智源)이 마음속으로 그의 재주와 명망을 시기하여 그에게 해를 끼치려고, 사초(史草)에 쓴 내용을 이기(李芑) 등에게 누설하였다. 이기 등이 크게 노하여 '양조(兩朝) 실록을 편찬하기 위해 참조할 것이 있다'는 핑계로 사초 살펴보기를 청하여, 명세가 기록한 몇 마디를 뽑아 고쳐 쓰고, '역당(逆黨)을 비호하였다'는 죄목으로 저자에서 죽였다.[79] 사방에서 그 소식을 듣고 기가 막히지 않은 사람들이 없었다.

아아! 사람은 죽일 수 있어도, 그가 한 말을 없앨 수는 없다. 정묘년

아 죽게 하였으므로, 당시 사람들이 슬퍼하였다."

77 강유선이 지은 대표적인 상소문이 실록에 두 차례 실렸다. 『인종실록』 1년(1545) 3월 17일 조광조의 신원을 위해 올린 상소 뒤에는 "전후에 있었던 유생의 상소는 다 진사 강유선(康惟善)이 지었다"는 설명이 붙었고, 『명종실록』 즉위년(1545) 8월 20일 대행왕의 장례일에 대해 올린 상소 뒤에도 "생원 강유선이 지었다."는 설명이 붙었다.

78 이홍윤의 역모가 충주에서 일어났으므로, 충청도(忠淸道)에서 '충(忠)' 자를 빼고 그 다음으로 큰 홍주목의 '홍(洪)' 자를 넣은 것이다. 『명종실록』 4년(1549) 5월 21일 기사에 "충청도를 고쳐 청홍도(淸洪道)로 만들고, 충주(忠州)를 강등시켜 유신현(維新縣)으로 만들었다."고 하였으며, 사평(史評)에 "다시 이기(李芑)를 의정부 영의정으로 삼았다. 옥사(獄事)가 한 번씩 이루어질 적마다 이기 등의 직급이 올라가니 아, 슬프다!"고 하였다.

79 『명종실록』 3년(1548) 2월 18일 기사에 "당현(唐峴)에서 목을 베고, 그의 처자는 종으로 만들었으며, 재산은 관(官)에서 몰수하였다."고 하였다.

(1567)에 명종이 승하하였을[80] 때에 몇몇 원로들의 손에서 실록이 편찬되었는데, 을사사화 때의 유직(遺直)[81]들도 많이 참여하였지만, 그 사이의 기록은 유경심(柳景深)의 가장(家藏) 일기가 가장 명백하다. 십여 년 간흉(姦凶) 귀역(鬼蜮)들이 한 짓을 후세에 모조리 드러냈으니, 통쾌한 일이다.

○ 경술년(1551)에 윤원형에게 우의정을 제수하자 원형이 두세 번 굳이 사양하여, 상이 교체하였다.[82] 대신과 대간(臺諫)들이 '그대로 유임하라'고 굳이 청하였지만, 모두 따르지 않았다. 이때 원형의 나이 40여 세였다. 신불(神佛)을 신명(神明)처럼 믿었는데 어느 불자가 "그 직위가 극에 달하면 수명이 줄어든다"고 하자 우의정을 서너 번 강력하게 사직하면서 아뢰었다. "김명윤(金明胤)이나 윤개(尹漑) 같은 백수(白首) 노신(老臣)들이 모두 재상되기에 적합하니, 신이 후진으로 순서를 뛰어넘어 승진하면 넘어질까 두렵습니다." 상이 그 뜻을 따라, 윤개를 우의정으로 삼았다.

(원주) 나는 이렇게 생각한다. 원형이 재상 지위를 사양한 것이나 김안로가 대제학이 되어 논박을 받은 것은 참으로 소인의 행위와 비슷하다.

---

80 원문은 예척(禮陟)인데, 제왕의 승하를 말한다. 『서경』 「군석(君奭)」에 "은나라 선왕(先王)이 예로써 올라가 하늘에 짝하여 나라를 향유한 세월이 오래였다.[殷禮陟配天 多歷年所]" 한 데서 온 말이다.

81 올곧은 도[直道]를 행하여 고인의 유풍(遺風)을 지닌 사람을 말한다. 공자가 춘추시대 진(晉)나라 숙향(叔向)에 대해서 "옛날의 유직이다.[古之遺直也]"라고 칭찬하였다. 『春秋左氏傳 昭公14年』

82 9월 15일에 우의정에 제수되고, 9월 18일에 교체되어 우참찬(정2품)에 제수되었으며, 29일에 좌찬성(종1품)으로 승진하였다.

상소문 上疏文

상소문(上疏文)

○ 경술년(1610) 2월 19일 을축에 천추사 허균이 아뢰었다.

"요동 도사가 강상(江上)의 관시(關市)를 혁파하기를 청한 일로 인하여 우리나라에 회자하고 노여움을 공신(貢臣)의 행차에 옮기고 있습니다. 세금과 검사를 받은 방물을 제외하고는 토산물을 가지고 가는 것을 허락하지 않는다고 합니다. 아무 일이 없는 때에도 일로 아문(衙門)에서 멋대로 요구하고 토색하는 폐단을 감당할 수 없는 경우가 있는데 더구나 이 의논이 한번 나오게 되면 그들의 요구와 공갈의 걱정이 반드시 전날보다 만 배나 될 것입니다. 불행하게도 신의 일행이 맨 처음 예봉(銳鋒)을 범하게 되었으니, 이 행차에서 일이 잘 처리되어야만 계속하여 가는 자들이 무사히 도착할 수 있을 것입니다. 관계된 것이 실로 무거우니 신은 참으로 민망합니다.

대체로 한번 법 밖의 과금(科禁)을 행하면 그 관계가 사신에게 있게 되는데, 저들이 침해하여 빼앗고 저지하는 때를 만났으므로 주선하여 미봉하는 책임이 전적으로 통역관에게 달려 있으며, 그중에 가장 긴요한 사람은 상통사(上通事) 및 당상 역관입니다. 그런데 당상은 김효순으로 그는 바로 왜 통사(倭通事)이며 상통사 이효삼도 영리하고 일을 잘 아는 자가 아닙니다. 중강 위관 유부(中江委官遊府) 및 무안 총독(撫按總督)에 딸린 여러 아문 하인배들이 곱지 않게 대하고 있으므로 중국 말에 익숙하지 못한 사람으로 위협하고 성내는 그들에게 맞서 다투게 하였다가는 일을 그르칠 것이 뻔합니다.

그러니 이 두 사람을 다 개차하고 위관(委官)에 대한 사리를 잘 알고 중국말에 익숙한 자를 데리고 가야 하고, 질문 역관 2명을 더 선출하되 또 전에 상통사를 지낸 자로 택정해서 상규(常規)에 구애되지 말고 시행하여 나랏일을 성사되게 하는 것이 합당할 듯하기에 황공스럽게 감히 여쭙니다.

그리고 예조는, 외국의 입장에서 중국에 죄를 얻는 경우에는 원역(員役)을 재량껏 줄일 수 있기 때문에 역관을 더 보내기를 계청한 것입니다. 그렇다면 군관 등 여러 원역을 아울러 일체 더 뽑아야 합니다. 예대(例帶)인 자제 1원, 군관 6원, 외군관(外軍官) 2원 및 타각(打角), 역관 자제 등은 평시의 예에 의하여 거느리고 가는 것이 마땅할 듯합니다. 다만 사신은 으레 의주 관노(義州官奴)를 거느리고 가서 주방일을 이바지하게 하는데 규정 밖의 인원은 데리고 가기가 어렵다면 강을 건널 때에 반드시 응당 가야 할 인원을 도태시켜야 할 것이니, 일이 매우 온당치 못하게 되었습니다.

신의 일행이 마침 여러 아문이 성내고 있는 때를 만났으니, 혹 급한 일이 있으면 분소(分疏)하여 변명과 핵실을 해야 하니 글씨 쓸 사람이 없어서는 안 되겠습니다. 사자관(寫字官)으로 전 참봉 송효남을 군관으로 칭호하여 데리고 가고 그 나머지의 인원은 차비 중에 그 이름을 비워 두었다가 의주의 주자(廚子)를 가려 그 자리를 채우게 한 다음 데리고 가는 것이 어떻겠습니까?"

전교하였다.

"이번 사행에는 반드시 난처한 일이 있을 것이다. 대동하고 갈 역관을 각별히 가려서 보내라."

庚戌二月十九日乙丑。千秋使許筠啓曰。"遼東都司以江上關市請

罷事。回咨我國。移怒於貢臣之行矣。自抽稅。鈐束方物之外。不許齎
(齎)帶土物云。在無事之日。一路衙門。需索刁蹬之弊。有不可堪。矧
此議一出。則其要脅哄嚇之患。必萬倍於前日。不幸臣行。首犯始銳之
鋒。此行停當得好。繼往者可以無故得達。所關寔重。臣實悶焉。大凡
一行法外科禁。係在使臣。而彼中侵奪阻當之時。周旋彌縫之責。專屬
於舌官。其中最緊者。上通事及堂上譯官。而堂上則金孝純乃倭通事
也。上通事李孝三。亦非十分伶俐解事者。自中江委官遊府及撫按總
督諸衙門下輩。方瞋瞻以待。乃以不習華語之人。爭抗於威怒之際。其
償事必矣。此兩人俱當改差。以諳委事理慣熟華語者帶行。而加出質
問譯官二人。亦以曾經上通事者擇定。俱勿拘常規。以濟國事。似爲合
宜。惶恐敢稟。且禮曹以外國得罪於上國。可爲裁減員役。故啓請加送
譯官。然則軍官等諸員役。竝可一體加出。例帶子弟一員。軍官六員。
外軍官二員及打角。譯官子弟等。似當依平時率去。但使臣例帶義州
官奴。以供廚役。而規外難於率行。越江臨時。必汰去應行員役。事甚
不安。臣行適當諸衙門瞋怒之日。脫有緩急。則分疏辨覈。不可無書字
者。寫字前參奉宋孝男。以軍官稱號帶行。其餘則猶差批中虛其名。擇
義州廚子。臨時塡名帶去何如?"傳曰。"此行必有難處之事。所帶譯官。
各別擇送。"　　　　　　　　　　　　　　　　-『光海君日記』二年 二月 十九日

(1616년) 6월 2일.

○형조판서 허균(許筠)이 상소하였다. 대강 이러하다.

"유찬(柳燦)이 공초를 바칠 때에 신의 소찰(小札)을 가져다 올렸다고
합니다. 신이 처음에 성급(成汲)이 하는 말을 듣고, 신의 일가 사람도
최기의 공초 안에 들어 있다는 것을 알았는데, 권겹(權韐)도 참여하여

보아서 알고 있다고 하기에, 누구인지 알고 싶어서 즉시 편지를 보내
어 권겹에게 묻고 또 초청하여 불렀습니다. 권겹이 와서 말을 해주어
서 비로소 그것을 상세하게 알았습니다. 다만 최기가 공초를 바칠 때
에 늘이고 줄인 인명(人名)은 원정(元情)의 초초(初草)와 다름이 있기
때문에 사람들의 입을 막고 자신의 죄를 면하려고 계책을 부려, 자기
의 사위를 사주하여, 권겹에게 보냈던 서찰을 기화로 삼아서 상달을
하기까지 한 것입니다. 그 편지 안의 몇 마디 말들은 사람들의 이름을
상세하게 묻고자 한 것에 불과합니다. 그리고 '사실대로 바르게 공초
하면 일이 잘 풀릴 것이다.'라고 한 것일 뿐입니다. 이것을 인하여 신
을 얽어 넣었으니, 감히 그 곡절을 진달합니다.

　　刑曹判書許筠上疏。大槪。"柳燦納招時。以臣之小札進呈云。臣初
聞成汲之言。知臣一家人。亦入於崔沂招辭。而權翰參看知之云。欲
知誰某。卽簡問於翰。且請其來。則翰來言之。始知其詳。但沂之納
招時。增減人名。與元情初草有異。欲爲鉗人口。免己罪之計。指嗾
厥壻。以其投翰之札。自爲奇貨。至於上達其簡中數語。不過欲詳問
人名。且以爲從實直招。則自就好逕云耳。因此搆臣。敢陳曲折"事。
　　　　　　　　　　　　　　　　　　　-『光海君日記』八年 六月 二日

6월 3일. 두 번째 상소하였다.
○허균이 두 번째 상소를 올렸는데, 입계하였다.
許筠再疏。入啓。　　　　　　　　　　-『光海君日記』八年 六月 三日

(1617년) 1월 16일.
○부사직 허균이 상소하였다.

"신이 이달 8일에 집에 있으면서 전 부정(副正) 홍연기(洪衍箕)와 함께 앉아 대화하던 중에 신의 삼촌 조카딸의 남편인 박홍도(朴弘道)의 여종이 작은 쪽지의 봉서(封書)를 가지고 와서 바쳤습니다. 이에 신이 즉시 좌중에서 뜯어보니, 바로 절구(絶句) 두 수였습니다. 끝에는 '이것은 바로 이성윤(李誠胤)이 지은 것이지 박홍도가 지은 것이 아니니, 대감께서 이것을 가지고 쌍문동(雙門洞)에 가서 해명해 주기를 간절히 바란다.'는 등의 말이 있었는데, 이른바 쌍문동은 바로 이이첨이 살고 있는 동네입니다. 이에 신이 말하기를 '박홍도가 이미 아주 위험한 지경에 빠져서 이성윤에게 죄를 돌리려 하고 있는데, 감히 스스로 이이첨에게 변명하지 못하고 나로 하여금 전하게 한 것이다.'고 하자, 홍연기가 말하기를 '이것은 바로 박홍도가 살아나기를 구하는 계책이다. 두 수의 시가 이성윤이 지은 것이라면 박홍도가 이성윤 대신 큰죄를 받는 것이 어찌 원통하지 않겠는가.' 하였습니다. 신이 인하여 이 시를 시험 삼아 다른 사람들에게 보이자, 모두들 말하기를 '이것은 참으로 이성윤이 지은 것이다. 박홍도는 비록 열 번 죽었다가 깨어나도 반드시 이 시의 한 구절도 지을 수 없을 것이다.' 하였습니다. 신이 이것을 이이첨에게 보내었는데, 이이첨 역시 그렇게 여겼습니다.

그 뒤에 상께서 '경운궁(慶運宮)' 시(詩)를 써서 들이라고 전교하심으로 인하여 대간이 이 두 절구와 다른 시 세 구절을 아울러 써서 들였습니다. 그런데 생각지 않게도 박홍도가 도리어 스스로 정소(呈疏)하여 변명하였는데, 이것은 서당(書堂)에서 시를 지은 일을 숨기고자 해서 그런 것입니다. 그러나 그가 쓴 글씨가 남아 있으니 속일 수 있겠습니까. 그리고 대간이 써서 들인 세 구절은 사람들이 전해가면서 읊고 있고 모두 언근(言根)이 있으며 여종이 시를 전해왔을 때 본 것이 분명합니다. 신은 박홍도가 무슨 곡절로 인해서 이성윤을 곡진히 비호하기를 이처럼 극진히 하고 있는지 모르겠습니다.

　신이 이 흉시(兇詩)를 보고서 즉시 상께 아뢰었어야 마땅했습니다. 그런데 바야흐로 파산(罷散) 중에 있어서 감히 글을 올리지 못하였습니다. 그러다가 잘못 거두어 서용하는 은혜를 받아 다시금 관직에 있게 되었으므로, 지금 비로소 그 곡절을 상세히 진달하는 것입니다. 이 시는 사람들이 모두들 이성윤이 지은 것이라고 하고 있으니, 박홍도 역시 스스로 벗어날 길이 있을 것입니다. 삼가 바라건대, 성상께서는 굽어살펴 주소서."

　【권필(權韠)은 '궁류(宮柳)'라는 두 글자를 시에 써서 정국(庭鞠)당하고 형을 받아 죽기까지 하였다. 더구나 이른바 이성윤의 시라는 것은 당시에 크게 기휘(忌諱)하는 말이었고 또한 신하로서 말할 것이 아니었다. 그런데도 대간은 국문하기를 청하지 않았고 왕 역시 용서해주어 박홍도의 일이 마침내 정지되었으니, 그것이 허균이 스스로 한 데서 나온 것임이 분명하다.】

　副司直許筠上疏曰。伏以。臣本月初八日。臣在家與前副正洪衍箕同坐語間。臣三寸姪女夫朴弘道婢子。來納小紙封書。臣卽開見於坐中。則乃二絶句也。末端有 "此乃誠胤所作。非弘道所作。望台鑑。持此往拜於雙門切仰。" 等語。所謂雙門。卽李爾瞻所居洞也。臣謂。"弘道已到十分地頭。欲歸罪於誠胤。而不敢自辨於爾瞻。使我傳之也。" 衍箕曰。"此乃弘道求生之計。二詩若是誠胤所作。弘道代誠胤。蒙此大罪。豈不冤哉?" 臣因以此詩。試示於人。人皆曰。"眞是誠胤所作。弘道雖十生九死。必不能做此一句。" 云云。臣送于爾瞻。爾瞻亦以爲然。厥後臺諫因上有慶運宮詩書入之敎。以此兩絶句及他詩三斷句竝書入矣。不意弘道反自呈疏以辨。此不過欲諱玉堂賦詩之事而然也。其手迹猶存。其亦可誣乎? 且臺諫所書入三斷句。人亦傳誦。皆有言

根。而婢子傳詩之時。看證分明。臣未知弘道緣何曲庇誠胤。至於此
極乎。臣見此兇詩。卽當上聞。而方在罷散之中。不敢陳章。誤恩收
敍。更叨職名。故今始詳達曲折。此詩。人皆謂誠胤所作。萬口一談。
則弘道亦可有自脫之地也。伏願聖明。垂察焉。【權韠以宮柳二字。至
於庭鞫。被刑而死。況此所謂誠胤詩。在當時。大忌諱之語。而亦非臣
子所當言也。臺諫終不請鞫。王亦不加怒。弘道事竟寢。其出於筠之
自爲明矣。】　　　　　　　　　　　-『光海君日記』九年 一月 十六日

10월 11일.

○형조판서 허균이 상소하였는데, 대략 이러하다.

"얼족(孽族) 현응민이 와서 하는 말이 '김제남의 친족으로 도망 중에
있는 죄인 김계남이 은밀히 오영난(吳永難)의 집에 오가는데 행동이
수상하다.'고 하기에, 신이 묻기를 '이 말을 어디에서 들었는가?' 하
니, 응민이 대답하기를 '이것은 바로 내가 아는 차극룡(車克龍)이란 자
가 말한 것이다.'고 하였습니다. 차극룡이 신을 보고 말하기를 '김제남
의 반역 음모는 계남이 필시 모를 리가 없다. 만일 김계남 등이 흉측한
음모가 없었다면 몰라도 반역 음모를 꾀하였다면 김진이 필시 먼저
선동하였을 것이다. 전후하여 발생한 흉칙하고 요사스러운 일은 이
무리들의 소행이 아니라고 단정할 수 없다.'고 하였습니다."

이러한 내용으로 입계하니, "상소를 보고 잘 알았다"고 답하였다.

刑曹判書許筠上疏。大槪。"孽族玄應旻來言。'悌男切族在逃罪人金
季男。潛相往來于吳永難家。行止詭秘。'云。臣問曰。'此言何處得聞
乎?' 應旻曰。'此乃所知人車克龍言之。'云。車克龍見臣言曰。'悌男逆
謀。季男必無不知之理。若使季男等。無凶謀則已。如其謀逆。則軫必

爲之首倡矣。前後凶妖之事。未必非此輩所爲.’云云"事入啓。答曰。
“省疏具悉。”　　　　　　　　　　　　　　　－『光海君日記』九年 十月 十一日

12월 26일.

○우참찬 허균이 비밀리에 상소하여 자책을 가하였다.【상소 내용
은 유실되어 기록하지 못한다. 재차 올린 상소는 아래에 보인다. ○허
균은 요망스런 불교에 대하여 말하기를 좋아하였는데 기자헌이 불교
를 신봉하였기 때문에 서로 친밀하게 지냈다. 또 기준격으로 하여금
허균을 스승으로 섬기게 하였기 때문에 기준격은 그의 집에 마치 자식
처럼 출입하였다. 허균이 이미 대론과 관련하여 의견을 달리하고 기
자헌을 죽이려 하자, 기준격은 전일 그의 집에 출입할 때 얻은 서찰
중에 국사를 언급한 것과 평소에 말한 내용들을 들추어내었는데, 이
것은 모두 기자헌이 술책을 부린 것이다.】

　右參贊許筠秘密上疏自訟。【疏失不錄。再疏見下。筠好談僧道妖
誕。而自獻奉佛。故與之親密。又使俊格。師事筠。出入其家如子姪。
筠旣以大論立異。欲殺自獻。俊格掇拾前日出入時所得書札。言及國
事者與平日語言以訐之。皆自獻術數也。】

　　　　　　　　　　　　　　－『光海君日記』九年 十二月 二十六日

윤4월 7일.

○좌참찬 허균이 상소하였는데, 그 대체적인 내용은 다음과 같다.
“삼가 정원의 계사를 보건대, 곽영의 상소에 신의 이름과 이경준의
흉격 등의 말이 있었습니다. 이에는 명확한 말의 출처가 있을 것이

분명하니, 곽영과 함께 궐정(闕庭)에서 신문을 받아 그 출처를 끝까지 캐내어 허실을 밝힘으로써 무함당한 신의 원통함을 씻을 수 있도록 해 주소서."

左參贊許筠上疏。"伏見政院啓辭。則郭瓔上疏。有臣名及耕俊兇檄等語。此必有明確言根。請與瓔同就庭訊。窮覈出處。以辨虛實。俾雪臣誣。"　　　　　　　　　　　　　　　　　–『光海君日記』十年 閏四月 七日

(1618년) 5월 3일.

○ 좌참찬 허균이 상소하였다.

"지난해 대론이 일어났을 때 신의 원수 기자헌이 제일 먼저 흉악한 차자를 올렸다가 귀양갔는데, 그 집에서는 신이 남몰래 중상했다고 의심한 나머지 신에 대해 골수에 사무치도록 원망하고 있습니다. 자헌이 이런 의논을 올리지 않았다면 그의 원수가 1백 명이나 된다 할지라도 그를 어떻게 할 수가 없었겠지만, 일단 그런 차자를 진달하였고 보면 평소 원수진 일이 없는 사람이라 하더라도 어떻게 그를 용서한 채 주벌을 가하지 않을 수 있었겠습니까. 이는 지극히 어리석은 자라도 알 수 있는 일입니다.

그런데도 그 집에서는 그만 신을 원망하여 그 아들이 외람되게 변장(變章)을 올렸는데 그 소의 내용이 매우 비밀스러워 사람들이 이해하지 못하였습니다. 이에 양사가 추문하기를 청하고 2품 관원들이 추국하기를 청했는데도 전하께서 이 모두에 대해 고집하면서 윤허하지 않으셨으므로 신이 집에서 거적을 깔고 엎디어 죄를 기다리면서 다시 변장(辨章)을 올리게 되었습니다.

처음에는 그 소의 내용이 그토록 참독스러울 줄은 몰랐는데, 지난번 곽영의 옥사를 인하여 국청이 그 소를 내려주기를 청한 결과 그 전모가 밝혀졌습니다. 그 소에서 지어낸 말들 가운데 위를 핍박하고 임금을 욕되게 한 것들에 대해서는 모두들 차마 눈 뜨고는 볼 수 없을 정도였다고 하는데 이와 함께 없는 일을 날조하며 온갖 계책을 동원해서 신을 모함하려 한 사실이 비로소 전파되게 되었던 것입니다. 따라서 대신 이하가 이 글을 보고는 모골이 송연하였습니다. 그래서 기필코 한 시각도 지체시키지 않고 신을 추국하여 사실을 캐내 나라의 형전(刑典)을 바루고자 했던 것이야말로 인신의 대의에 입각하여 나온 행동이었다 할 것입니다. 그래서 곧바로 그와 대궐 뜰 아래에서 대질신문을 벌이게 되리라 여기고는 가슴을 두드리면서 하루를 일 년처럼 보내고 있었는데, 현재 판부사도 아직 차임이 되지 않았을 뿐더러 상께서도 여전히 조섭하시는 중에 계시므로 언제 친문(親問)하시게 될지 그 기약이 또한 막연하기만 합니다.

신이 기자헌의 집과 원수를 맺게 된 그동안의 곡절을 먼저 말씀드린 다음에 상소에 있는 무함한 내용에 대해 하나하나 해명해드릴까 합니다.

신의 형 집안에서 이홍로와 절혼(絶婚)하자 홍로가 복제(服制)를 삼가 지키지 않았다고 신을 무함했기 때문에 그와 원수가 되었던 정상에 대해서는 신이 첫 번째 상소를 올리면서 이미 상세히 진달드렸고, 홍로가 스스로 변명하는 상소를 올리면서 신도 함께 참여하였다고 한 말은 기자헌 집안에서 납지(蠟紙)로 베껴 올린 서찰에서 거짓임이 이미 판명되었으니, 신이 감히 다시 진달드리지 않겠습니다.

신축년(1601)에 신이 해운판관으로 순시하면서 전주(全州)에 도착했을 때 홍로가 감사로 있으면서 모친상을 당했는데 성복하기 전에 불법행위를 많이 저질렀습니다. 사람들이 이에 대해 신이 상세히 알고 있다고 하자 자헌이 신을 증인으로 세우려 하였는데, 신이 말하기를 '홍로가 나를 상제(喪制)를 잘 지키지 못했다고 무함했는데 내가 또 이것을 가지고 그에게 비판을 가한다면 보복하는 듯한 인상이 있다. 누가 그 말을 믿어 주겠는가. 결단코 따를 수 없다.' 하였더니, 이때부터 자헌이 유감을 품기 시작했습니다.

그런데 홍로가 서울에 와서 신이 눈으로 본 일들을 퍼뜨렸는가 의심하여 원망하는 말을 떠들어대었습니다. 신이 조카의 상을 조문하러 그의 이웃에 간 김에 잠깐 들러 스스로 해명하려 하였는데 그 자리에는 신현과 이성경도 와 있었습니다. 이때 홍로가 무턱대고 신의 말을 막으면서 말하기를 '내가 이미 알고 있으니 그대는 다시 말하지 말라.' 하였는데, 그때 마침 기자헌의 집에서 문안 왔던 노자(奴子)가 이 광경을 보고는 돌아가 일러바치자 자헌이 마침내 이소(李疏)에 참여하여 관계했다는 말을 지어낸 것이었습니다. 여러 사람들이 스스로 해명한 서찰은 본래 중요한 관계가 있는 것이 아니었는데도 자헌이 이를 기화로 삼아 위협할 목적으로 글을 모사(摸寫)하여 밀납으로 붙여서 그 속에 흉측한 말이 있는 것처럼 만들었는가 하면 옥사를 일으켜 스스로 해명하려 한다는 설을 신에게 뒤집어씌우며 무함했습니다.

계묘년(1603) 4월에 신의 형 허성의 집에서 (의창대군과) 국혼을 치르던 날 형의 처의 병이 위중했던 탓으로 날짜를 앞당겨 혼인식을 마쳤는데, 궁인들도 병자를 보고 갔으며 그런 뒤 5일 만에 죽었습니다. 그런데 그때 마침 비밀에 부치고 발상하지 않았다는 설이 궁중에 전파되었는데 이것 역시 신이 지어낸 것이 아니라 자헌의 무함을 지목한 것이었습니다. 그러나 봄 꿩이 절로 울어대듯 자헌이 형의 집에 가서 해명하기를 '이것은 허균이 나를 잡아넣을 목적으로 지어낸 말이니 공의 집에서 직접 대방(大房)에 해명해주면 좋겠다.' 하였습니다. 그러

고는 자헌이 더욱 성을 내면서 헌납 신율을 충동질하여 신을 탄핵케
하였으므로 신이 즉시 강릉으로 내려가게 되었습니다. 그런데도 자헌
이 여전히 분풀이를 그치지 않자 신의 형이 이를 걱정한 나머지 신으
로 하여금 글을 보내 사과함으로써 그의 노여움을 풀게 하라고 하였습
니다. 그래서 신이 즉시 서찰을 보내 사과하면서도 다른 말은 하지도
않았는데, 자헌이 말하기를 '내가 이 편지를 내놓기만 하면 허균은
반드시 죽고 말 것이다.' 하였습니다. 이는 대체로 듣는 이들로 하여금
신이 혹시라도 망발한 것이 있었던 것이 아닌가 하고 의심하게 하려는
것이었습니다만 실상은 그 정도의 내용에 불과한 것이었습니다. 그래
서 자헌이 전후로 차자를 올려 조정에 있는 신하들을 차례차례 비방했
을 적에도 신의 이름은 그 속에 끼어 있지 않았는데 이는 실제로 그렇
게 될 만한 일이 없었기 때문이었습니다.

　병오년에 주사(朱使, 주지번)가 벽제에 왔을 때 신이 역관 박인상으
로 하여금 본국의 세자 책봉에 관한 일을 극력 진달하게 하였더니 주
사가 즉시 정문(呈文)할 것을 허락하였습니다. 신이 돌아와 대신에게
말하였더니 적신(賊臣) 유영경은 달갑지 않게 여긴 반면 자헌과 심희
수는 그 의논을 극력 주장하였는데, 하여튼 온 나라의 민정을 조사(詔
使)에게 진달함으로써 중국 조정의 천신(薦紳)들에게 알릴 수가 있었
습니다.

　그 뒤 영경이 분노와 시기심을 품게 된 결과 자헌 등이 잇달아 벼슬
자리에서 밀려났고 신도 곧바로 부처를 좋아한다는 비평을 받게 되었
습니다. 신과 자헌이 똑같이 영경의 배척을 받았기 때문에 그 뒤로는
자헌이 겉으로 마음을 열고 대해주는 척했습니다만, 신은 자헌이 음
험한 마음의 소유자로서 그 속을 헤아릴 수 없다는 것을 알고 있었기
때문에 비록 때때로 만나기는 하면서도 그동안 품어온 개인적인 생각

을 감히 토로하지 못하였으므로 늘 상대방을 의심하는 마음이 있었습니다.

계축년(1613) 겨울 초에 화근을 제거해야 한다는 의논이 행해지기 시작하였습니다. 11월 4일에 신이 마침 자헌을 만나 조용히 물으면서 그의 마음을 탐지해 보았더니 자헌이 머리를 흔들며 듣지 않고서 송순의 일을 핑계대고는 결연히 피해버렸는데 이에 대한 상세한 내용은 신의 두 번째 소에 들어 있으니 감히 다시 진달드리지 않겠습니다. 그런데 그가 이렇게 한 것은 대체로 그의 자질이 모두 서양갑과 지극히 친한 사이로서 역적의 공초에 나왔는데도 요행히 나문(拿問)을 면하였기 때문에 뒷날 화를 면할 수 있는 여지를 만들기 위하여 미리 이런 의논을 세워둠으로써 국면을 뒤집으려고 한 것이었습니다. 신은 이로써 자헌이 끝내는 임금을 등지고 대론을 저지시키려 할 줄을 알았습니다.

갑인년(1614) 봄에 자헌이 정승으로 들어오자 삼사(三司)가 일제히 그를 탄핵하였는데, 그 자제들이 신에게 시배(時輩)들의 이런 일을 중지시켜달라고 하였으므로 신이 널리 친구들에게 요청하여 그 탄핵을 그만두게 하였습니다. 그런데 그 뒤에 그의 아우 기윤헌이 외설에 관한 일로 신을 의심하여 유감을 품었는데, 신이 경사(京師)에 간 틈을 타서 그의 형을 속여 말하기를 '삼사가 탄핵했을 적에 허균이 극력 저지하지 않았을 뿐 아니라 도리어 덩달아서 배척하였다.' 하니, 자헌이 이 말을 믿고 크게 성을 내었습니다. 신이 요동에서 징병에 관한 일은 조처하기가 곤란하다는 곡절로 자헌에게 글을 보냈더니 자기를 헐뜯는다고 여겨 공공연히 욕을 마구 해댔으며, 그 뒤 북경에 도착하여 조종(祖宗)의 변무(辨誣)에 대한 글을 올리자 극도로 추잡한 비난을 가하면서 대벽(大辟)에 처하려고까지 하였습니다. 그때 신이 자헌을 극력 변호했던 사실을 아는 자가 자헌에게 가서 곡진히 해명하고 이어 그의 구원을 요청했던 서찰 3통을 보여주자 자헌이 깨닫긴 하였습니다만 시기하고 저해하려는 마음은 더해가기만 하였습니다. 그 뒤 신이 변무에 대한 일을 완결짓고 돌아오자 그가 늘 걱정하면서 말하기를 '뒷날 이것이 필시 나의 걱정거리가 될 것이다. 가증스럽기 그지없다.' 하면서 밤낮으로 획책하며 기필코 신을 죽이려 하였습니다.

안서(安西)의 옥사가 일어났을 때에는 자헌이 직접 차자를 작성해 신을 무함했는데, 그 내용을 듣건대 모두가 허위로 날조한 것이었기에 신 역시 상소를 만들어 대질하려 하였으나 자헌이 밖에서 위협을 가해 오는 바람에 그만둔 채 하지 못하고 말았습니다. 그러다가 흉격 사건이 일어났을 때에는 임금을 버리고 도주하면서 은연중 신이 지은 것처럼 말했으며 자기와 친한 사람들과 짜고서 신을 무함하려 하였습니다. 그리고 강릉의 차자에서는 신의 이름을 거론하지는 않았어도 들으면 알 수 있을 정도로 지적하였다가 그 뒤에 조정에 돌아왔을 때에는 또한 감히 분명하게는 말하지 못했는데, 성상께서 그의 흉악함을 통촉해 주지 않았다면 신의 목숨이 어떻게 연장될 수 있었겠습니까.

그 뒤 김진의 옥사 때에는 자헌이 신을 욕하면서 진회(秦檜)에 비유하기까지 하였으므로 신이 상소를 한번 올려 전일 원한을 맺게 된 상황과 그가 역적을 비호하고 임금을 배반한 정상을 진달하면서 그와 대질 신문을 벌이게 해 주도록 청하려 하였더니 자헌이 기겁하여 이복장을 보내어 화해하자고 애걸하였습니다. 이에 신은 대례가 이미 임박한 상황에서 자헌이 이 때문에 도망이라도 가면 어쩌나 싶어 일이 완전히 끝난 다음에나 진달드리면서 해명하려 하였습니다. 그런데 대론이 곧바로 일어나게 되었고 그가 맨 먼저 죄를 받고 말았는데 그런 기회에 편승하여 남을 곤경에 몰아넣는 일은 의리상 차마 하지 못하겠기에 지금까지 덮어두고 있었습니다.

　그때 영남 사람 중에 사산(蛇山)에 몰래 장지를 쓴 일을 가지고 상소하여 그의 죄를 청하려 한 자가 있었습니다. 사산은 곧 신라 이래로 장사지내지 못하도록 금해 오던 지역으로서 사람들이 모두 만세에 군왕이 날 곳이라고 말해 왔는데 자헌이 거기에 첩을 장사지내었으므로 그가 망하기 전부터 사람들이 모두 위태롭게 여겼었습니다. 이 상소를 올리려 하자 기자헌의 집에서는 신이 사주한 것으로 의심하여 더욱 극심하게 원망하면서 말하기를 '허균이 평소 우리 집에서 대론을 따르려 하지 않는 정상을 알고 있기 때문에 극력 이런 꼬투리를 집어내어 우리 집을 함정에 빠뜨리려 하고 있는 것인데 배소(配所)를 여러 차례나 옮기게 된 것도 모두 그의 지휘에 의한 것이었다.' 하고는 부인으로 하여금 곧장 상언케 하려다가 그렇게 하지 않은 일도 있었습니다.

　당시 성균관 유생의 상소에서도 기준격과 기수발이 서양갑과 교분을 맺고 있었던 정상을 거론했었는데, 윤헌이 이사호와 복심 관계에 있었기 때문에 신이 그 흉악한 정상을 탐지하고서 혹시라도 그만두지 않을까 걱정한 나머지 어떻게 해서든 신만 제거해 버리면 대론도 저절로 와해될 것이고 그의 화도 가벼워질 것이라고 여기고는 준격을 꾀어서 저격할 계책을 세웠던 것이었습니다. 그러나 신이 경망스럽다고는 해도 원수의 자제를 대할 때면 반드시 신중하게 말을 가려서 하고 있는데 하물며 이처럼 입으로 차마 말할 수 없고 귀로 차마 들을 수 없는 흉역스러운 난언을 했겠습니까. 이런 말은 정신이상자도 감히 하지 못할 것인데 신이 이런 말을 했으리라고 상상이나 할 수 있겠습니까.

　흉소(兇疏)에서 한 이야기들은 전해 들은 데에서 나온 것인 만큼 하나하나 분석해 깨뜨릴 수는 없다 하더라도 일단 사람들 사이에 퍼진 것에 대해서는 신이 특별히 밝혀보고자 합니다. 준격이 나이 어릴 적에 그 아비의 명으로 신에게 와서 배우긴 하였습니다. 그리고 신 역시 어쩔 수 없이 억지로 가르치긴 했습니다만 일상적인 이야기는 또한 말해 준 적이 없습니다. 이번에 나온 기유년(1609)과 신해년(1611)의 이야기는 꿈에도 생각하지 못했던 것인데 증거도 없는 말을 글로 옮겨 쓰다니 신은 통분스럽기 그지없습니다. 이는 의창군이 바로 신의 형의 사위이기 때문에 기필코 신의 집안을 결판낼 목적으로 문득 그를 왕으로 세우려 했다는 설을 지어내어 그 공을 자기 아비에게 돌리려 한 것이니 그 꾀가 너무도 참혹하기만 합니다.

형의 집에서 성혼한 지 얼마 안 되어 신은 바로 파직되어 시골로 내려갔었는데 갑진년(1604) 8월에 올라와 수안군수를 제수받고 부임했다가 을사년(1605) 11월에 파직되어 돌아왔습니다. 12월에는 원접사의 종사관으로 내려갔는데, 병오년(1606) 3월에 의주에서 저보(邸報)를 보고 비로소 이의(李璉, 영창대군)가 탄생하여 진하(陳賀)한다는 것을 알았습니다. 이에 신이 동료에게 말하기를 '대신이 어찌 감히 이런 일을 한단 말인가.' 하였는데, 이는 대체로 성상께서 당시 춘궁(春宮)으로 확정되신 상태에서 만백성이 마음속으로 귀의하고 있었기 때문이었습니다. 그리고 신은 바로 공성왕후의 촌수에 드는 친척인 만큼 개인적으로 적대하고자 하는 마음이 다른 신하들의 배는 될 것인데 어떻게 감히 흉악한 마음을 계속 품고서 끝내 원수의 집안 사람에게 털어놓을 수가 있겠습니까.

신해년(1611) 겨울에 적소(謫所)에서 사면을 받고 11월 12일에 서울에 들어와 형을 만난 뒤 24일에 도로 부안의 장사(庄舍)로 갔다가 임자년(1612) 2월 초에야 돌아왔는데 그동안 준격은 한 번도 찾아온 적이 없었습니다. 더구나 신의 형제는 김제남과 평소 사이가 좋지 않아 한 번도 그의 집에 간 적이 없는데, 어떻게 혼인을 권하는 일 때문에 제남과 함께 윤수겸의 집에 갈 수가 있었겠습니까. 그 해 겨울에는 겨우 10여 일 동안 서울에 머물러 있었기 때문에 수겸도 만나보지 못했는데, 수겸이 지금 있으니 물어보면 알 수 있을 것입니다.

김제남과 신이 서로 만날 길이 없게 된 것은 온 나라 사람들이 다 아는 일인데, 궁중의 그렇고 그런 일들을 신이 어떻게 제남에게서 들을 수가 있었겠습니까. 양시(兩尸)는 적자가 아니라고 한 말은 모두 그가 스스로 지어낸 것인데, 어떻게 차마 주각(注脚)을 달아 양시를 해석하면서 감히 이토록 기탄없이 성상을 번독케 할 수가 있단 말입니까. 마음속으로 그런 생각을 품어온 자가 아니면 어떻게 감히 이런 문자를 베낄 수 있겠습니까. 그가 신을 함정에 빠뜨리려다가 헤아릴 수 없는 모욕을 거꾸로 군상에게 가하게 된 것인데, 고금 천하에 임금을 무시하고 도리에 어긋난 말치고 어찌 이처럼 심한 것이 있었겠습니까. 마음이 아프고 살이 찢어지는 듯하며 눈물을 흘리며 하늘을 향해 호곡할 따름입니다.

그가 실제로 이런 흉측스러운 이야기를 들었다면 인신의 의리로 볼 때 어떻게 온 조정이 모두 그 집안을 질시한다는 이유로 그만둔 채 하지 않을 수 있겠습니까. 그리고 그 일이 적확하기만 하다면 사람들이 아무리 그 집안을 미워한다 하더라도 어떻게 겁박하며 거꾸로 죄를 줄 수가 있겠습니까. 그리고 신이 실제로 흉역스러운 말을 내놓았다고 한다면 인신으로서는 하루도 같은 하늘 아래 살 수가 없는 법입니다. 그런데 어찌하여 책을 갖고 와서 10년이라는 오랜 세월 동안 신에게 가르침을 받았으며, 그 아비의 두 차례에 걸친 공의 녹권(錄券)과 관련하여 기필코 신에게 글을 짓게 하여 후세에 전하려 했단 말입니까. 이는 따질 것도 없이 저절로 명백한 것입니다.

무신년(1608)에 공주에서 파관(罷官)되고 나서 전사(田舍)를 구해 볼 목적으로 부안에 갔다가 산거(山居)할 만한 곳을 바닷가에서 얻은 뒤 경영하던 중 오래지 않아 도로 서울로 올라왔습니다. 그 뒤 죄로 유배될 적에 꼭 함열을 원했던 것은 대체로 그곳이 부안과 가까워 석방되면 곧바로 갈 수 있었기 때문이었습니다. 계축년(1613) 봄에도 부안에 내려갔습니다만 이는 노복과 전토가 모두 이곳에 있기 때문이었습니다. 어찌 심광세와 같이 모의할 목적으로 부안에 내려갔던 것이겠습니까.

　신해년(1611)에 신의 집이 비어 한가하게 되자 윤수겸이 몇 달 동안 빌려 들어와 있었는데 이 때문에 그 아들의 현부(賢否)에 대해서는 집을 지키고 있던 비자(婢子)들도 알고 있었습니다. 그래서 심광세가 '동생 집안에서 윤(尹)의 집에 청혼하려 하는데 두 아들 중에서 누가 훌륭한가?' 하고 물었을 때 신이 모른다고 대답하였는데 마음속으로 혼자 생각하기를 '사람들마다 모두 대군 때문에 염려하고 있는데 사대부 입장에서 어떻게 혼인을 맺어서야 되겠는가.' 하고는 송구와 함께 그 부당함을 말하였습니다. 그리고 수겸과 절친한 친구인 이문란을 불러 말하기를 '광세가 질녀를 수겸의 아들과 결혼시키려 하니 그대가 모쪼록 이 결혼을 극력 만류하라.' 하니, 문란이 두려워하는 기색을 보이면서 '그 말이 옳다.' 하고는 즉시 수겸에게 말하자, 수겸이 말하기를 '그가 원한다 할지라도 내가 어찌 들어주겠는가. 나는 하지 않겠다.' 하였습니다.

　이튿날 준격이 송구에게 찾아가서 이 일을 묻자, 송구가 어디에서 들었느냐고 물으니, 준격이 숙부가 말했다고 하였으므로 송구 역시 허균이 만류했다고 대답해 보내었다 합니다. 그런데 지금 송구를 끌어다 증거를 대고 있는데 송구가 아직 서울에 있으니 물어보면 알 수 있는 일입니다. 어찌 무함할 수 있겠습니까. 그리고 이문란이 지난해에 상소했었으니 그것을 가져다 상고해 보아도 해명이 될 수 있을 것입니다. 그의 소에 나온 말들을 보면 모두 증거를 대지 못하고 있는데 이 대목만은 유독 증거를 제시하고 있습니다. 그러나 수겸 등 세 사람이 모두 있으니, 만약 이런 상황에서도 부실하게 지껄여댔다면 그가 혼자 말하고 혼자 들은 이야기들이 허위라는 것을 이를 유추해서 확연히 알 수 있게 될 것입니다.

『대명률(大明律)』에 '참서(讖書)를 집에 보관해 두는 것은 사죄(死罪)를 범한 데 해당된다.'고 하였습니다. 신이 우연히 보았다 하더라도 집에 보관해 두지도 않을 것이며 다른 사람에게 전해 이야기하는 것도 감히 하지 못할 일인데, 더구나 원수진 집안의 자제에게 그런 이야기를 하겠습니까. 그리고 이 참설은 20여 년 전 선조 때부터 있던 것으로 세상에 전해진 지가 이미 오래되었고 천도에 관한 설은 임자년(1612) 연간에 나왔으니 그가 그럴 듯하게 속여넘기려 한 정상이 이에 이르러 더욱 분명해졌습니다.

이른바 심우영은 바로 신의 망처의 외서삼촌입니다. 문재가 조금 있었기 때문에 다른 사대부들도 허여하였고 신은 가족적인 친분이 있었던 관계로 처음부터 허물없이 지내긴 하였습니다만 사람됨이 교만하고 거칠며 적자를 멸시하였으므로 온 집안이 그를 비난하였습니다. 정미년(1607) 겨울에 이원형이 와서 말하기를 '삼가 우영을 친하게 대하지 말라. 우영이 말 끝에 나보고 임해(臨海)한테 가서 살펴보고 오라 하기에 내가 큰소리로 준열하게 꾸짖었더니 그가 안색을 변하면서 「사람들은 모두 그를 위태롭게 여기지만 나는 그 사람을 알고 싶다.」 하였다. 그의 뜻을 헤아릴 수가 없었으므로 나도 그때부터 절교하였다.' 하였으므로 신이 매우 괴이하게 여겼습니다. 그 뒤에 관심을 갖고 살펴보았더니 말하는 즈음에 나라를 원망하는 것이 특별히 심했으며 대

군을 애호하는 말을 드러나게 하였으므로 더욱 괴이한 생각을 금할
수 없었습니다. 그래서 그 뒤에 이의숭이 우영에게 재물을 꾸어주려
하기에 신이 만류하면서 말하기를 '이들 무리는 뜻을 두는 바가 수상하
니 신중을 기해 교제하지 말라.'고까지 하였습니다.

　이른바 박응서라는 자에 대한 것은 이렇습니다. 그의 아비 박순이
신의 아비 허엽과 절친했었는데, 임백령의 시호를 의논하는 일 때문
에 사죄(死罪)를 받을 운명에 처했을 때 신의 아비가 당국자에게 해명
하여 면하게 해 주었으므로 박순이 늘 고맙게 여겼었습니다. 그러다
가 계미년(1583)에 박순이 입대하여 신의 형 허봉의 잘못을 극언하는
바람에 형이 멀리 유배가게 되었으므로 신의 어미가 박순을 원망하면
서 그대로 원수가 되고 말았습니다. 화담서원에는 신의 아비가 마땅
히 배향되어야 하는데 박순도 함께 배향되려 하였으므로 신이 타당하
지 못하다고 하였습니다. 그러자 응서가 이 말을 듣고는 원한을 품었
는데 이 때문에 심우영이 응서의 편에 서서 갑자기 신의 집과 의숭의
집에 대한 정분을 소원하게 하였습니다.

　그런데 강도 사건이 일어나던 날 밤 박응서와 김비가 분명히 범인
들이었으므로 신이 의숭에게 말하기를 '내가 전에 뭐라고 말하던가.
이 어찌 끝내 국가의 대적이 되지 않겠는가.' 하고는 마침내 함께 대장
이문전을 찾아보았는데 체포하려 할 즈음에 문전이 파직되는 바람에
그렇게 하지 못하였습니다. 그 다음해에 응서가 은상(銀商) 살인 강도
사건으로 체포되었는데 일이 제때에 해결되지 않자 의숭이 신의 말을
불현듯 깨닫고는 즉시 이이첨을 찾아가서 '역적임이 분명하다.'고 하
였습니다. 이에 이첨이 바로 한희길을 불러 입계하도록 극력 권한 결
과 죄인의 괴수를 끝내 붙잡게 되었고 종묘 사직을 다시 안정시킬 수
있게 되었던 것입니다. 이문전과 이원형이 지난해에 이런 내용으로

모두 소장을 올렸고, 의승 역시 공을 사양하는 상소문을 지었다가 미처 올리지 못한 상황에서 죽고 말았는데 그 초안이 필시 그의 집에 남아 있을 것이니, 이것들을 모두 가져다가 조사해 보면 또한 알 수 있을 것입니다. 신이 비록 용렬하다 하더라도 보잘것없는 얼족을 집우(執友)라고 일컬었다고 한다면 그것이 어찌 정리에 가까운 말이겠습니까.

신이 정미년(1607) 겨울에 혼자서 보려고 본조의 시를 뽑았는데 정도전과 권근은 모두 국초의 인물들이었기 때문에 자료를 조사하여 써넣다 보니 자연 두 사람의 것을 제일 앞에 수록하게 되었습니다. 이것이 어찌 감히 그 사람들을 사모한 나머지 기필코 뽑아내어 앞에다 두려 한 것이겠습니까. 지금 『동문선』이나 『청구풍아(靑丘風雅)』 등의 책을 보아도 국초의 시문에는 도전의 작품이 으레 앞자리를 차지하고 있습니다. 어찌 신이 다른 사람을 팽개친 채 꼭 이 사람을 앞자리에 놓으려 한 것이겠습니까. 더구나 신은 무술년(1598)에 송도(松都)의 포은(圃隱) 고택을 들러 시편을 지으면서 그 끝 부분에 도전을 극력 배척하기도 하였습니다. 그 내용을 보면 '그대는 보지 못했는가. 삼군부 앞에 무기 벌여놓고는 임금 잊고 적자 바꿔 강상을 어긴 일을. 계책을 세우자마자 도전이 죽었으니 다리에서 폭사한 것 사람의 재앙 아니라오[君不見 三軍府前羅劍鋩 忘君易嫡違天常 搆締纔訖道傳死 中橋暴屍非人殃].'라 하였는데 차운로가 보고 늘 아름답다고 하였습니다. 이밖에 또 도전과 권근에 대한 논을 지어 배척하였는데 이에 대해서는 본 사람들이 많습니다. 따라서 이를 트집 잡는 것은 정말 아이들 장난 같기만 합니다. 그리고 생존자로는 최립과 이달을 제외하고는 또한 많이 뽑지 않았으니, 어찌 얼족을 위해 그들의 졸렬한 시를 뽑아주려 했겠습니까. 이 책이 지금 박엽의 집에 있으니 가져다 조사해 보면 알 것입니다. 또 신이 남쪽으로 옮겨갈 때에는 옥에서 나와 몹시 급한 때였는데 당시 우영의 자취가 이미 신의 집과는 소원해져 한 번도 찾아오지 않는 상태였고 보면 비록 그가 신을 찾아와 시를 주고 싶어도 그렇게 하지 못할 형편이었습니다. 이는 대체로 우영의 집에 신이 준 시편이 없다는 것을 그가 알고서 이런 말을 지어내어 신을 모함하려 한 것이니 또한 어리석은 일이 아닙니까.

서양갑의 자가 석선(石仙)인 것은 지금 처음으로 들었습니다. 천얼의 자는 지극히 절친한 자가 아니면 알지 못하는 법입니다. 그런데 준격이 혼자서 그 자를 알고는 신에게 마구 덮어씌우며 신이 만들었다고 하고 있으니 준격이 은밀히 양갑과 결탁하고 매우 밀접하게 사귀어온 사실이 이에 이르러 완전히 드러나고 말았습니다. 이것이야말로 그 자신이 양갑과 절친하게 지내면서 스스로 영웅이라고 일컫고는 거꾸로 신에게 화를 전가시키려는 짓이니 그 또한 참혹하다 하겠습니다.

이경준이 지은 흉격에 대한 일은 당시 추안(推案)에 분명히 기록되어 있습니다. 그런데도 준격이 이제 와서 그만 이런 말을 지어내면서 다른 증거는 세우지도 못한 채 그저 신이 직접 그렇게 말했다고만 하고 있습니다. 도대체 격문을 짓는 일이 얼마나 중대한 흉역인데 그것을 끌어들여 자기가 지었다고 하면서 원수진 집의 사람에게 말을 하다니 어떻게 그럴 수가 있겠습니까. 더구나 한 집안의 제질(諸姪)은 정리가 부자지간과 같은 만큼 아무리 사소한 일이라도 감히 타인에게 말하지 않을 것인데 하물며 이런 천만부당한 흉언을 말했겠습니까. 그 말은 이번에 소명국이 은밀히 이대엽에게 떠넘기려 했던 것과 마찬가지로 어리석은 계책에서 나온 것으로서 더욱 분하기 이를 데가 없습니다.

그가 '법궁에 이어(移御)하실 때의 천시와 인사에 관한 설'을 말한 것은 신으로서는 처음 듣는 것인데 이 어찌 인신이 차마 말할 성격의 것이겠습니까. 처음 법궁을 창건했을 때 비길 데 없이 성대하고 화려하여 신민이 밤낮으로 이어하시기를 고대하였습니다. 인심도 모두 우리 임금을 떠받들고 있었고 시변과 천재 역시 걱정할 것이 별로 없었는데 준격이 그만 사람을 함정에 빠뜨릴 목적으로 흉설을 스스로 지어내고는 천시와 인사를 끌어대면서 현혹시키고 선동하며 필설로 드러내었습니다. 그리고 보면 그가 역적 의(㻐)에게 충심으로 붙좇은 정상이 이미 여기에서 드러났으니, 아, 또한 참혹하다 하겠습니다.

이이첨의 집에 큰 뱀이 있다는 설 역시 무슨 근거로 신에게 떠넘기는지를 모르겠습니다. 신은 기축년(1589)부터 이첨과 성균관에서 교분을 맺었는데 나이로는 상대가 되지 않지만 형으로 섬기면서 30년을 하루처럼 지내 왔습니다. 그리고 무신년(1608) 이래로 역적을 토죄하는 일이라면 모두 함께 마음을 합쳐 행동해 왔다는 것을 사람들이 다 알고 있는데, 어찌 계축년(1613) 이후에야 그에게 투탁한 것이겠습니까. 임자년(1612) 겨울에 신이 충주로 떠나려 할 즈음에 이첨에게 가서 작별을 고했는데 그 자리에는 한찬남도 있었습니다. 그때 신이 말하기를 '의야말로 화의 근본으로서 뜻을 잃은 자들이 군침을 흘리고 있다. 그리고 훈련도감의 관원들이 모두 서인이니 우리들 편으로 대치시키지 않으면 안 된다.' 하였더니 좌중이 모두 동의하였는데, 신의 말이 불행하게도 계축년에 적중되고 말았습니다. 신이 군상을 위해 시종일관 충성을 다 바친 일에 대해서는 동료들이 모두 알고 있습니다. 어찌 기꺼이 원수진 집과 함께하며 거꾸로 흉언을 만들어내었겠습니까.

그리고 '의를 세운 뒤 수렴청정을 하겠다.'느니 '화살이 떨어지는 곳에 과녁을 세워야 한다.'느니라고 내가 말했다고 하였습니다만, 이것이 어떤 흉역인데 그에게 그런 말을 분명히 듣게 했겠습니까. 그리고 그가 이런 말을 들었다면 어찌하여 그때 바로 고변을 하지 않고 태연히 까딱도 하지 않은 채 마치 한담하는 것처럼 문답을 했단 말입니까. 정말 얼토당토않은 말인데도 이렇게까지 허위로 고하다니 군상을 우롱한 정상이 남김없이 드러났다고 할 것입니다. 준격이 아비의 원수를 갚기 위하여 이렇게 무고하는 상소를 올린 것인데 교묘하게 마음을 쓰긴 하였지만 계책을 세운 것은 어리석다고 하겠습니다.

그 아비는 늘 신을 죽이려고 하였습니다. 따라서 만약 만에 하나라도 그런 일이 있었다면 자헌이 어찌 고하지 않을 리가 있었겠습니까. 대론 때문에 패망한 뒤로 신에게 원망을 돌린 나머지 사생결단을 내리고 하면서 만에 하나라도 요행수를 바라는 한편, 의논을 달리하는 자가 신을 미워하는 기회를 이용하여 힘을 합쳐 함정에 몰아넣음으로써 혹시라도 신을 다치게 할 수 있게 되기를 기대했던 것입니다만, 세월이 오래 지난 뒤에 원수가 원수를 공격하고 있으니 그 누가 믿어주기나 하겠습니까. 그러나 이 유폐(流弊)는 결과적으로 온 나라 사람들로 하여금 장차 원한을 원한으로 서로 갚게 하면서 교묘하게 수식해 날조하고 모함하는 일을 끝내 그치지 않게 만들고 말 것인데, 원한을 떠맡으면서까지 역적을 토죄한 인신이 결국 모함을 받고 만다면 그 누가 군부를 위해 충성을 다 바치려 하겠습니까.

조종 선왕의 변무(辨誣)에 대한 일도 그렇습니다. 신이 이 문제를 꺼내자 자헌이 노하면서 극력 저지시켰는데 대전(大典)을 완결 짓고 경사스럽게 돌아오자 이 때문에 죄를 얻게 될까 몹시 두려워하면서 그 공을 조사하여 정하는 날에 신이 혹시라도 그 말을 꺼낼까 의심한 나머지 기필코 신을 죽이려고 하다가 못하고 말았었습니다. 국가에서 대전에 관한 공을 조사하여 정하는 일에 대해 준격이 어떻게 감히 끼어들어 논할 수 있겠습니까. 그런데도 기필코 남곤과 병칭하면서 신의 원훈을 저지시키려 한 것은 뒷날 그의 아비가 이로 인해 죄를 받게 될까 염려해서인데 그렇다고 해도 상소 가운데에 쓸데없이 언급한 것은 매우 유치하기 짝이 없습니다. 더구나 대사가 지지부진하게 연기된 책임을 어찌 꼭 신 한 사람에게만 돌려야 할 것이겠습니까. 본디 성상께서 사은(私恩)을 차마 끊지 못하시고 묘당과 삼사가 때를 기다려 일제히 발론하려다 보니 결과적으로 그렇게 된 것인데 이에 대한 허다한 곡절을 상께서 환히 알고 계실 것입니다. 그런데도 준격이 '공적인 것을 빙자하여 사적인 보복을 한 것으로서 단지 아비를 잡아넣기 위하여 대사를 연기시킨 것이다.'고 하고 있으니, 이 또한 너무나도 그럴듯하게 속여 넘기는 말입니다.

기유년(1609) 겨울에 신이 형조참의로 있을 때 역적 정협이 전옥서 주부로 있었는데 범죄인을 하옥시키는 일을 신이 실제로 주관하였으므로 정협이 늘 신을 원망하였습니다. 그래서 그가 승복하던 날 더러는 원한관계 때문에 허위로 끌어들이지나 않을까 걱정도 하였지만 신은 태연하였습니다. 그때 이원형은 바야흐로 광주에 있었으니 비록 손을 흔들려 했다 한들 어떻게 될 수 있었겠습니까. 그가 없는 사실들을 짜집기해서 교묘하게 얽어낸 정상을 더욱 분명히 알 수 있습니다.

끝 부분의 심이기(審食其)에 대한 말은 듣기만 해도 간담이 찢어질 듯하니 기필코 이 적과 상의 앞에서 함께 죽음으로써 스스로 분명히 밝히고 싶습니다. 난신적자가 어느 시대인들 없었겠습니까마는 이와 같이 극도로 흉악한 이야기를 한 자는 있지 않았습니다. 신이 이미 그런 말을 하지 않았고 보면 그 자신이 지어낸 것인데, 스스로 금수와 같은 행동을 익히 보고 인륜을 모독하는 것을 달갑게 여기는 집안이 아니라면 어떻게 이런 말을 내놓을 수 있겠습니까. 신이 그 집과 원수를 맺은 탓으로 선왕에게까지 욕이 미치게 하였으니 차라리 스스로 가슴을 갈라 천일(天日) 아래에서 통쾌하게 분을 풀고 싶습니다.

저 자헌이 지극히 사소한 일로 의심을 내고 사실이 아닌 말로 원수를 맺어 형적이 없는 일로 죽이려 드니 그 마음의 흉악하고 참혹스러움이 이보다 더 심한 것은 없을 것입니다. 천지와 귀신이 위에 임하고 곁에 있는데 어찌 감히 거짓말을 하여 스스로 죄를 초래하겠습니까. 그리고 준격이 무함한 말들은 승지나 사관들도 기록할 수 없는 것들인데 소명국이 그만 그 말을 써서 잇달아 사람을 모함하였습니다. 그러나 그 흉격의 맹랑한 것이 그와 같았으므로 형적이 이미 패로(敗露)되고 말았습니다. 이는 명국과 준격이 앞뒤로 같이 모의하여 사림(士林)을 일망타진하려 한 것으로서 명국과 준격은 하나이면서 둘이고 둘이면서 하나인 셈입니다. 그런데 명국이 이미 형을 받았는데도 준격이 털끝하나 까딱하지 않고 있으니 이 또한 이해하지 못할 점입니다.

자헌이야말로 왕실과 가까운 친족으로서 수상의 지위에 있는 몸이었으니 만약 흉설을 듣고서도 위에 고하지 않았다면 그에게도 역적을 비호한 죄가 있다 할 것이고, 준격이 흉언을 듣고 남의 혼인을 금하기까지 했으면서 그대로 그 사람에게 배우며 끊임없이 왕래했다면 그도 역당이라 할 것입니다. 온 나라가 모두 두 집안이 원수를 지고 있다는 것을 알고 있는데 패몰된 뒤에 신에게 허물을 돌리면서 감히 증거도 없고 형적도 없는 말을 가지고 선왕과 양성(兩聖)을 모독하는가 하면 신을 죽이려고 획책하면서도 스스로 대역부도의 죄에 떨어지는 줄은 알지 못하고 있으니 어찌 가슴 아픈 일이 아니겠습니까.

대간의 말은 공공의 의논에서 나온 것인 만큼 죄를 진 사람의 입장에서 입을 놀려 스스로 해명할 수 없는 점이 있기는 합니다만 현재 합사(合司)하여 신을 배척한 것 가운데 혹 억울한 느낌이 드는 것에 대해서는 신이 진달드리고 끝마칠까 합니다.

신은 선왕 때부터 전하만을 떠받들면서 여러 번 피 끓는 정성을
바쳤으며 계축년(1613) 이전에는 자주 동료와 함께 국가의 일을 걱정
하면서 자못 선견지명이 있었기 때문에 이이첨도 또한 신의 충성심에
탄복했었습니다. 그리고 신이 조금 경사에 통하고 고전에 박식하다
하여 화근을 제거하는 일을 유독 신과 더불어 의논해 정했었습니다.
그런데 재야의 선비들 가운데 혹 신과 친하게 지내던 자들이 다투어
피 끓는 상소를 올리면서 정론을 일으켜 세웠는데 사람들 중에는 혹
신이 또한 그 상소에 관여했다고 생각하는 자들도 있었습니다. 그래
서 패몰당하여 뜻을 잃고 이의를 제기하는 무리들이 신을 이이첨보다
더 미워한 나머지 초야에서 사람을 공격하며 떼 지어 일어난 상소까지
도 모두 신이 사주했다고 하니 이보다 더한 불행이 어디에 있겠습니
까. 또 그 뒤에 올린 최심과 윤해수 등의 소장은 신의 손에서 나오지
않은 것이 확실한 데도 시의가 의심하였습니다. 그리고 심지어는 곽
영이 올린 상소에 대해서 황덕부조차도 신을 가리켜 그의 술수에 떨어
졌다고까지 하였으나, 급기야 소명국의 일이 밝혀지면서 덕부가 비로
소 아무 말이 없게 되었습니다.

신이 대론을 주도한 탓으로 저들에게 미움을 당할 뿐만이 아니라
늦추기를 주장하는 약간의 시배(時輩)들에게까지 질시를 받은 결과 장
차 죽을 운명이 되고 말았으니 어찌 슬픈 일이 아니겠습니까. 신은
거적자리를 깔고 명을 기다리고 있을 뿐 다른 일은 돌아볼 겨를도 없
습니다. 그런데 예전에 같이 일하던 제생들은 혹 징병할 문제로 소요
스러운 때에 자칫 내분이라도 빚게 될까 염려하기도 합니다만, 초야
와 관학(館學)에서는 모두 소장을 진달하여 큰 판국을 완결 지으려 하
고 있습니다. 그래서 혹 신에게 와서 상의하기도 하는데 그럴 때면
토역하는 정론을 의리상 막을 수는 없기에 그들이 다시 청하는 대로

맡겨 둘뿐이었습니다. 어찌 다른 뜻이 있었겠습니까. 그런데 덕부 한 사람에게 배척을 받은 탓으로 끝내는 원수진 집안의 준격보다도 더 심하게 탄핵을 받게 되었으니 어찌 이상한 일이 아닙니까.

민인길의 상소에는 당초 신이 격서를 만들었다는 내용이 없었고, 이홍로와 원수를 맺은 자취에 대해서는 온 나라 사람들이 모두 알고 있으며, 다섯 서찰을 밀납으로 붙였던 것도 모두 허구로 판명되었습니다. 그런데도 양사에서 원수가 무함하는 이야기들을 주워 모아 탄핵문 속에 드러내다니 신은 그 까닭을 또한 이해하지 못하겠습니다.

신은 준격에게 무함을 당한 뒤로는 두려운 심정으로 조사하는 명을 기다리고 있을 뿐, 친우의 집에는 전혀 찾아가지도 않았습니다. 그리고 어쩌다 어두울 때를 이용하여 다른 집으로 옮겨갈 적에도 파리한 말을 타고는 보잘것없는 동복이나 데리고 다녔으므로 사람들이 달관인 줄을 알지 못하였습니다. 그런데 '초헌을 타고 구종을 이끌고 다니면서 큰 소리로 벽제하게 하였다.'고 하였으니 이것도 억울하기만 합니다.

신은 현재 병고에 시달려 생사를 분간하기 어려울 정도입니다. 그런데 병든 몸을 수레에 싣고 요동에 가는 것이 무슨 이로움이 있기에 기필코 윤유겸을 사주하여 이런 망론을 하도록 했겠습니까. 윤상을 어지럽혔다는 것에 대해서는 분명히 언근(言根)이 있을 것입니다. 신이 지금까지 50년을 살아오는 동안에 이런 비방을 들어본 적이 없다가 갑자기 추악한 이름을 뒤집어쓰게 되었는데 윤(倫)이니 상(常)이니 하는 것도 뭔가 배척할 것이 있어서 그렇게 말한 것이 아니겠습니까.

신은 예전이나 지금이나 똑같은 사람입니다. 그런데 한 세상의 어진 재상이 지극히 친밀하게 대우해 주어 국가의 대론에도 참여케 하였는데, 하루아침에 언관이 흉역이라고 배척하고 윤상을 어지럽혔다고 내쳤으니, 금방 훌륭하다고 했다가 금방 간사하다고 하는 것이 어찌면 이 지경에 이를 수가 있단 말입니까. 그리고 민인길이 상소한 지 지금 벌써 17개월이 되었고 준격이 무함을 해 온 지도 반 년이 넘었는데 그동안 꼼짝 않고 가만히 있다가 제유(諸儒)의 직론이 일제히 나온 뒤에야 신을 역적으로 지목하면서 세 사람을 국문하도록 청하였습니다. 역적을 토죄하는 일을 이렇게 느슨하게 하다니 국가의 일을 알 만합니다.

대사 때문에 처음 모였을 때는 신이 과연 그들을 권면한 일이 있긴 합니다. 그러나 지금 와서는 공의가 일제히 분개하고 있을 뿐더러 제생도 모두가 전일 앞장서서 일을 주장한 사람들로서 미리 입을 맞추지 않았는데도 같은 내용의 말을 하면서 각자 충성을 다 바치고 있고, 관학의 제생도 팔방에서 모여와 공의 때문에 충성을 바치고 있는데, 이것도 역시 신의 술수 가운데 떨어져서 나온 행동이겠습니까. 더구나 신은 권세를 잡고 있는 사람도 아닌데 무슨 이익을 가지고 유생들을 유혹하겠습니까. 그리고 나라를 위해 충성을 다 바치려 하는 유생들의 입장에서도 이익 때문에 신을 좇으려 하겠습니까.

신이 전하를 붙들어드린 것은 선왕 때부터였고 역적 의(㻋)를 걱정한 것은 임자년(1612)이었고 대론을 수립한 것은 계축년(1613)이었는데 제생의 소가 나온 것은 지난해 11월이었고 준격이 무고한 것은 12월의 일이었습니다. 그러고 보면 공을 세워서 스스로 면할 여지를 만들려 한다고 신을 지목하는 것 역시 무함하는 것이 아니겠습니까. 신은 삼가 비통한 심정이 들 뿐입니다.

신의 죄악이 이러하니, 조용히 조섭하고 계시는 전하를 이렇듯 귀찮게 해 드리는 것이 부당한 줄은 압니다만, 양사가 이미 '그에게 만약 죄악이 없다면 언관이 국문하도록 청하기를 기다리지 않고 자청해 옥으로 나와 기필코 해명하기에 겨를이 없어야 한다.' 하였는데, 그 양사의 논이 지극히 의리에 합당하기에 어쩔 수 없이 어리석음을 무릅쓰고 진달드리게 된 것입니다. 삼가 전하께서는 관심을 기울이어 너그러이 용서해 주소서."

추국청에 계하하였다.

左參贊許筠上疏曰。"上年大論之發。臣仇自獻首。進兇箚而被竊。其家疑臣陰中。怨臣入骨。夫自獻不進此議。則雖其仇百人。亦無奈何。若陳其箚。則雖素無仇嫉之人。亦豈貸而不誅乎? 此雖至愚者。亦可知矣。奇家乃以怨臣。其子冒呈變章。其疏辭甚秘。人莫能知。而兩司之請問。二品之請鞫。殿下皆執不允。臣席藁私室。再上辨章。初不知疏辭之慘毒。若此之酷。頃因郭瓔獄事。鞫廳請下其疏。則其間做語之逼上辱君者。皆以爲目不忍覩。而構虛捏無。陷臣萬方之計。始爲傳播。大臣以下。見之。體竦膽顫。必不淹一刻。鞫臣得情。以正邦典。乃人臣之大義也。卽擬與渠對辨於庭下。扣心搥胸。度日如歲。卽今判府未差。而上猶在調攝之中。親問之期。亦且漠然。臣請以結怨於奇家。終始曲折。先之。次以疏中誣罔之語。一一申辨焉。臣兄家。與弘老絶婚。弘老誣臣以不謹守制。因與爲仇之狀。臣初疏。已爲詳達。而弘老自辨之疏。臣與知之云者。奇家蠟進之札。其誣已白。臣不敢更陳矣。辛丑年。臣以海運判官。巡到全州。弘老。以監司。遭母喪。成服之前。多行不善。人以爲臣詳知。自獻欲令臣爲證。臣曰。'弘老陷我以不善。我又以此誣之。有若報復。人誰信之? 決不可從也。'自獻始銜之。弘老來京。疑臣或播目前所見。嘖有怨言。臣以弔姪喪。往其鄰。過而自解。則申晛。李晟慶在坐。弘老遽止之曰。'吾已知之。君勿更言。'其時。奇家問安奴子。見而告之。自獻遂做參見李疏之言。諸人自明之札。本非緊關。而自獻執此。爲哄脅之奇貨。摸書蠟糊。若中有

兇語者然。且以起獄自明之說。駕誣于臣。癸卯四月。臣兄筬家國婚
之日。兄妻病重。進期畢姻。宮人輩。亦及見病人而去。過五日。乃逝。
適有秘不發喪之說。傳播於宮中。亦非臣做出。而指爲自獻所構者。
春雉自鳴。乃解於兄家曰。'此。筠欲捉我而做此言。公家可自解於大
房也。'自獻益怒。諷獻納申慓。劾臣臣卽下江陵自獻猶肆憤未已。臣
兄憂之。令臣移書致謝。以紓其怒。臣卽爲書以謝。而亦無他語。自獻
曰。'我出此札。筠必死也。'蓋欲使聞者。疑臣或有妄發。而其實只是而
已。故自獻前後上箚。歷詆在朝諸臣。臣名不及其中者。以其無實故
也。丙午。朱使來到碧蹄。臣令譯官朴仁詳。力陳本國儲事。則朱使卽
許呈文。臣回語於大臣。賊臣永慶。不肯。而自獻。喜壽力主其論。克
使通國民情。達於詔使。因布於中朝薦紳。永慶懷憤肆猜。自獻等。相
繼去位。而臣旋遭佞佛之評。臣與自獻。同被永慶之斥。故自是。自獻
陽若開懷許待。而臣熟知自獻。包藏陰險。其中不可測。雖時時相見。
私情所蘊。不敢吐盡。常有相猜之心。癸丑冬初。去禍根之議。始行。

　十一月初四日。臣適見自獻。從容問之。以探其情。自獻掉頭不聽。
托以宋諄之事。決然遁去。其詳。在臣第二疏中。不敢更陳。蓋其子
姪。俱是羊甲極切之人。出於賊招。倖免拿問。故爲後日免禍之地。預
立此論。以圖飜局。臣以此。知自獻終必負君。作梗大論也。甲寅春。
自獻入相。三司齊劾。其子弟。使臣圖止於時儕。臣廣請於諸友。得
止其劾。厥後。其弟允獻。以猥褻之事。疑臣致憾。乘臣赴京。瞞其兄
曰。'三司之劾。許筠不但不爲力沮。又從而擠之也。'自獻信而大怒。
臣在遼。以徵兵難處曲折。致書自獻。自獻便訝問己。公肆詬辱。及
到北京。呈辨祖宗先誣。則極加醜詆。欲致大辟。其時。有知臣力扶
自獻者。委解於自獻。仍以三度救札示之。自獻雖悟。而猜阻益甚。
及辨典完回。常憂曰。'後必以此爲吾患。甚可惡也。'日夜謀畫。必欲

殺臣。安西獄起之時。自獻自草箚。陷臣。而聞其語。皆虛搆云。臣亦
搆疏。將對。自獻外爲哄脅。止而不爲。及兇檄之投。棄君逃走。隱然
以爲臣所作也。留計所親。欲陷臣身。江陵之箚。雖不出臣名。顯然
指的。及還朝。亦不敢明言。若非聖明洞燭其兇。則臣之性命。豈可
延至於今日哉。其後。金珒之獄。自獻辱臣。至以秦檜比之。臣搆一
疏。欲陳前日結怨之狀及渠護逆負君之情。請與對辨。則自獻震怖。
遣李福長。乞和。臣以大禮已迫。恐自獻因此逃去。欲待完畢陳辨。
而大論旋發。渠首被罪。乘機困人。義所不忍。故隱而至此。其時。嶺
南人。有欲以蛇山偸葬事。陳疏請罪。蛇山。乃新羅以來。所禁葬之
地。人皆言。萬世君王之地。而自獻葬其妾。未敗之前。人咸危之。此
疏將呈。奇家疑臣所敎。置怨尤極。且曰。'許筠素知吾家不肯大論之
情。故力起此端。要陷吾家。至於定配屢遷。皆其指揮也。'欲令夫人。
當直上言而不果。其時泮疏。亦擧俊格。秀發交結羊甲之狀。而允獻
與士浩。爲腹心。故以臣詳訽其兇狀。恐或不已。以爲力圖去臣。則
大論自解。渠禍亦輕。勸誘俊格。爲狙擊之計。臣雖輕妄。其對仇人
子弟。則言必信擇而發也。矧此兇逆亂言。口不忍道。耳不忍聞之說
哉? 此。病風喪心之人。亦不敢爲。曾謂臣而有此乎?"

兇疏中說。出於傳聞。雖不得一一剖破。至於已播於人者。則臣請
得以別白焉。俊格年稚。雖以其父命。來學於臣。而臣亦不得已。强爲
訓誨。尋常說話。亦不開說。今此己酉辛亥兩年之話。夢寐亦所不到。
無證之言。筆之於書。臣甚痛之。義昌君。乃臣兄之壻。故必欲厮殺臣
家。輒做欲立之說。歸功渠父。其計極慘。兄家成婚。未幾。臣卽罷職
下鄕。甲辰八月。上來。除遂安郡守。赴任。乙巳十一月。罷歸。十二
月。以遠接使從事官。下去。丙午三月。在義州。見邸報。始知瑋生陳
賀。語於同僚曰。'大臣何敢爲此擧乎?' 夫聖上。正位春宮。億兆歸心。

臣係。是恭聖王后寸內之親。私情願戴。倍於他臣。豈敢懷兇稔惡。終吐於仇家哉? 辛亥冬。自謫所蒙恩。十一月十二日。入京見兄。二十四日。還向扶安庄舍。壬子二月初。方回。其間。俊格一不來見。況臣之兄弟。與悌男。素不相協。一不往其門。豈以勸婚。與悌男。同往尹家乎? 其冬留京。只十許日。故守謙亦不相見。守謙方在。問則可辨。悌男與臣。無相接之路。通國皆知。宮中如此如此等事。臣何以得聞於。悌男哉? 其豈。曰兩尸非嫡之言。皆渠自作。豈可忍爲注脚。以釋兩尸。敢瀆聖覽。若是無忌乎? 非其心稔抱此念者。安敢寫此文字哉? 渠謀欲陷臣。而罔測之辱。反及君上。古今天下。無君不道之說。安有若此之甚者哉? 痛心裂膚。雪涕號天。渠實若聞此兇說。則人臣之義。豈以滿朝皆嫉其家。寢而不爲乎? 事若的確。則人雖嫉之。豈有威惻。反罪之理乎? 如以臣實吐兇逆之言。則人臣不可一日共天。何乃納冊。而受學於臣。至於十年之久。而渠父兩功錄券。必欲令臣製出。傳後乎? 此不辨而自白者也。戊申。公州罷官。以求田問舍。往扶安。得山居之地於海上。經營未久。還爲上洛。其後罪配。必求咸悅。蓋以近扶安。而蒙放卽往。癸丑春。亦下扶安。奴僕。田土。俱在此。豈欲與光世同謀。故往扶安哉? 辛亥年臣家空閑。守謙。借人數月。其子賢否。守家婢子知之。故沈光世問。'弟家。欲求婚於尹家。二子孰賢?' 臣以不知答之。心自語曰。'人人。皆以大君爲憂。在士大夫。豈可與結姻乎?' 因與宋𥙿。言其不當。招守謙切友李文蘭謂曰。'光世。欲以姪女。婚於守謙之子。君須力止此婚也。' 文蘭悚然曰。'此言然矣。' 卽言於守謙。守謙曰。'渠雖欲之。吾豈肯諸? 吾不爲也。' 翌日。俊格往見宋𥙿。問此事。𥙿曰。'於何聞之?' 俊格曰。'叔父言之。' 𥙿亦以許筠止之。答送云。今引𥙿爲證。𥙿尚在京。問之可知。豈可誣乎? 文蘭。上年陳疏。取考可辨。渠之疏辭。皆無證左。而此獨有據。守謙等三人。俱存。此而不實。則獨言。獨聽之說。可以類推。而攻破其誣也。『大明律』稱。讖書藏在人家。該犯死罪。故臣雖偶然見之。不爲藏置於家。傳說於他人。亦不敢爲。況仇家子弟哉? 此讖。在先朝二十餘年前。傳世已久。而遷都之說。出於壬子年間。其爲誣罔。到此益彰。所謂友英。乃臣亡妻外庶三寸也。薄有文藻。故他士大夫。亦許待之。臣則有族分。故初與相熟。其爲人。驕悍蔑嫡。一家非之。丁未冬。李元亨來言曰。'愼勿親待友英也。友英言端。欲令我。往覰臨海。我大言切責。則渠變色曰。"人皆危之。吾欲知其人也。" 其志叵測。吾亦從此絶交。' 臣甚異之。其後。留意詗察。則言辭之際。怨國特甚。且顯有愛護大君之言。尤極怪訝。其後。李義崇。欲貸財物於友英。臣止之曰。'此輩志嚮殊常。愼無相與也。' 所謂朴應犀者。其父淳。與臣父曄。相切。以林百齡議謚之事。將被死罪。臣父解於當國者。得免。淳常恩之。及癸未年。淳入對。極言臣兄篈之失。因以遠竄。故臣母怨淳。仍與爲仇。花潭書院。臣父當配享。而淳亦將同配。臣以爲未妥。應犀聞而含怨。故友英爲應犀。頓疎於臣家及義崇家。作賊之夜。應犀與金祕。丁寧爲盜。臣謂義崇曰。'吾前言如何耶? 此豈終不爲國家大賊乎?' 遂俱見大將李文荃言之。措捕之際。文荃罷職。未果。明年。應犀。以銀賊就捕。事不時決。義崇頓覺臣言。卽見李爾瞻以爲。必是逆賊。爾瞻卽招韓希吉。力勸入啓。罪魁終得。宗社再安。李文荃。李元亨。上年。以此俱爲陳疏。而義崇。亦草讓功之疏。未及呈而身死。其草。必在其家。一併取考。則亦可知矣。臣雖駑劣。向幺麿孽族。稱以執友者。豈近情理哉? 臣在丁未冬。選抄本朝詩。以自觀。鄭道傳。權近。俱係國初人。故按此書塡。自然以二人。首題。

此豈敢慕其人而必拈爲首哉? 今『東文選』。『青丘風雅』等書。國初詩文。道傳之作。必居其先。此。臣之棄他人而必以此爲冠也? 況臣戊

戌年。過松都圃隱故宅。作詩篇。末端。極斥道傳。有君不見。三軍府
前羅劍鋩。忘君易嫡違天常。締搆纏訖道傳死。中橋暴屍非人殃之語。
車雲輅。常以爲佳。又作道傳。權近論。以斥之。人多見之者。此大似
兒戲。生存者。除崔岦。李達外。亦多不抄。肯爲孼族。選其拙詩乎?
此冊。今在朴燁家。取考可知。臣南遷之日。出獄忽忽。其時友英之迹。
已疎於臣門。不曾來見。則雖欲推還贈什。亦不可及。此蓋渠知友英
家。無臣相贈之篇。搆此言。欲陷臣。不亦愚哉? 羊甲之字。爲石尒者。
今始聞之。賤孼之字。非至切者。不得聞知。俊格獨知其字。而橫駕於
臣。以爲臣所作。俊格陰結羊甲。締交甚密之狀。至此盡露。此乃渠自
切於羊甲。自稱爲英雄。而反欲嫁禍於臣。其亦慘矣。耕俊所作兇檄
事。昭載其時推案。俊格。今乃做出此言。不立他證。只曰。臣之自言。
夫作檄。是何等兇逆。而引以爲自作。言於仇家。豈有此理哉? 況一家
諸姪。情若父子。雖些少之事。亦不敢語於他人。矧此萬萬不近之兇言
哉? 其言。與今番鳴國。以密欲推於李大燁。同一愚計。尤極腐心。其
曰。移御法宮。天時人事之說。臣所初聞。此豈人臣所可忍言者也? 初
創法宮。盛麗無比。臣民日夜。顒望移御。而人心咸戴吾君。時變天災。
別無可虞。俊格。乃欲陷人。自做兇說。稱引天時人事。眩惑煽動。形
諸筆舌。其歸附逆璜之心。已著於此。吁! 亦慘矣。李爾瞻家。大蛇之
說。亦未知。因何以推諉於臣也。臣自己丑年。與爾瞻。得交於泮中。
年雖不敵。以兄事之。三十年。如一日。戊申以來。凡討逆之事。咸與
協心。衆所共知。豈於癸丑之後。方爲投托乎? 壬子冬。臣將向忠州。
往辭爾瞻。則韓纘男亦在坐。臣因言。'璜乃禍根。失志者之所流涎也。
訓鍊都監官員。皆是西人。不可不使吾儕代之。' 坐中皆以爲然。臣之
言。不幸而中於癸丑。臣爲君上。終始盡忠之情。朋輩皆知。豈肯與仇
家。反爲兇言乎? 其曰。立璜垂簾。矢落立革之說。是何等兇逆。而使

渠的聞其言？聞則何不登時告變。而恬不動念。若以等閑說話。漫爲
問答乎？萬不近似。而瞞告至此。愚弄君上之狀。較著無遺。俊格欲修
父怨。誣上此章。爲心則巧。爲計則愚。其父。常欲殺臣　謂若萬分有
一。則自獻豈有不告之理哉？以大論。見敗之後。歸怨於臣。決其死生。
僥倖萬一。且乘異議者。嫉臣之機。協力擠陷。冀或傷臣。夫積年之後。
以仇攻仇。人孰信之？而其流之弊。將使通國之人。冤冤相報。構誣巧
飾。終不可止。而人臣任怨討逆者。竟受構陷。則孰肯爲君父盡忠哉？
至於祖宗先王辨誣之事。自獻怒臣發端。一力搪塞。及大典完慶。深恐
以此獲罪。勘功之日。疑臣或發此言。必欲殺臣。而未果。國家勤功大
典。俊格何敢與論？而必欲與南袞竝稱。阻臣元勳者。亦恐後日。其父。
因此加罪。贅及於疏中。亦甚童騃。況大事之延退遲遲。豈必臣一人所
專乎？自是聖上。不忍遽割私恩。而廟堂。三司。待時齊發之所致。許
多曲折。上所洞察。俊格以爲。憑公報私。只欲捉其父。而延退之者。
亦極誣罔矣。己酉冬。臣爲刑曹參議。其時。賊浹爲典獄主簿。犯罪下
等。臣實主之。浹常怨臣。故承服之日。或憂因怨誣引。而臣則泰然。
其時。元亨。方在廣州。雖欲搖手。豈可得乎？其掇拾巧織之情。尤灼
然矣。末端食其之言。聞之膽裂。必欲與此賊。同死於上前。以自辨別
也。亂臣賊子。何代無之。未有如此極惡之說。臣旣不言。則渠自做出。
自非習見禽犢之行。而甘心瀆倫之家。安得吐此言哉？以臣結怨於其
家之故。辱且及於先王。寧欲自剖胸臆。以快雪於天日之下也。彼自
獻。生疑於至細之故。結仇於無情之語。欲殺於無形之事。其心兇慘。
莫此爲甚。天地鬼神。臨上在傍。豈敢誣罔。自速罪戾？俊格之誣辭。
雖承旨。史官。亦不得記。鳴國乃用其言。踵以陷人。其兇憸之根。孟
浪若此。形迹已敗。此鳴國。俊格。後先同謀。厮殺士林。國與格。一而
二。二而一也。鳴國已爲受刑。俊格不動一髮。亦所未曉。自獻。乃肺

腑之親。身爲首相。若聞兇說。而不爲上告。則渠亦有護逆之罪。俊格
得聞兇言。至於禁人婚嫁。而仍爲受學於其人。往來無間。則渠亦爲逆
黨也。通國皆知兩家之結仇。而見敗之後。歸咎臣身。敢以無證。無形
之言辱及先王與兩聖。謀欲殺臣。而不知自陷於大逆不道。豈不痛心
乎? 夫臺諫之言。出於公共之論。有非負罪之人。所可容喙自辨。而卽
今。合司斥臣者。或涉冤抑。則臣請陳白而終焉。

臣自先朝。偏戴殿下。屢效血忱。癸丑之前。頻與儕流。憂及國家。
頗有先見之明。故李爾瞻賞臣之忠。且以臣稍通經史。博識故典。去禍
根之事。獨與臣議定。而韋布之輩。或有與臣相厚者。爭抗血章。以植
正論。人或謂。臣亦參知。故見敗失志異議之徒。嫉臣。甚於爾瞻。草
野攻人坌起之疏。皆以爲臣喉。不幸孰甚? 其後。崔沁。尹海壽等章。
的不出臣手。而時議疑之。甚至瓔疏。德符亦指。臣陷彼術中云。及鳴
國事彰。德符乃始無言。臣因主大論。不但見憎於彼輩。亦且見嫉於若
干時輩之緩論者。將至死域。豈不哀哉? 臣待命席藁。不顧他事。舊日
同事諸生。或以徵兵騷屑。恐致內訌爲憂。草野。館學。俱欲陳章。以
結大局。或來相議。則討逆正論。義不可沮。任其更請而已。豈有他情
乎? 因德符一人之見斥。終受評劾。有甚於仇家之俊格。豈不異哉? 仁
佶之疏。初無臣作檄之事。而弘老結仇之迹。國人悉知。五札蠟糊。皆
歸虛搆。則兩司掇拾仇誣之說。形諸白簡。臣亦未曉其故。臣自遭俊格
之誣。縮候查命。親友之家。一切不往。縱或乘昏。移往他舍。羸馬弊
童。人不知爲達官。其曰。乘軺率丘。呼唱辟道者。亦云冤矣。臣方病
苦。生死難分。輿疾赴邅。有何所利。而必喙唯謙。爲此妄論乎? 倫常
瀆亂。必有言根。臣生。今五十年。不聞此謗。而忽被惡名。謂倫謂常
者。無乃有所指斥而言歟? 臣一人之身。而一世賢宰。待之極密。俾參
國家大論。一朝。而言官斥爲兇逆。斥爲瀆倫。乍賢乍佞。一至此極。

而仁佶之疏。今已十七朔。俊格之誣。亦過半年。寂然不動。諸儒直論
齊發之後。乃指臣爲逆。而請鞫三人。討逆如此緩緩。國事。可知也。
大事初集。臣果有勸勉之事。及今公議之齊憤。諸生。皆是前日首事
者。不謀同辭。各自盡誠。而館學諸生。八方來集。因公議貢忠。此亦
陷於臣術中而爲之耶? 況臣非當軸。以何利而誘諸儒。諸儒之爲國盡
忠者。亦以利而從臣乎? 臣之扶殿下。在先朝。憂逆璜。在壬子。樹大
論。在癸丑。而諸生之疏。發於上年十一月。俊格之告。在於十二月。
則指臣爲立功自免之地者。不亦誣乎? 臣竊悲痛。臣罪惡若此。不當
於靜攝之中。有此瀆煩。而兩司旣曰。'渠若無罪惡。則不待言官之請
鞫。自請就獄。期於辨明之不暇也。'云。兩司之論。極合義理。故不得
不冒昧陳達。伏惟殿下。留神矜恕焉。" 啓下推鞫廳。

-『光海君日記』十年 五月 三日

허경진

연세대학교 국문과를 졸업하고 「허균 시 연구」로 문학박사학위를 받았다. 목원대학교 국어교육과와 연세대학교 국문과 교수로 재직하였고, 지금은 연세대학교 연합신학대학원 객원교수로 있다.

저서로는 『허균평전』, 『사대부 소대헌 호연재 부부의 한평생』, 『중인』, 『한국 고전문학에 나타난 기독교의 편린들』, 『소남 윤동규』, 『허난설헌 강의』 등이 있으며, 역서로는 '한국의 한시' 총서 40여 권 외에 『삼국유사』, 『연암 박지원 소설집』, 『서유견문』 등이 있다.

최재원

선문대학교 국어국문학과 박사과정 수료예정. 「『옥류산장시화(玉溜山莊詩話)』에 나타난 허난설헌의 문학사적 위상」, 「『옥류산장시화』에 수록된 매화시의 특징과 의미」, 「김태준의 『조선한문학사(朝鮮漢文學史)』의 인용 문헌 활용 양상 연구」 등의 논문을 등재지에 게재하였다.

허균전집 1

학산초담, 태각지, 해동야언별집, 상소문

鶴山樵談, 台閣志, 海東野言別集, 上疏文

2022년 12월 30일 초판 1쇄 펴냄

옮긴이 허경진·최재원
발행인 김흥국
발행처 보고사

책임편집 황효은
표지디자인 김규범

등록 1990년 12월 13일 제6-0429호
주소 경기도 파주시 회동길 337-15 보고사
전화 031-955-9797(대표), 02-922-5120~1(편집), 02-922-2246(영업)
팩스 02-922-6990
메일 kanapub3@naver.com / bogosabooks@naver.com
http://www.bogosabooks.co.kr

ISBN 979-11-6587-400-1 94910
　　　979-11-6587-374-5 (세트)
ⓒ 허경진, 2022

정가 27,000원